Grundlagen der Medienwirtschaft

Christoph Zydorek

Grundlagen der Medienwirtschaft

Algorithmen und Medienmanagement

Springer Gabler

Christoph Zydorek
Fakultät Digitale Medien
Hochschule Furtwangen
Furtwangen, Deutschland

ISBN 978-3-658-15251-2   ISBN 978-3-658-15252-9 (eBook)
https://doi.org/10.1007/978-3-658-15252-9

Die Deutsche Nationalbibliothek verzeichnet diese Publikation in der Deutschen Nationalbibliografie; detaillierte bibliografische Daten sind im Internet über http://dnb.d-nb.de abrufbar.

Springer Gabler
© Springer Fachmedien Wiesbaden GmbH 2018
Das Werk einschließlich aller seiner Teile ist urheberrechtlich geschützt. Jede Verwertung, die nicht ausdrücklich vom Urheberrechtsgesetz zugelassen ist, bedarf der vorherigen Zustimmung des Verlags. Das gilt insbesondere für Vervielfältigungen, Bearbeitungen, Übersetzungen, Mikroverfilmungen und die Einspeicherung und Verarbeitung in elektronischen Systemen.
Die Wiedergabe von Gebrauchsnamen, Handelsnamen, Warenbezeichnungen usw. in diesem Werk berechtigt auch ohne besondere Kennzeichnung nicht zu der Annahme, dass solche Namen im Sinne der Warenzeichen- und Markenschutz-Gesetzgebung als frei zu betrachten wären und daher von jedermann benutzt werden dürften.
Der Verlag, die Autoren und die Herausgeber gehen davon aus, dass die Angaben und Informationen in diesem Werk zum Zeitpunkt der Veröffentlichung vollständig und korrekt sind. Weder der Verlag noch die Autoren oder die Herausgeber übernehmen, ausdrücklich oder implizit, Gewähr für den Inhalt des Werkes, etwaige Fehler oder Äußerungen. Der Verlag bleibt im Hinblick auf geografische Zuordnungen und Gebietsbezeichnungen in veröffentlichten Karten und Institutionsadressen neutral.

Gedruckt auf säurefreiem und chlorfrei gebleichtem Papier

Springer Gabler ist Teil von Springer Nature
Die eingetragene Gesellschaft ist Springer Fachmedien Wiesbaden GmbH
Die Anschrift der Gesellschaft ist: Abraham-Lincoln-Str. 46, 65189 Wiesbaden, Germany

Für Martha und Ada – es ist wie es war

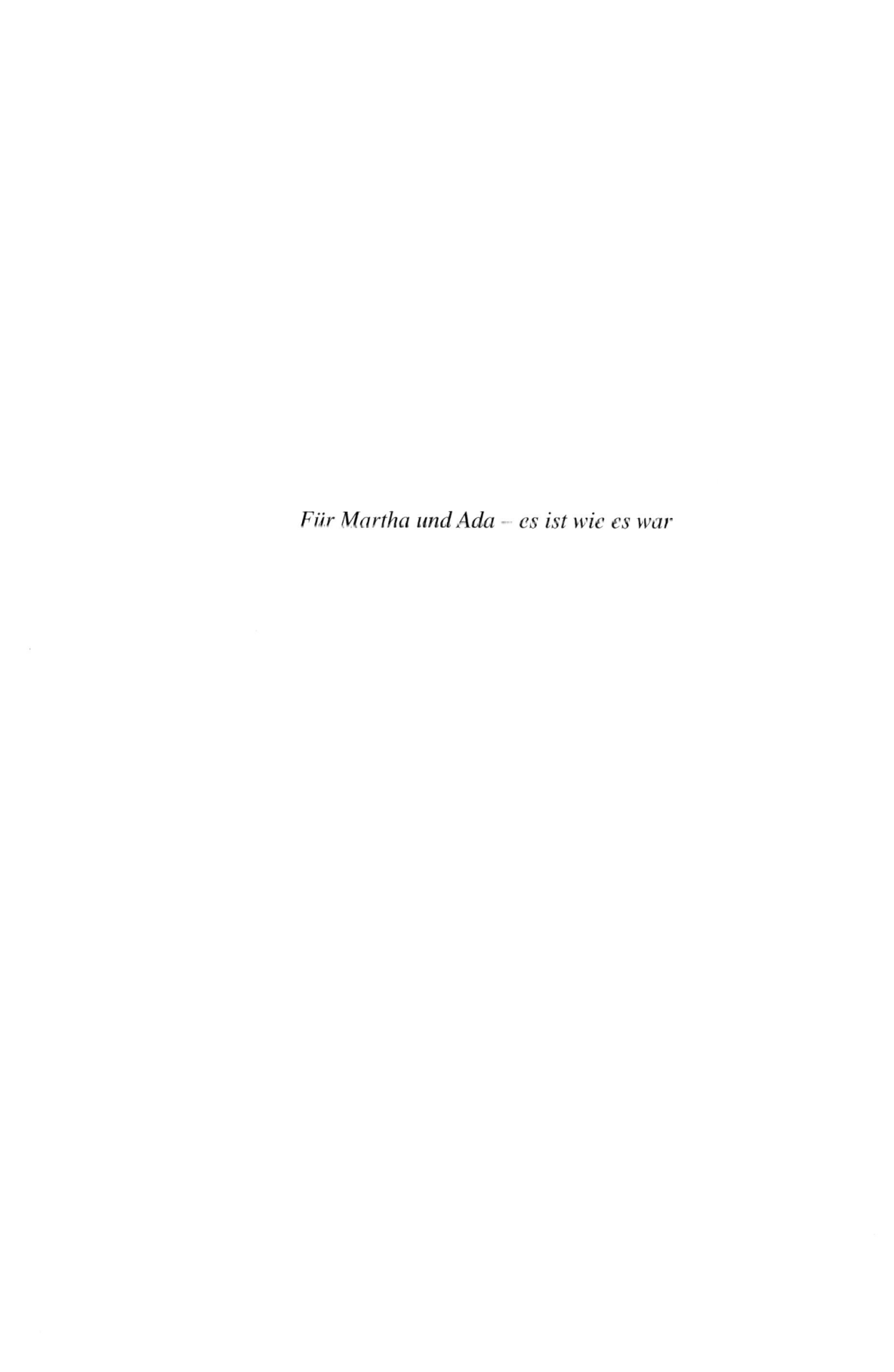

Vorwort

Dieser zweite Band der Grundlagen der Medienwirtschaft schließt an meinen seit April 2017 in der zweiten Auflage vorliegenden ersten, einführenden Band an und fokussiert dabei ein hochaktuelles und für die Medienwirtschaft hoch bedeutsames Thema: den Einsatz von Algorithmen in Verbindung mit großen Datenmengen in alltäglichen medienwirtschaftlichen Zusammenhängen.

Dieses Thema habe ich ausgewählt, weil ich analysieren möchte, auf welche Weise Medienunternehmen in jüngster Zeit veränderte technische Rahmenbedingungen für ihre Leistungserstellungs-, Leistungsangebots, Interaktions- und Distributionskonfigurationen nutzen, um damit den seit jeher gegebenen ökonomischen Herausforderungen zu begegnen, die sie bei der Produktion und Vermarktung medialer Inhaltsangebote haben. Mein Betrachtungsfokus liegt dabei auf den Möglichkeiten und Chancen, die für Medienunternehmen durch ein erhöhtes Maß an Interaktion des Users mit den ihm angebotenen Content-Optionen entstehen. Die mit der heutigen bidirektionalen Medienkommunikation hinzugewonnenen Möglichkeiten der User, den Abruf massenmedialen Contents mitzubestimmen und mit ihm zu interagieren, ermöglichen es Medienunternehmen, den User besser beim Handeln zu beobachten, dabei große Datenmengen zu generieren und diese dann für eine bessere Ausrichtung ihres Contentangebots auf die Bedürfnisse des Users, für eine gezieltere Nutzerführung sowie für eine ökonomische Optimierung der Anbieter-User-Beziehung zu verwenden. Dafür werden entsprechende Techniken und Instrumente benötigt. Algorithmen und ihre Verarbeitung großer Datenmengen sind diejenigen Instrumente, auf die ich in diesem Buch den Betrachtungsfokus legen will.

Die Vorgehensweise resultiert aus meinen Beobachtungen in mehreren eigenen Seminaren an der Hochschule Furtwangen zum Thema der Ökonomie interaktiver Medien, die ich innerhalb des Masters „Design interaktiver Medien" gehalten habe. Ich habe dort festgestellt, dass eine direkte Bezugnahme auf konkrete medienwirtschaftliche Inhalte und Konzepte hilfreicher beim Verständnis komplexerer aktueller Zusammenhänge ist, als allein der Verweis auf im Bachelorstudium bereits behandelte Lehrinhalte. Andererseits habe ich in diesen Seminaren auch gelernt, dass das pädagogische Gegenmodell, also die ökonomischen und kommunikationswissenschaftlichen Inhalte gemeinsam anhand von Originaltexten neu zu erarbeiten, vom Stoffumfang her für eine durchschnittliche Seminarveranstaltung im Umfang von 3ECTS zu umfangreich angelegt ist. Die auf diesen Erfahrungen basierende in diesem Buch verfolgte Idee ist es, eine dem Umfang nach reduzierte Diskussion von ökonomie-, management- und marketingbezogenen sowie kommunikationswissenschaftlichen Inhalten im Teil I, Kap. 1 voranzustellen, mich in Teil I, Kap. 2 allgemein mit dem Konzept der Interaktivität, dem Algorithmusbegriff und ihren medienwirtschaftlichen Zusammenhängen zu befassen. Dementsprechend heißt dieser erste Teil „Medienwirtschaft und Algorithmen". Im zweiten Teil werde ich dann auf den Kerngegenstand dieses Buches, die medienökonomischen Zusammenhänge der Algorithmisierung der Contentwirtschaft, zu sprechen kommen und Beispiele für jede Wertschöpfungsstufe der Medieninhalte präsentieren, die die aktuellen Veränderungen illustrieren. Dieser zweite Teil heißt dementsprechend „Algorithmen in der Medienwirtschaft". Der dritte Buchteil fasst Ergebnisse dieser Diskussion zusammen.

Der Gegenstand dieses Bandes verändert sich sehr schnell. Geschäftsmodelle, Kernressourcen, Techniken und beobachtbare Phänomene wandeln sich kontinuierlich im Zusammenspiel mit ihren Rahmenbedingungen. Dementsprechend bietet sich Ihnen lediglich ein augenblickliches Schlaglicht auf die Verhältnisse gegen Mitte des Jahres 2017.

Ich bedanke mich bei allen, die mich bei meiner Arbeit an diesem Band unterstützt haben, speziell meinen Studierenden des Masters Design interaktiver Medien, Barbara Richter für ihre Hilfe bei der Überarbeitung des Manuskripts und vor allem meinen Freunden und Kindern für ihre ausdauernde Motivation.

Furtwangen Christoph Zydorek
19 September 2017

Inhaltsverzeichnis

Teil I Medienwirtschaft und Algorithmen

1 Ökonomische Zusammenhänge der medienwirtschaftlichen Algorithmisierungsdiskussion ... 3
   1.1 Vorbemerkung ... 3
   1.2 Medien – Wirtschaft – Gesellschaft: Einige wesentliche theoretische Voraussetzungen ... 4
   1.3 Bedürfnisbefriedigung mit Mediengütern ... 5
        1.3.1 Bedürfnisse und Medien ... 6
        1.3.2 Der Uses-and-Gratifications-Ansatz/Die Theorie der selektiven Zuwendung ... 7
        1.3.3 Die Kerninhalte des UaG-Ansatzes ... 9
        1.3.4 McQuails Prozessmodell der Medienauswahl ... 10
        1.3.5 Aktuelle Themen des UaG-Ansatzes zur Erklärung der Medienauswahl ... 13
        1.3.6 Die Übertragung des Ansatzes auf neue Medien wie Internet und auf die sozialen Medien ... 14
        1.3.7 Überblick über durch Mediengüter befriedigte Bedürfnisse ... 16
        1.3.8 Der Uses-and-Gratification-Ansatzes und das Medienmanagement ... 18
   1.4 Medienmanagement, Medienmärkte, Produktionsfaktoren und der Leistungstransformationsprozess in Medienunternehmen ... 21
   1.5 Das Wertschöpfungskettenkonzept ... 26
   1.6 Wettbewerbsstrategien ... 29
   1.7 Ressourcen und Kompetenzen des Medienunternehmens ... 31
   1.8 Das Geschäftsmodell als Managementinstrument für Medienunternehmen ... 33
   1.9 Erlöstypengestaltung und Erlöstypenmodelle ... 38
   Literatur ... 40

2 Algorithmisierung in der Medienbranche ... 43
2.1 Technologische Entwicklung und die Medienbranche ... 43
2.2 Traditionelle Massenmedien und ihr Publikum vs. moderne Medienangebote und ihre Nutzer ... 44
2.3 Besonderheiten, Herausforderungen und Probleme im klassischen Wertschöpfungskonzept der Medien ... 46
2.4 These: Interaktive Integrationsmedien verändern die ökonomischen Bedingungen der Medienproduktion ... 50
2.5 Einsatz von Algorithmen im Mediensektor und die gesellschaftliche Funktion des Mediensystems ... 54
2.6 Rückwirkungen von Algorithmen als Medientechnologien auf die Gesellschaft ... 58
2.7 Orte und Wirkungsweisen des Einsatzes von Algorithmen als Medientechnologien ... 61
2.8 Fragen zu diesem Kapitel ... 64
Literatur ... 64

Teil II Algorithmen in der Medienwirtschaft

3 Algorithmische Initiierung, Konzeption und Formatentwicklung von Mediengütern – Demand Driven Content Production ... 69
3.1 Die Wertschöpfungsstufe der Initiierung, Konzeption, Formatentwicklung ... 69
3.2 Medienökonomische Bezugsprobleme bei der Initiierung ... 71
3.3 Klassische Strategien von Medienunternehmen im Umgang mit den Problemen der Initiierung und Konzeption ... 72
3.4 Die Technologieoption algorithmisch gesteuerter Initiierung ... 74
3.5 Funktionsweise der Algorithmen und Workflow bei der automatisierten Initiierung im Geschäftsmodell von Content Farms ... 76
3.6 Algorithmisch unterstützte Lösungsversuche der ökonomischen Bezugsprobleme ... 79
3.7 Content Farming und andere Modelle der Lösung der ökonomischen Bezugsprobleme bei der Webcontent-Produktion ... 81
3.8 Fragen zu diesem Kapitel ... 84
Literatur ... 85

4 Automatisierte Contentproduktion bei Nachrichten – Automated Journalism ... 87
4.1 Einleitung ... 87
4.2 Die Wertschöpfungsstufe der Contentproduktion ... 88

4.3	Medienökonomische Bezugsprobleme in der Wertschöpfungsstufe der Produktion journalistischer Inhalte	90
4.4	Klassische Strategien von Nachrichten produzierenden Medienunternehmen	94
4.5	Die Technologieoption algorithmisch produzierter Nachrichteninhalte	95
4.6	Funktionsweise der Algorithmen und Workflow der automatisierten Herstellung von Nachrichtencontent	96
4.7	Generalisierte Eigenschaften des Automated Journalism	103
4.8	Algorithmisch unterstützte Lösungsversuche der ökonomischen Bezugsprobleme der Contentproduktion	105
4.9	Antworten auf die eingangs gestellten Grundfragen	107
4.10	Weitere Fragen zu diesem Kapitel	109
4.11	Algorithmic authority vs. editorial authority	110
	Literatur	111

5 Die Erstellung personalisierter Contentprogramme durch Empfehlungssysteme 113

5.1	Einleitung	113
5.2	Die Wertschöpfungsstufe der Contentbündelung	115
5.3	Medienökonomische Bezugsprobleme in der Bündelungsstufe der Wertschöpfungskette	116
5.4	Klassische Strategien von Medienunternehmen im Umgang mit den Problemen der Bündelungsstufe	119
5.5	Algorithmisch gebündeltes Medienangebot als Lösung des Optionenproblems beim Streaming	121
5.6	Funktionsweise der Algorithmen und Workflow der automatisierten Bündelung von Medieninhalten in Videostreaming-Angeboten	122
	5.6.1 Personalisierung	123
	5.6.2 Dateninput: Nutzer-, Nutzung-, Inhalts- und Kontextdaten	124
	5.6.3 Die „Netflix Personalization Experience"	126
	5.6.4 Algorithmen	126
5.7	Generalisierte Eigenschaften der automatisierten Empfehlung	127
5.8	Algorithmisch unterstützte Lösungsversuche der ökonomischen Bezugsprobleme der Contentbündelung	129
5.9	Andere Anwendungsbereiche von Empfehlungssystemen in den Medien	132
5.10	Fragen zu diesem Kapitel	132
	Literatur	133

6 Newsbots als Distributionstechnologien für Nachrichteninhalte 135

6.1	Newsbots, Chatbots, Social Bots und Nachrichtendistribution	135
6.2	Die Wertschöpfungsstufe der Distribution	139

	6.3	Medienökonomische Bezugsprobleme bei der Distribution von Nachrichten.	140
	6.4	Klassische Strategien von Medienunternehmen im Umgang mit den Problemen der Distribution	142
	6.5	Die Technologieoption algorithmisch gesteuerter Distribution durch Newsbots	143
	6.6	Funktionsweise von aktuellen Conversational Newsbots	148
	6.7	Algorithmisch unterstützte Lösungsversuche der ökonomischen Bezugsprobleme der Distribution	154
	6.8	Fragen zu diesem Kapitel.	160
	Literatur.	160

Teil III   Ergebnisse der Diskussion

7   Algorithmen als Rationalisierungsinstrument in der Medienwirtschaft 165
   Literatur. 173

Teil I
Medienwirtschaft und Algorithmen

Ökonomische Zusammenhänge der medienwirtschaftlichen Algorithmisierungsdiskussion

Zusammenfassung

Medien sind heute als industriell produzierte Wirtschaftsgüter den Produktions- und Vermarktungsbedingungen in Medienunternehmen und auf Medienmärkten unterworfen. Als Mittel der Bedürfnisbefriedigung sind sie für ihre Abnehmer Prozessen der Wahl, der Nutzung und deren Rahmenbedingungen unterworfen, die man modellhaft vereinfacht darstellen kann. Medienmanagement nutzt diese Erkenntnisse und kombiniert sie mit Instrumenten und Techniken, die die Managementforschung zur Analyse der Handlungszusammenhänge von Managemententscheidungen und zur Entscheidungsfindung in Unternehmen entwickelt hat. In immer neuen Zusammenhängen, so auch im Kontext der zunehmenden Durchdringung der Medienwirtschaft mit Algorithmen, kann dies zur Analyse und zum Verständnis der Situation genutzt werden.

1.1 Vorbemerkung

In diesem ersten Kapitel des Buchteils 1 stelle ich als Grundlage der nachfolgenden Diskussion vorab einige ökonomische Basisüberlegungen und -konzepte vor, die zum Verständnis der nachfolgenden Diskussion über die Algorithmisierung der Medienwirtschaft beitragen sollen bzw. dafür notwendig sind. Dies tue ich mit der Absicht, im Verlauf des zweiten Teils auf sie zurückzuverweisen, ohne sie dann jeweilig neu diskutieren zu müssen.

Die genannten medienökonomischen Basiskonzepte, auf die im zweiten Teil verwiesen werden wird, sind:

- Motive und Bedürfnisse von Medienrezipienten als Ausgangspunkt für die Leistungsgestaltung von Medienunternehmen
- das Wertschöpfungskettenkonzept

- das Konzept der strategischen Wettbewerbsvorteile von Medienunternehmen
- Ansätze zu den Ressourcen und Kompetenzen des Medienunternehmens
- Geschäftsmodelle von Medienunternehmen als Managementinstrument
- Erlöstypengestaltung und Erlöstypenmodelle als Teil der Geschäftsmodelle

Zum Einstieg in dieses Kapitel möchte ich anhand einiger schon in meiner Einführung in die Medienwirtschaft (Zydorek 2017) erarbeiteter Bausteine kurz rekapitulierend zusammenfassen, was in Medienunternehmen unter den Gesichtspunkten der ökonomischen Wertschöpfung eigentlich passiert.

1.2 Medien – Wirtschaft – Gesellschaft: Einige wesentliche theoretische Voraussetzungen

Medienwirtschaft als gesellschaftlicher Phänomenbereich ist mit der *Wertschöpfung* bei der *Publikation und Übermittlung von Inhalten* verschiedenster Art und Darstellungsweisen verbunden. Die Medienwirtschaftslehre befasst sich mit diesem Gegenstand unter Fokussierung auf Erkenntnisgewinnung in Bezug auf *wirtschaftliche Aspekte,* wobei die Auswirkungen nichtwirtschaftlicher, z. B. kultureller, rechtlicher, politischer Aspekte auf die Produktion, Vermarktung und Verwertung dieser Inhalte berücksichtigt werden.

Medien erscheinen dabei als *Mediengüter,* die unter den Bedingungen der Kapitalverwertung produziert werden, auf *Märkten* gehandelt werden und menschliche *Bedürfnisse befriedigen* oder als Produktionsmittel eingesetzt werden. Neben den Rezipienten und Güter herstellenden Medienunternehmen nimmt der Staat als Akteur wesentlich Einfluss auf den Sektor, als vierte Akteursgruppe haben die werbetreibenden Unternehmen eine hohe Bedeutung, da sie oft einen hohen Anteil der zur Produktion von Medieninhalten aufzuwendenden Mitteln bereitstellen. Diese Ausgaben für werbliche Kommunikation werden als Kosten auf die Preise der Güter der werbetreibenden Unternehmen aufgeschlagen, sodass letztlich die Güterkonsumenten indirekt die Werbeeinnahmen der Medienunternehmen finanzieren.

Die in verschiedenen aneinander anschließenden Wertschöpfungsaktivitäten unterschiedlicher Unternehmen erstellten Mediengüter können als *knappe* Wirtschaftsgüter bezeichnet werden, da sie den Abnehmern einen Nutzen (Bedürfnisbefriedigung) bringen, auf Märkten angeboten und nachgefragt werden, aufgrund von zuordenbaren und übertragbaren Nutzungs- oder Eigentumsrechten sowie den Möglichkeiten des Ausschlusses nicht zahlender Interessenten von deren Konsum dort verkauft werden bzw. einen Güterpreis erzielen.

Die Medienunternehmen versuchen also, diese Produkte so zu gestalten, herzustellen und zu vermarkten, dass sie möglichst gut den Bedürfnissen ihrer potenziellen Rezipienten entsprechen, wobei es eine große Anzahl von Gestaltungsparametern gibt, die man typischerweise im Sinne des Marketings zu Gruppen von Gestaltungsvariablen (Produkt, Preis, Distribution, Kommunikation als Marketing-Mix) des Medienunternehmens zusammenfasst. Die Produkte werden also absichtsvoll konzipiert, gestaltet und vermarktet, was auch als *Medienmanagement* bezeichnet werden kann. Neben dem *Management von Medienunternehmen* kann man also auch die *bewusste Konzeption und Gestaltung von Mediengütern* als Medienmanagement bezeichnen (vgl. Zydorek 2017, S. 17).

Medienunternehmen unterscheiden sich von Nicht-Medienunternehmen dadurch, dass sie ihre Wertschöpfung bei der Konzeption, Erstellung und/oder Bündelung sowie der Distribution von Medieninhalten betreiben. Medieninhalte dienen Rezipienten und anderen Abnehmern zur Information, Unterhaltung und Werbung und werden diesen auf Rechte-, Rezipienten- und Werbemärkten angeboten.

Um ein Verständnis dafür zu erwerben, warum bestimmte Inhalte auf bestimmte Weisen zu bestimmten Zeiten an bestimmten Orten von vielen Menschen rezipiert werden, ist es erforderlich, eine Vorstellung davon zu entwickeln, in welcher Art und Weise einerseits Mediengüter bei ihren Abnehmern *Nutzen* erzeugen und andererseits, wie sich bestimmte *gleichförmige Gebrauchsformen* in sozialen Systemen entwickeln und ausbreiten (Institutionalisierung).

Mit dem letztgenannten Begriff der Institutionalisierung ist gemeint, in welcher Weise dieses Medium real in der Gesellschaft als Mittel der Informationsverarbeitung und Kommunikation eingebettet ist (vgl. Donges 2006; Pürer 2014, S. 206 ff.). Dabei spielt selbstverständlich erstens die technische Konfiguration des Mediensystems, z. B. des TV-Systems, eine Rolle, zweitens, wie es in dem jeweiligen Kontext (TV-System in Deutschland) organisiert ist und drittens, wie es in die alltäglichen Regeln und Normen, Wissen, Gebrauchsweisen, Zielstellungen der Nutzung sowie Funktionserwartungen der Menschen eingebunden ist (TV-System in der Bundesrepublik der 1980er-Jahre), die dieses Kommunikationsmedium verwenden. Die Entstehung und Durchsetzung wie auch die Veränderung von einzelnen (neuen) Medien kann man sich als eine Art Evolutionsprozess vorstellen, in dem technische, kulturelle, ökonomische, politische und viele andere Faktoren zusammenwirken (vgl. Zydorek 2017, S. 60 ff.).

In Bezug auf die oben genannten individuellen *Motivationen des Rezipienten zur Nutzung von Mediengütern* lässt sich auf den sogenannten Uses-and-Gratifications-Ansatz der Mediennutzungsforschung zurückgreifen. Da ich zu diesem Ansatz – anders als zur Institutionalisierung von Medien – im ersten Band der Einführung in die Medienwirtschaft noch wenig ausgesagt habe, möchte ich zu diesem Thema im nachfolgenden Abschn. 1.3 etwas weiter ausholen.

1.3 Bedürfnisbefriedigung mit Mediengütern

In diesem Abschnitt befasse ich mich erneut (vgl. Zydorek 2017, Kap. 4) mit dem Rezipienten, da er als Abnehmer für Mediengüter im Gefüge der Medienökonomie eine zentrale Position innehat und das Medienmanagement eine möglichst pragmatische und realitätsnahe Vorstellung von ihm, seinen Medienauswahl- und Nutzungsprozessen sowie den dabei relevanten Faktoren haben sollte.

Dabei sind Erkenntnisse aus der Ökonomie, der Psychologie, dem Marketing sowie der Publizistik- und Kommunikationsforschung, hier speziell der Medienselektions- und Mediennutzungsforschung, zu berücksichtigen, die sich mit den Medienauswahlprozessen und den Nutzungsprozessen auseinandersetzen.

Die *Medienselektionsforschung* fragt danach, wie und warum Rezipienten bestimmte Inhalte auswählen und andere nicht und in welche sozialen und psychischen Rahmenbedingungen diese Selektionsentscheidungen eingebunden sind (Pürer 2014, S. 347). Die *Mediennutzungsforschung* fragt nach den Gründen für die Mediennutzung (funktionale Perspektive), nach den Rezipientenpräferenzen und den Mediennutzungsmustern, nach den Prozessen der Nutzung und den dabei beteiligten Faktoren sowie nach den Strukturen des Gesellschafts- und Mediensystems, innerhalb derer diese Prozesse stattfinden. Erkenntnisse zum Thema werden nicht nur durch die Mediennutzungsforschung generiert, sondern auch die Media- und Publikumsforschung, die man als *kommerziell orientierte Nutzungsforschung der Medienbetriebe* bezeichnen kann, sind dabei sinnvollerweise zu berücksichtigen.

Vor dem Hintergrund der Absicht, Wissen für das aktive Handeln als Medienanbieter zu gewinnen, werden Erkenntnisse aus den verschiedenen Bereichen um die Hauptfragestellungen dieses Abschnitts strukturiert:

- Welche Erkenntnisse über den Rezipienten sind von Bedeutung?
- Welche Faktoren bewegen den Rezipienten, Medieninhalte zu nutzen?
- Was kann man über den Medienauswahlprozess sagen?
- Welche Rahmenbedingungen sind relevant für den Prozess und sein Ergebnis?

Ich möchte die Beantwortung dieser Fragen in nachfolgend genannte Teilabschnitte gliedern:

- Bedürfnisse und Medien
- Der Uses-and-Gratifications-Ansatz zur Erklärung des Rezipientenverhaltens
- Die Kerninhalte des UaG-Ansatzes
- McQuails Prozessmodell der Medienauswahl
- Aktuelle Themen des UaG-Ansatzes zur Erklärung der Medienauswahl
- Die Übertragung des Ansatzes auf a) das Internet b) soziale Medien
- Fazit zum UaG-Ansatz
- Überblick über durch Mediengüter befriedigte Bedürfnisse

1.3.1 Bedürfnisse und Medien

Will man Mediengüter herstellen und anbieten, ist es aus Sicht abnehmerorientierter Produktgestaltung notwendig, sich über die Frage Gedanken machen, wie die Mikroebene des individuellen Handelns potenzieller Rezipienten mit dem Medienbereich zusammenzubringen ist. Dies wurde von mir abstrakt und übersichtsweise in Zydorek

1.3 Bedürfnisbefriedigung mit Mediengütern

(2017, Kap. 4) aus Sicht der ökonomischen Theorie dargelegt. Zielstellung ist es nun, noch mehr Relevantes über die Entscheidungen der Wirtschaftsindividuen für oder auch gegen bestimmte Mediengüter zu erfahren, über die Auswahlprozesse von Inhalten und die dabei beteiligten Faktoren und Rahmenbedingungen.

Mit diesen Fragen ist die Massenmedienforschung befasst, die sich als Sozialwissenschaft in der ersten Hälfte des 20. Jahrhunderts im Zusammenhang des sich zunehmend durchsetzenden gesellschaftlichen Gebrauchs von technischen Massenmedien wie Zeitung, Film, Radio und TV entwickelte. Der Kontext der politischen Entwicklungen und der zunehmende Einsatz von Massenmedien zur Beeinflussung der Bürger, etwa im Vorkriegs- und Kriegsdeutschland oder in der kommunistischen Propaganda der Sowjetunion führte dazu, dass sich die zunächst vorwiegend amerikanische Untersuchung des Zusammenhangs zwischen der Gesellschaft, den Medien und ihrem Publikum wesentlich mit den kulturellen und sozialen Effekten massenhafter Mediennutzung (Media Effects on Audiences Research) befasste (Reinhard und Dervin 2009, S. 506 ff.). Erkennbar ist für die Mitte des 20. Jahrhunderts

> (…) a massive focus on media effects that resulted from widespread public concern for preventing negative and promoting positive media impacts (Reinhard und Dervin 2009, S. 507).

Dabei wurde die Beziehung zwischen den Medien und dem Publikum eher als Informationsübertragung und nicht so sehr als echte Kommunikationsbeziehung verstanden (Reinhard und Dervin 2009, S. 508).

1.3.2 Der Uses-and-Gratifications-Ansatz/Die Theorie der selektiven Zuwendung

In Bezug auf die Massenmedien entwickelte sich seit den 1960er-Jahren[1] der sogenannte Uses-and-Gratification-Ansatz[2] (auch Theorie der selektiven Zuwendung), der den von potenziellen Rezipienten gesuchten Nutzen und deren Bedürfnisbefriedigung zum Ausgangspunkt für die Entscheidungen für Medienkonsum macht. Er fokussiert sich also weniger auf die Folgen des Massenmedienkonsums für den Einzelnen und die

---

[1] Vorläufer reichen bis in die vierziger Jahre zurück, so z. B. Herta Herzog, die damals Motive zur Rezeption von Quiz Shows und Soap Operas untersuchte (vgl. Katz et al. 1973/74, S. 509).

[2] Dieser Teil der Mediennutzungsforschung umfasst speziell die funktionale Betrachtungsweise der Mediennutzung: Schweiger (2007, S. 20 ff.) unterscheidet dabei eine strukturelle Perspektive der Mediennutzungsforschung (Unter welchen Bedingungen nutzen Menschen Medien?) von einer prozessualen Perspektive (Wie sind die Modalitäten des individuellen Umgangs mit den Medien?) von der funktionalen Perspektive (Warum nutzen Menschen Medien?). Im letztgenannten Arbeitsbereich geht es speziell um die individuellen Bedürfnisse, die den Menschen zum Medienkonsum veranlassen.

Gesellschaft als vielmehr auf das aktive Rezipientenhandeln bei der Auswahl und Nutzung geeigneter Medienangebote. Damit fragte man weniger – so wie das die klassische Medienwirkungsforschung machte – nach den Auswirkungen der Medien auf den Rezipienten als vielmehr danach, wie Menschen mit den Medien aktiv und mit bestimmten Zielen verbunden umgehen. E. Katz schrieb zu diesem Forschungsansatz schon (1959, S. 1 f.):

> What (…) [is] dead or dying, it seems to me, is communication research viewed as the study of mass persuasion (…) it is possible to show that the pioneers (…) devoted themselves to measurements of the relative power of various kinds of communication to change opinions, attitudes, and action (…) The question that best sums up this classical approach, I think, is "What do the media do to people?" (…)The direction I have in mind has been variously called the functional approach to the media, or the "uses and gratifications" approach. It is the program that asks the question, not "What do the media do to people?" but, "What do people do with the media?"

Dabei kann man, entsprechend der englischen Bezeichnung des Ansatzes, zwischen Gratifikationen einerseits und andererseits instrumentellem Nutzen unterscheiden.

Gratifikationen sind in diesem Verständnis Belohnungen spontaner Bedürfnisse, also Bedürfnisse, die auf eine sofortige Befriedigung ausgelegt sind. Hierfür kann das Ansehen eines Films zur spontanen Unterhaltung und Ablenkung als Beispiel dienen.

Uses sind instrumentelle Nutzen, also Nutzen, die mit der späteren Erreichung eines angestrebten Ziels, sogenannten delayed rewards[3], verbunden sind, beispielsweise das Ansehen eines Fußballspiels, damit man später im Kollegenkreis darüber mitreden kann.

Der Ansatz hatte von Beginn an eine starke quantitativ-empirische Forschungskomponente[4], da in Studien durch Befragungen[5] des Rezipienten die Medienwahl und die Handlungsmotivationen bei der Medienauswahl beim Rezipienten selbst ermittelt wurden, etwas, das nicht etwa durch Beobachtung von außen möglich war. So wurden Nutzungsmotivationen gesammelt, die mit bestimmten Inhalten oder Einzelmedien verbunden waren.

> Each of this investigations came up with a list of functions served either by some specific contents or by the medium in question (…) to get information or advice for daily living, to provide a framework for one's day (…) or to be assured about the dignity and usefulness of one's role (Katz et al. 1973/74, S. 509).

---

[3] „The two terms paired in the ‚uses and gratification' label actually represent distinct concepts. Gratifications are transitory mental or emotional responses providing momentary satisfaction at an intrinsic level (…) By contrast, uses are characterised by anticipated postexposure application of the mediated experience to attaining pragmatic goals (this is sometimes termed ‚delayed gratification')" (Atkin 1985, S. 63).

[4] „[U]ses and gratification grew out and remains anchored today in quantitative social science studies" (Reinhard und Dervin 2009, S. 508).

[5] „(…) people are sufficiently self-aware to be able to report their interests and motives in particular cases, or at least to recognize them when confronted with them in an intelligible and familiar verbal formulation" (Katz et al. 1973/74, S. 511).

Mit diesen Grundorientierungen passt der UaG-Ansatz im Vergleich zu anderen Ansätzen besonders gut zu der von mir (in Zydorek 2017, Kap. 4) dargestellten ökonomischen Theorie vom Menschen, der versucht, seine eigenen Bedürfnisse möglichst optimal zu befriedigen und dabei die ihm zur Verfügung stehenden Mittel der Bedürfnisbefriedigung in Anspruch nimmt.

1.3.3 Die Kerninhalte des UaG-Ansatzes

Reinhard und Dervin (2009, S. 508 ff.) fassen den Ansatz in fünf wesentlichen Aussagekomplexen zusammen

1. Die Rezipienten wählen aktiv aus unterschiedlichen verfügbaren Medienangeboten aus und orientieren sich dabei bewusst oder unbewusst am Nutzen, die diese Auswahl ihnen erbringt. Bestimmte Mediengattungen zeigen sich dabei aus Sicht des Rezipienten mit bestimmten Nutzenerwartungen verbunden (etwa Zeitungen mit Informationen und TV mit Unterhaltung). Es gibt aber sowohl bei den Mediengattungen wie auch bei den Formaten eine individuell bedingte Spannbreite an Nutzenerwartungen (Reinhard und Dervin 2009, S. 509).
2. Die Medienauswahl ist zielgerichtet und abhängig von der individuellen Erwartung der Befriedigung der eigenen Bedürfnisse[6] Die vielen unterschiedlichen Bedürfnisse, die durch Medieninhalte zu befriedigen sind, lassen sich zu Überkategorien zusammenfassen und zu übersichtsweisen Listen verdichten. Es lassen sich auch Einzellisten zu bestimmten Medienangeboten (Produktwelten, Genres, Formate) bilden und erforschen. In den letzten Jahren wurden viele Einzelstudien zu Online- und mobilen Medien durchgeführt (Beispiele werde ich unten vorstellen.)
3. Medien stehen im Hinblick auf ihre Nutzung durch den Rezipienten in Konkurrenz zu anderen Mitteln der Bedürfnisbefriedigung. Diese funktionalen Alternativen können andere mediale Angebote, aber auch nichtmediale Möglichkeiten des Individuums sein, seine Bedürfnisse zu befriedigen.
4. Die Bedürfnisse des Rezipienten stehen in einer Beziehung zu
    a) persönlich-psychologischen Eigenschaften wie z. B. Extroversion, Offenheit gegenüber Neuem, emotionale Labilität, Narzissmus,
    b) sozio-demografischen Faktoren wie Alter, Bildungsstand, Geschlecht und
    c) den situativ-kontextuellen Rahmenbedingungen der Nutzung, wie die augenblicklichen Lebensumstände des Rezipienten.

---

[6]Dabei geht es erwartungsgemäß nur um Bedürfnisse, für deren Befriedigung Medien infrage kommen, wie Unterhaltung, Informationsbedürfnisse, Wissenstrieb etc.

Diese Faktoren wirken zusammen und sind in diesem Zusammenwirken wichtige Einflussvariablen in Bezug auf die Medienrezeption (Reinhard und Dervin 2009, S. 511).
5. Die Nutzung bestimmter Medien und die Effekte dieser Mediennutzung auf den Rezipienten stehen in einer Wechselbeziehung. So nutzen z. B. oft ältere, allein lebende Menschen das Fernsehen, um dem Gefühl des Alleinseins zu begegnen, nehmen aber im Zusammenhang mit dem verstärkten TV-Konsum ihre Umwelt eher als bedrohlich und ängstigend war, gehen deswegen weniger aus und schauen infolgedessen noch mehr TV.

Die fünf Hauptthesen des Uses-and-Gratification-Ansatzes
- Die Rezipienten wählen aktiv aus unterschiedlichen verfügbaren Medienangeboten aus und orientieren sich dabei bewusst oder unbewusst am Nutzen, die diese Auswahl ihnen erbringt
- Die Medienauswahl ist zielgerichtet, abhängig von der individuellen Erwartung der Befriedigung der eigenen Bedürfnisse
- Medien stehen für den Rezipienten in Konkurrenz zu anderen Mitteln der Befriedigung der bestehenden Bedürfnisse.
- Persönliche, soziale und Kontextvariablen spielen eine wichtige Rolle für die Medienrezeption.
- Der Nutzen und die Nutzung bestimmter Medien und die Effekte der Nutzung dieser Medien stehen in einem wechselseitigen Zusammenhang.

1.3.4 McQuails Prozessmodell der Medienauswahl

Teilidee des UaG-Ansatzes ist es, dass die Medienzuwendung mit der Erwartung des Rezipienten verbunden ist, ein bestimmter Medienkonsum führe zur Befriedigung bestimmter Bedürfnisse. Dies wird aber nur als ein Faktor unter anderen Rahmenfaktoren gesehen, der die Mediennutzung erklärt.

> Besides the individual motivation and choice, uses and gratifications highlight the role of background characterstcs of individuals so that communication influence is socially and psychologically constrained (Rubin 2009, S. 147).

McQuail (2010, S. 428) legt ein Modell des Medienauswahlprozesses (Abb. 1.1) vor, welches auf alle Massenmedien anwendbar sein und die Komplexität sowie Verwobenheit der verschiedenen beteiligten Rahmenfaktoren auf der Seite der Rezipienten (audience side) und der Seite der Medien (media side) abbilden soll.

Es geht in dem Modell um einen generellen Prozess der Entscheidung, bei dem sehr grob drei Phasen unterschieden werden: Die erste Phase (General content preference set) umfasst ein gegebenes Repertoire verschiedener Quellen und Inhaltstypen, die die Affinität des Rezipienten gegenüber bestimmten Selektionsoptionen ausdrücken soll. Die zweite Phase zählt die Faktoren auf, die auf dieser generellen Basis zu einem spezifischen

1.3 Bedürfnisbefriedigung mit Mediengütern

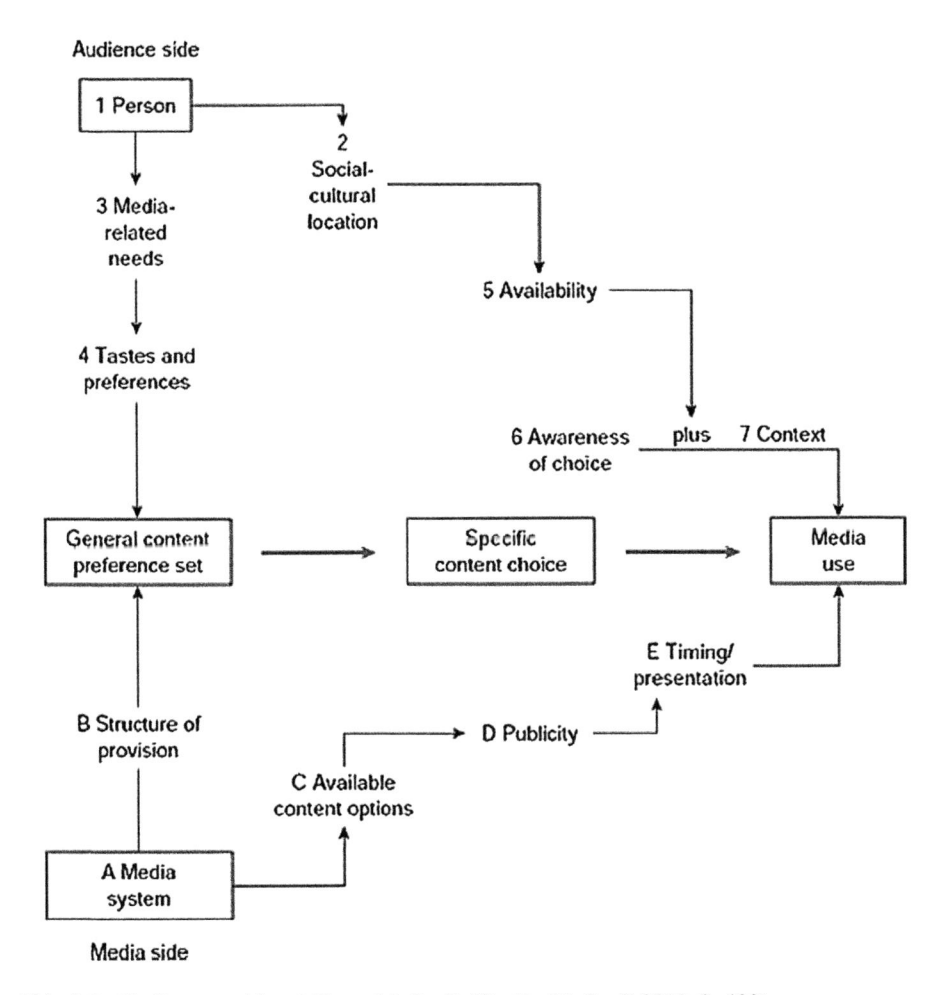

Abb. 1.1 Medienauswahlmodell von McQuail. (Quelle: McQuail 2010, S. 428)

Set von Contentauswahloptionen führt, aus dem dann in der dritten Phase (unter Berücksichtigung weiterer eingrenzender Faktoren) die spezifische Medienauswahl getroffen wird. Dabei werden die Einflussfaktoren in ihrer jeweiligen Wirkung auf die drei Teilphasen sowie auch aufeinander beschrieben. Grundsätzlich werden sie dabei den zwei Herkunftsorten Publikumsseite (audience side) und Medienseite (media side) zugeordnet, wobei aber Interdependenzen bestehen. So sind z. B. die Faktoren „Availability" und „Awareness of options" selbstverständlich mit dem Mediensystem (Media System) und der Struktur des Medienangebots (Structure of provision) verbunden bzw. sind dafür der Rahmenhintergrund. Die relative Distanz der Faktoren zum eigentlichen Augenblick der Entscheidung (3. Phase: Media Use) soll im Modell die Intensität des Einflusses darstellen. Der kulturelle Kontext hat beispielsweise eher auf die Disposition und Orientierung der betreffenden Rezipienten Einfluss. Ähnlich weit sind die Faktoren des Mediensystems von der eigentlichen Nutzungsentscheidung entfernt. Im Sinne des Erwartungswertmodells sind das dispositionelle Faktoren der kognitiven und evaluativen Art. Ein individuelles Set persönlicher Inhaltspräferenzen, das kohärente Auswahlmuster und -ergebnisse aufweist, ist die Folge vergangener Erfahrung und Bewertung von Mediennutzung. Die einzelnen im Modell genannten Faktoren sollen kurz genauer bestimmt werden (vgl. McQuail 2010, S. 427 ff.):

Die acht publikumsseitigen Faktoren:

1. Persönliche Eigenschaften: Alter, Geschlecht, familiäre Situation, berufliche Position, Einkommen, Lebensstil
2. Sozialer Background und Milieu: soziale Klasse, Erziehung, religiöse, politische und kulturelle Hintergründe, angelernte kulturelle Fähigkeiten und Geschmack
3. Medienbezogene Bedürfnisse: Information, Ablenkung, soziale Gesellschaft etc., in einer gewissen individuellen Kombination
4. Persönlicher Geschmack und Vorlieben: bestimmte Genres, Formate und spezielle Inhaltskategorien
5. Persönliche Gewohnheiten in der Freizeitnutzung von Medien und individuelle zeitörtliche Verfügbarkeit, die individuelle Möglichkeit (örtlich, zeitlich, finanziell), die entsprechenden Inhalte zu konsumieren
6. Die Kenntnis der verfügbaren Optionen und die Menge und Art der verfügbaren Informationen
7. Der spezifische Nutzungskontext, abhängig vom Medium, dem Ort der Nutzung und mit welchen und wie vielen anderen man gemeinsam das Medium rezipiert, beeinflusst die Entscheidungsfindung bezüglich der Mediennutzung sowie die Art der Nutzungserfahrung
8. Der Zufall spielt eine große Rolle für den Kontakt mit Medieninhalten, was eine Erklärung der Ergebnisse von Medienauswahlprozessen deutlich erschwert.

Die fünf medienseitigen Faktoren:

a) Die Gestalt des (nationalen) Mediensystems (Anzahl, Reichweite und Typ der verfügbaren Medien) sowie die spezifischen Eigenschaften der verschiedenen Medienkanäle beeinflussen die Vorlieben und die konkrete Auswahl der Medienangebote.
b) Struktur des Medienangebots, also die generellen Muster eines gegebenen Mediensystems beeinflussen die Medienerwartungen langfristig.
c) Die zeitörtlich verfügbaren verschiedenen Inhaltsoptionen nach Format und Genre spielen eine Rolle.
d) Einfluss hat auch die Publicity, also die Vermarktung, die Imagebildung der Medien sowie die Werbung für konkrete Medienprodukte.
e) Timing und Präsentation bzw. die dahinterstehenden Strategien der Wettbewerber auf dem Angebotsmarkt zur Publikumsgewinnung beeinflussen die Nutzungs- und Selektionsprozesse der Rezipienten (vgl. McQuail 2010, S. 427 ff.).

1.3.5 Aktuelle Themen des UaG-Ansatzes zur Erklärung der Medienauswahl

Reinhard und Dervin (2009, S. 512 f.) haben vier theoretische Schwerpunkte identifiziert, über die in Bezug auf den Zusammenhang zwischen der Medienwahl und den erwarteten Gratifikationen in der Literatur in der letzten Zeit diskutiert wird:

- Die Tatsache, dass die Nutzungsentscheidung nun eher als Prozess (vorher, während und nach der Nutzeraktivität) gesehen wird, in dem der Nutzer seine Aktivitäten auch beobachtet und auch ändern kann. Es geht hierbei um die Dynamisierung des Modells sowie um die Frage der Optimierung der Selektionsentscheidung des Rezipienten über die Zeitdauer hinweg.
- Die Möglichkeit der Änderung des Mediennutzungsverhaltens wird im Zusammenhang mit der Erwartung des Nutzers diskutiert, ob und in welchem Ausmaß seine Aktivitäten belohnt werden. Dieser Fokus resultiert aus der Erkenntnis, dass tatsächlich erzielte Gratifikation (gratifications obtained) nicht mit der erwarteten Gratifikation (gratifications sought) übereinstimmen muss und dieser Unterschied über die Zeit hinweg zu Verhaltensänderungen des betreffenden Rezipienten führen kann (siehe Abb. 1.2, vgl. McQuail 2010, S. 426).
- Der dritte Diskussionsstrang bezieht sich auf die Bedeutung der Medien als bewusst oder unbewusst eingesetztes Mittel der Stimmungsregulation (Mood Management). Bryant and Zillmann haben (1984; Zillmann 1988) entdeckt, dass gestresste Menschen mehr ruhige TV-Programme schauten und eher gelangweilte Individuen mehr zu aufregenden Programmen tendieren (Ruggiero 2000, S. 7). Darauf basierend wird heute die Frage diskutiert, ob es sich bei dem Motiv der Stimmungsregulation lediglich um eine eigene Gratifikationskategorie handelt oder ob sie eine eigenständige Fundamentalerklärung für die Mediennutzung ist.
- Der vierte Forschungsbereich setzt sich mit der Bedeutung der technischen, sozialen und kulturellen Rahmenbedingungen der Mediennutzung auseinander und schließt auch die Berücksichtigung situativer Faktoren ein. So diskutieren Sundar und Limperos

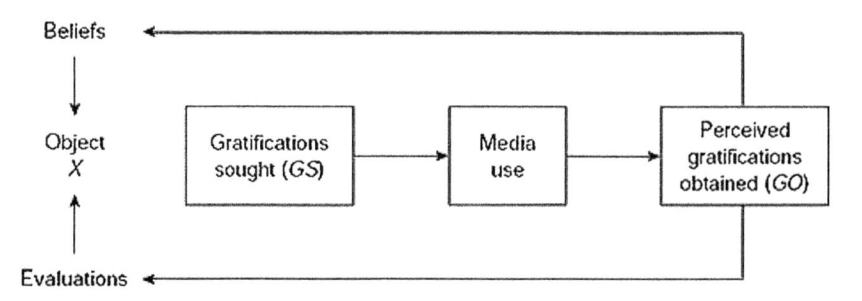

Abb. 1.2 Erwartungswertmodell. (Quelle: McQuail 2010, S. 426; nach Palmgreen und Rayburn 1985)

(2013, S. 510 ff.) unter der Überschrift „Technologie als Quelle von Gratifikationen" die Bedeutung von sogenannten technological affordances für das Internet und digitale Medien. Dies ist ein aus der Usability-Forschung stammender Begriff, der sich auf den Angebots- oder Aufforderungscharakter von konkreten Technologien bezieht. Gemeint ist eine offensichtlich vorhandene angebotene Gebrauchseigenschaft eines Gegenstands oder Produkts, die handlungsauffordernden Charakter hat. Sundar und Limperos unterscheiden vier Klassen von Eigenschaften mit Aufforderungscharakter, Modality (Modus der Präsentation, z. B. Audio oder Bilder), Agency (die Teilnahmemöglichkeit an der Produktion von Content), Interactivity (d. h. Möglichkeit zu Echtzeit-Änderungen des Contents) und Navigabilty (Bewegungsmöglichkeit innerhalb des Mediums). Sie weisen diesen Eigenschaften dann Gratifikationen zu, wie in der Abb. 1.3 (Sundar und Limperos 2013, S. 513) beschrieben.

…the affordances of modern media will lead users to expect certain gratifications and thereby shape the fulfillment that they receive by using these media (Sundar und Limperos 2013, S. 512).

Interessant ist an dieser Diskussion der Bedeutung der verschiedenen Rahmenbedingungen aus Sicht des Medienmanagements die Perspektive der Gestaltung des Contentangebots, des Anwendungs- sowie auch Schnittstellenangebots für den Mediennutzer durch die Medienindustrie.

1.3.6 Die Übertragung des Ansatzes auf neue Medien wie Internet und auf die sozialen Medien

Der starke Bezug zur empirischen Forschung hat dazu geführt, dass gerade in den letzten Jahren zur Nutzung digitaler und mobiler Medien eine Vielzahl von Studien unter Berufung auf den UaG-Ansatz durchgeführt wurden (Online-Nutzung, Nutzung mobiler Medien, Nutzung sozialer Medien wie Facebook etc.). Aber auch generell wird in Bezug auf den ja

Possible New Gratifications from Media Technology			
Modality	Agency	Interactivity	Navigability
Realism	Agency-Enhancement	Interaction	Browsing/Variety-Seeking
Coolness	Community building	Activity	Scaffolds/Navigation aids
Novelty	Bandwagon	Responsiveness	Play/Fun
Being There	Filtering/Tailoring	Dynamic control	
	Ownness		

Note. This list is not exhaustive. Each new proposed gratification is theorized to originate from one or more of the 4 broad classes of technological affordances.

Abb. 1.3 Gratifikationen von Medientechnologien. (Quelle: Sundar und Limperos 2013, S. 512)

1.3 Bedürfnisbefriedigung mit Mediengütern

aus der klassischen Massenmedienforschung stammenden UaG-Ansatz oft behauptet, dass er sehr gut auch auf neue und interaktive Integrationsmedien übertragbar ist:

> The approach is appropriate for application to the internet and other new media, especially for comparison and description, and is increasingly be applied (McQuail 2010, S. 426).

> We have learned that uses and gratifications is a most compatible approach to the study of uses and effects of the newer electronic media at the beginning of the 21st century (Rubin 2009, S. 148).

Ende der 1990er- und Anfang der 2000er-Jahre wurde eine breite wissenschaftliche Diskussion zur Übertragung des Ansatzes auf das Internet geführt. Als bidirektional übertragendes Medium schien es die Vorstellung eines aktiven und dabei nutzenoptimierenden Users wesentlich eher zu erfüllen als die passiven unidirektional orientierten klassischen Massenmedien (vgl. Ruggiero 2000, S. 3).

> Evolving from studies of media and interpersonal communication motives, researchers have produced typologies of internet motives. For example Papacharissi and Rubin (2000) identified five motives for using the internet: interpersonal utility, passing time, information seeking, convenience and entertainment (…) Researchers have also identified motivational links to different functions of the internet such as web browsing and e-mailing (Rubin 2009, S. 153 f.).

Stafford et al. (2004) beschreiben dann drei Schlüsseldimensionen (gratification profiles) der Internetnutzung: Gratifikationen durch Content, Gratifikationen durch den Nutzungsprozess und soziale Gratifikationen. Diese sind jeweilig mit Indikatorenvariablen des von ihnen entwickelten Messinstruments verbunden. Für Content-Gratifikationen sind diese Variablen in der o. g. Studie education, information, knowledge und research. Process Gratifications wurden im Modell von Stafford/Stafford und Schkade mit den Indikatoren search engines, technology, surfing, websites und resources verbunden und social gratifications wurden mit Fragen zu chatting, friends, interaction und people gemessen. Die Kategorie social gratifications wurde als erstmalig im Kontext des (bidirektionen, interaktiven) Internets als messbar herausgestellt (Stafford et al. 2004, S. 259, 271, 273).

LaRose (2001) konnte, indem er Gratifikationen aus der Perspektive der sozial-kognitiven Lerntheorie als Ergebniserwartungen (outcome expectations) untersuchte, einen positiven Zusammenhang zwischen der Internetnutzung und Handlungsergebnissen (activity outcomes, pleasing sensory outcomes, social outcomes) messen.

Heutzutage werden in Deutschland Nutzungsmotive bzw. Funktionen der Medien beispielsweise in der „Langzeitstudie Massenmedien" abgefragt und dargestellt, z. B. die Nutzungsmotive von Usern für das Internet (siehe Abb. 1.4).

Für den Bereich der sozialen Medien soll hier exemplarisch eine Online-Studie angesprochen werden, die sich mit der Nutzung von Facebook-Gruppen befasst und hier vor allem die Uses and Gratifications der Facebook-Gruppennutzer sowie auch die Beziehung zwischen der Gruppennutzung und der zivilen und politischen Aktivität von US-amerikanischen Collegestudenten untersucht (vgl. Park et al. 2009). Ich zitierte die Studie lediglich im Hinblick

Tab. 5 Nutzungsmotive für das Internet Personen ab 14 J., „trifft voll und ganz/weitgehend zu", in %											
	Gesamt		Männer		Frauen		14-29 J.		30-49 J.		ab 50 J.	
	2015	2010	2015	2010	2015	2010	2015	2010	2015	2010	2015	2010
damit ich mitreden kann	47	51	50	54	44	47	54	53	44	48	45	52
weil ich Denkanstöße bekomme	60	61	62	65	59	56	60	58	64	62	57	63
weil ich mich informieren möchte	90	91	90	92	89	90	92	90	91	92	87	91
weil ich dabei entspannen kann	36	37	39	39	34	35	54	51	32	34	28	25
weil es mir Spaß macht	75	80	76	81	73	78	87	94	78	78	62	65
weil ich mich dann nicht allein fühle	14	14	15	14	13	14	22	24	11	10	11	9
weil ich mich ablenken möchte	38	40	40	41	37	38	59	63	37	34	24	21
weil es aus Gewohnheit dazugehört	45	42	48	44	42	39	68	65	43	35	30	25
weil ich dort Dinge erfahre, die für meinen Alltag nützlich sind	82	80	83	81	80	79	83	78	86	84	77	78

1) Volks-/Hauptschule.
2) Weiterführende Schule.
Basis: Befragte, die mindestens mehrmals im Monat Internet nutzen, 2015:n=3 257; 2010: n=3 011; jeweils gewichtet.
Quelle: ARD/ZDF-Langzeitstudie Massenkommunikation.

Abb. 1.4 Nutzungsmotive für das Internet. (Quelle: Breunig und Engel 2015, S. 329)

auf die in Facebook-Gruppen von den Usern gesuchten vier Nutzenkategorien, mit der Absicht, beispielhaft deutlich zu machen, welche Nutzenkategorien durch Facebook Groups befriedigt werden. Auch ist daran gut erkennbar, wie diese Gratifikationen in verschiedenen Teildimensionen zerlegt werden, die beim Studienteilnehmer dann in der Form der Intensität der Zustimmung oder Ablehnung zu befragten Statements abgefragt und gemessen werden.

Diese in der genannten Studie untersuchten Gratifikationen sind socializing, entertainment, self-status seeking und information und werden dort wie folgt aufgeschlüsselt (siehe auch Abb. 1.5):

- Socializing: talking and meeting with others and staying in touch with others, getting peer support and a sense of community
- Entertainment: leisure and amusement needs, funny, exciting
- Self-status seeking: seeking and maintaining their personal status through online group participation, feel peer pressure to participate, want to make themselves look cool, develop their career through group participation
- Information seeking: learn about on- and off-campus events and details about specific products and services (Park et al. 2009, S. 730).

1.3.7 Überblick über durch Mediengüter befriedigte Bedürfnisse

Der UaG-Ansatz hilft also, in Bezug auf den Medienkonsum Rezipientenbedürfnisse als Variablen bei der Erklärung von Medienauswahlprozessen in wissenschaftliche, aber auch in gestaltungspraktische Diskussionen zu integrieren. Damit begegnet er einer Problematik,

Reasons for participating in Facebook Groups

Factor 1: Socializing
  To get peer support from others
  To meet interesting people
  To feel like I belong to a community
  To talk about something with others
  To stay in touch with people I know
Factor 2: Entertainment
  Because it is entertaining
  Because it is funny
  Because it is exciting
Factor 3: Self-status seeking
  Because I feel peer pressure to participate
  Because it makes myself look cool
  To develop my career through group participation
Factor 4: Information seeking
  To get information about off-campus events
  To learn about on-campus events
  To get useful information about product/services
Eigenvalue
Variance explained
Cronbach's α

Abb. 1.5 Uses and Gratifications von Facebook Groups für US-amerikanische College-Studenten. (Quelle: Park et al. 2009, S. 730)

die aus den Blackbox-Betrachtungen älterer behaviouristischer Ansätze (S-R-Paradigma) resultiert: Die Wirkfaktoren, die im Bewusstsein bzw. der Informationsverarbeitung des Rezipienten an den Medienselektionsentscheidungen beteiligt sind, werden aufgrund der Beschränkungen des Forschungsansatzes auf die Beobachtung von Input- und Outputvariablen dort nicht behandelt.

Welche Bedürfnisse können Mediengüter befriedigen bzw. welche Motive haben Mediennutzer, wenn sie bestimmte Medienangebote auswählen? Nachdem sich seit den 1940er-Jahren quantitative U&G-Forschung mit der Identifikation von mit Medienkonsum verbundenen Bedürfnissen und ihrer Bedeutungsmessung beschäftigt hat, lassen sich sowohl mit *einzelnen Medienproduktwelten* und *-anwendungen* verbundene Bedürfnisse nennen sowie auch eine *Übersicht über überhaupt mit Mediennutzung verbundenen Motiven* erstellen[7]. Dementsprechend kann man einen allgemeinen Gratifikationskatalog (Sammlung aller von Mediengütern befriedigte Bedürfnisse) von jeweilig speziellen Katalogen bei spezifischen Medienangeboten (z. B. Produktwelten wie Zeitung oder

---

[7]Motive sind aus funktionaler Sicht dauerhafte psychische Dispositionen und dazu da, den Handelnden mit Energie zu versorgen (Handlungsantrieb) und sein Verhalten auf ein Ziel auszurichten. Sie können gegeben (Sättigungsmotiv, Sexualtrieb) oder gelernt (Anpassung, Leistung) sein.

Videostreaming) unterscheiden, die man z. B. in der Produktpolitik des Medienunternehmens benutzen kann, wo es um die Gestaltung des Produktes als „Bündel technisch-funktionaler Eigenschaften (…), das dem Nachfrager einen Nutzen stiftet" (Meffert et al. 2015, S. 362) geht.

Für mich ist im Rahmen der allgemeinen Überlegungen zu Bedürfnisbefriedigung, zum Nutzen, Grenznutzen und zu den Bedingungen für das Funktionieren von Medienmärkten die Übersicht in Form eines allgemeinen Gratifikationskatalogs interessant, der alle möglichen vorkommenden Nutzungsmotive darstellt.

Bei der Untersuchung spezieller Medienangebote wird man dann genau erfragen müssen, in welcher Intensität die jeweiligen Motive beim individuellen Nutzer, bei der Zielgruppe oder dem durchschnittlichen Rezipienten eine Rolle spielen. Ich habe oben deswegen die beiden Beispiele Internet und Facebook Groups besprochen.

Der allgemeine Gratifikationskatalog in Tab. 1.1 wurde aus verschiedensten Quellen zusammengetragen und orientiert sich an einer schon in den 1970er-Jahren (von McQuail et al. 1972) entwickelten Typologie, die McQuail (1987, S. 73) reformulierte und die durch Schweiger (2007) um die Dimension der zeitbezogenen Bedürfnisse ergänzt wurde.

1.3.8 Der Uses-and-Gratification-Ansatzes und das Medienmanagement

Aufgrund der Vielschichtigkeit dieses Abschn. 1.3 möchte ich kurz zusammenfassen, welche Hauptaussagen für meine Begriffe als Ergebnis der Diskussion festzuhalten sind:

- Aus ökonomischer Perspektive lassen sich die Nachfrager und ihre Bedürfnisse als Ausgangspunkt für das Handeln der anderen Marktakteure genauer bestimmen. Darin stimmt die Ökonomie mit dem UaG-Ansatz überein, der anders als die früheren sogenannten Media-Effects-Ansätze dem Publikum die aktive Handlungsmöglichkeit bei der Medienselektion zuspricht (vgl. Abb. 1.6, erste und zweite Ebene).
- Neben den Bedürfnissen werden vom Ansatz im Verlauf seiner Entwicklung auch andere Rahmenfaktoren bei der Medienauswahlentscheidung relevant, die McQuail (2010) nach ihrer Bedeutung die Auswahl betreffend unter den Oberkategorien Publikumsseite und Medienseite systematisiert. Sie variieren je nach persönlichen, sozialen und situativen Rahmenbedingungen, haben aber bedeutsamen Einfluss auf die Mediennutzung (vgl. Ebene drei in der Abb. 1.7).
- Es gibt eine ganze Spannbreite funktionaler Alternativen zum jeweiligen Medienangebot eines Medienunternehmens, die auf mindestens vier Entscheidungsebenen liegen (vgl. dazu Zydorek 2017, Abschn. 9.4):
  - Entscheidung auf der Ebene der allgemeinen Optionen der Bedürfnisbefriedigung: Hier entscheidet der Mensch, ob ein Medienprodukt oder andere Güter die Bedürfnisse befriedigen können.

1.3 Bedürfnisbefriedigung mit Mediengütern

Tab. 1.1 Fünf Motivgruppen für Mediennutzung (Übersicht über in der Literatur genannte Motive)

Motivgruppe	Einzelmotive
Kognitive Motive: Information, Wissenserwerb, Meinungsbildung	Orientierung, Neugier, Wissenserwerbstrieb/Lerntrieb, Informationsbedürfnis[a], Bewältigung von realen Problemen/Ratsuche, Reduktion von Unsicherheit durch Wissen, Meinungsbildung, Kognitive Stimulation, Befriedigung kultureller Bedürfnisse
Affektive Motive: Unterhaltung, Vergnügen, Erholung, Entspannung	Erheiterung/Vergnügen, Spannung/(sexuelle) Erregung, Entspannung/Erholung/Passivität, Aktivität, Spielen, Heile Welt und Liebe, Ästhetischer Genuss/kulturelle Erbauung, Eskapismus/Wirklichkeitsflucht/Ablenkung von eigenen Problemen, Regulierung von Stimmung, Suchen und Erleben von tiefen Emotionen[b]
Soziale Motive[c]: Soziale Kontakte/Interaktion/Kommunikation/parasoziale Kontakte	Suche nach sozialen Kontakten, Suche nach einer Basis für soziale Interaktion, Soziale Interaktion[d], Kommunikation, Gesprächsgrundlage/Stoff für Anschlusskommunikation suchen/Aufbau sozialen Kapitals[e]/Beziehungsmanagement, Zugehörigkeitsgefühl/Einsicht in die Umstände anderer gewinnen/Mitgefühl/Empathie/Ausdrücken des eigenen Lebensstils/Dokumentation des eigenen Status, Parasoziale Kontakte[f]/Erleben stellvertretender Gemeinschaft, Unterstützung in sozialen Anforderungssituationen, Beziehungsmanagement
Motive zur Identitätsbildung: Identifikation und Abgrenzung, Entwicklungsarbeit	Identifikation (positiv/negativ), Suche nach Verhaltensmodellen/Vorbildern, Gefahrloses Ausprobieren von Rollen/Normen/Werten, Individuelle Entwicklungsarbeit/Auseinandersetzen mit der eigenen Person/Selbstfindung/Selbsterkenntnis, Soziale Integration[g] und Distinktion[h]/sozialer Vergleich[i]
Zeitbezogene Motive	Zeit füllen/totschlagen/Zeitvertreib, Zeit sparen[j] Zeit verdichten[k], Zeit und tägliche Aktivitäten strukturieren und framen[l]/Zeitmanagement

[a] Aus dem eigenen Erfahrungsbereich und aus der Spitze der Gesellschaft (z. B. Gala, Bunte)
[b] Künstlerische Wertschätzung, Anerkennung der Aussage, bleibender Eindruck, vermittelte Bedeutung, zum Nachdenken anregen (dafür ist die Investition von kognitiven Ressourcen und emotionaler Energie nötig)
[c] Klassische Massenmedien eignen sich aufgrund ihrer Eigenschaften (einseitig, anonym) nicht direkt zur Befriedigung echter sozialer Bedürfnisse
[d] Z. B. Kontakt-, Stellen-, Suchanzeigen
[e] Im Sinne des Aufbaus von Vertrauen, Gegenseitigkeit und Gemeinschaft
[f] Es finden (absichtlich angezielte) Pseudo-Interaktionen zwischen Publikum und Medienakteuren statt, die keine echte soziale, wechselseitige Interaktionen darstellen („Guten Abend, meine Damen und Herren..."). Der Akteur in den klassischen Massenmedien nimmt Interaktionsversuche des Zuschauers nicht wahr
[g] Zum Beispiel als Teil einer sozialen Gruppe (z. B. Fußballfanverein), die auch gemeinsame Unternehmungen durchführen kann (z. B. Stadionbesuch)
[h] Von anderen Gruppen, bestimmten Milieus oder dem Mainstream
[i] Vergleich eigener Gefühle, Werte, Verhaltensweisen mit denen anderer – nach oben und unten (Erfolglosere, Unglücklichere, Hässlichere, Einsamere...)
[j] Z. B. durch zeitsparende Recherche und Transaktion (z. B. Kauf bei Amazon) oder Verkürzung der Zeitstruktur linearer Medienangebote (Ausblendung von Werbeunterbrechungen, langweiligen Passagen durch Digitalrekorder)
[k] Gleichzeitige Medienparallelnutzung, Mediennutzung als Nebentätigkeit (Radio) oder Verrichtung anderer Tätigkeiten während der Mediennutzung (vgl. Schweiger 2007, S. 134 f.)
[l] Taktung des individuellen („Nach den Tagesthemen" ins Bett) und sozialen Verhaltens („keine Anrufe während des sonntäglichen Tatorts")

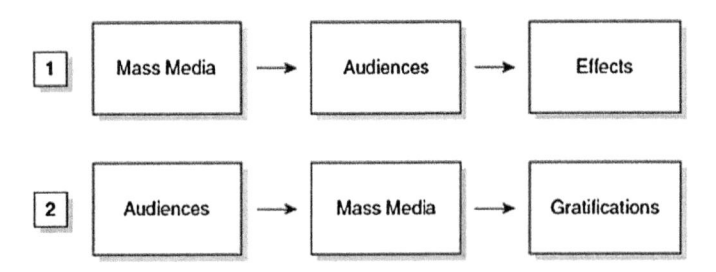

Abb. 1.6 Betrachtung der Beziehung Medien-Publikum. (Quelle: Reinhard und Dervin 2009, S. 514, Ausschnitt)

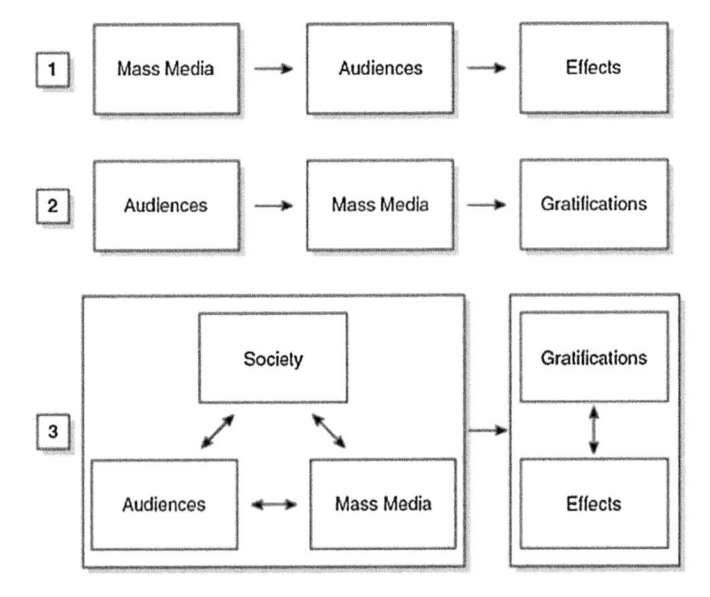

Abb. 1.7 Betrachtung der Beziehung Medien-Publikum. (Quelle: Reinhard und Dervin 2009, S. 514)

- Entscheidung auf der Ebene der Medienproduktwelt, also im Hinblick darauf, mit welcher Mediengattung sich das Bedürfnis am besten befriedigen lässt.
- Entscheidung auf Ebene des Medienangebotes bzw. der Anwendung im Internet: Hier wird z. B. zwischen verschiedenen Zeitungen, TV-Sendern oder Internetanwendungen entschieden sowie
- Entscheidungen auf der Ebene der Auswahl des konkreten Contents. Hier entscheidet man sich z. B. für eine bestimmte Sendung oder einen bestimmten Artikel, den man rezipiert.
• Auf jeder dieser Ebenen muss das Medienangebot des Anbieterunternehmens konkurrieren und (aus Sicht des Anbieters) der Konkurrenz vorgezogen werden, also besser für die Gratifikation geeignet sein.

- Es ist dazu notwendig zu wissen, wer der jeweilige Rezipient ist, auf den das Medienangebot zielt. Ihn kann man auf verschiedenste Weisen beschreiben. Aus Perspektive des Anbieters benutzt man dazu heute – neben den gängigen soziodemografischen und psychografischen Beschreibungskriterien – vor allem Mediennutzertypologien, die die vielfältigen, jeweilig für die Selektionsentscheidung relevanten kulturellen, psychologischen, sozialen, lebensstiltypischen Rahmenfaktoren zusammenfassen und kombinieren (vgl. dazu Zydorek 2017, Abschn. 9.2).
- Auf jeder dieser Ebenen sollte das Medienunternehmen anhand von durch die Publikumsforschung erhobenen (Sekundär-)Daten oder selbst zu erhebenden (Primär-)Daten analysieren, welche Bedürfnisse und Nutzenerwartungen die jeweilige Zielgruppe bzw. der angezielte Nutzertyp haben.
- Die erwarteten Gratifikationen der Rezipienten in Bezug auf die Medienangebote lassen sich nach fünf Kategorien typologisieren (affektive, kognitive, soziale, identitätsbezogene und zeitbezogene) und innerhalb dieser Typen sowie typübergreifend beschreiben. Jedes Medienangebot hat für jeden Nutzer seinen eigenen Nutzenmix.
- Auf diese Weise wird eine systematische Grundlage für das Angebot von Mediengütern gelegt, d. h. das Leistungsangebot des Anbieters von Mediengütern kann vor dem Hintergrund einer bestmöglichen Befriedigung der Rezipientenbedürfnisse darauf Bezug nehmen.

1.4 Medienmanagement, Medienmärkte, Produktionsfaktoren und der Leistungstransformationsprozess in Medienunternehmen

Dieser Abschnitt befasst sich mit den Rahmenbedingungen und den Aspekten, die beim Medienunternehmen im Prozess der Produktion von Mediengütern eine Rolle spielen. Es erstellt seine Produktangebote vor dem Hintergrund einer möglichst guten Kenntnis seiner Absatzmärkte und Nachfrager. Entsprechende Entscheidungen über die Ressourcenausstattung, die Geschäftsfelder, Strategien, Taktiken und Maßnahmen werden vom Medienmanagement getroffen. Das Medienmanagement wird in der entsprechenden Literatur dabei hinsichtlich verschiedener Aspekte differenziert untersucht: Man unterscheidet dabei erstens hinsichtlich der *Führungsebenen der Akteure sowie der Reichweite und Bedeutung von Managemententscheidungen* zwischen strategischem und operativem Management. Im *strategischen Handlungsbereich* wird ein grundlegender struktureller Handlungsrahmen für das Handeln im Unternehmen entwickelt und in Bezug zu möglichen grundsätzlichen und langfristigen Erfolgspotenzialen für das Unternehmen formuliert. Beim operativen Management geht es um die Gewährleistung des Standardbetriebes des Medienunternehmens. Tab. 1.2 stellt wichtige Eigenschaften des strategischen und des operativen Managements gegenüber.

Zweitens differenziert man hinsichtlich des Handlungsbezuges der Managemententscheidungen zwischen der *Konzeption* und der *Implementation* von Strukturen,

Tab. 1.2 Strategisches vs. operatives Management. (Quelle: Zydorek [Hrsg.] 2004, S. 6, leicht geändert)

	Charakteristika des strategischen Managements	Charakteristika des operativen Managements
Aufgabe	Suche nach Marktchancen und Wettbewerbsvorteilen in konkurrenzintensiven Märkten	Operative Umsetzung der Vorgaben des strategischen Managements
Zeithorizont	Überwiegend mittel- bis langfristige Festlegung	Kurz- bis mittelfristige Festlegung
Planungsträger	Vorwiegend Unternehmensführung, oberes Management	Mittleres und unteres Management
Handlungsbezug der Akteure im Prozess	Theoretischer Entwurf, Rahmensetzung	Operation, konkrete Entscheidungshandlungen bzgl. Aktionsparametern
Charakter des Handlungsentwurfs	Grundlegender, struktureller Handlungsrahmen	Abgestimmtes Maßnahmensystem
Ziel	Effektivität (die richtigen Dinge tun, geeignete Mittel nutzen)	Effizienz (die Dinge richtig tun, um den Zielbeitrag der Mittel/Maßnahmen zu steigern)
Erfolgsmaßstab	Entwickelte Erfolgspotenziale (Aussichten auf in der Zukunft realisierbaren Gewinn)	Gesetzte Vorgaben, messbar, wie Return on Investment, Gewinn, Umsatz, Selbstfinanzierungsgrad
Vorhandene Information	Viele Ex-Post-Daten, wenig aktuelle Daten, unsichere Projektionen und Prognosen aus mittel- bis langfristiger Planung	Viele Ex-Post-Daten, genauere Prognosen aus kurzfristiger Planung
Problemtyp	Eher schlecht strukturierte Handlungsfelder und Alternativen	Eher besser strukturierte Vorgaben und Daten
Reversibilität der Entscheidung	Schwerer korrigierbar, da grundsätzliche, strukturelle Vorgaben mit längerer Wirkungsfrist	Leichter korrigierbar, da konkrete Operationen mit kürzerer Wirkungsfrist

Strategien und Maßnahmen im Unternehmen. Der Konzeptionsprozess orientiert sich dabei an der analytischen Differenzierung von verschiedenen Phasen, die in Tab. 1.3 aufgelistet und kurz beschrieben sind.

Die Implementation hat eine möglichst konzeptionsgemäße Umsetzung der Strategien und Maßnahmen zum Ziel. Tab. 1.4 stellt eine Übersicht über diesen Prozess dar.

Drittens kann man in Bezug auf die Regelmäßigkeit der Managementhandlungen zwischen dem Management von *Projekten* und den Aktivitäten und Planungen zur Umsetzung der existierenden Strategie in einem *operativen Standardbetrieb* unterscheiden, auf den sich die operative *Standardplanung und Standardumsetzung* der Pläne des Realgüterprozesses und des Wertumlaufprozesses beziehen.

Tab. 1.3 Konzeptionsprozess des strategischen Managements (Vgl. ähnlich: Zydorek 2004, S. 8, ergänzt)

Phase	Ziel/Zweck/Aufgabe
Analyse der strategischen Ausgangslage	Es erfolgt eine Standortbestimmung als Grundlage jeder Strategiebildung auf der unternehmensinternen Ebene und auf zwei unternehmensexternen Ebenen (Markt und weiteres Umfeld)
Marktprognose und -projektion	Da die Erhebung des Status quo noch nichts über die strategisch wichtigen zukünftigen Entwicklungen in den Analysefeldern aussagt, sollten möglichst gültige und präzise Vorhersagen anhand verschiedener Methoden erstellt werden
Konzeption der Management-Ziele	Nach Analyse gegenwärtiger und zukünftiger Bedingungen des Markthandels stellt sich die Frage nach den gewünschten „Sollzuständen", damit Orientierungsrichtung für das Handeln im Unternehmen gegeben werden kann
Konzeption der Management-Strategien	Die definierten Ziele sollen über mittel- bis langfristig und strukturbestimmende Grundsatzregelungen für das Handeln in Instrumentalbereichen operationalisierbar gemacht werden. Dies geschieht anhand strategischer Vorgaben als „Leitplanken für das Handeln"
Konzeption der Instrumente in den Funktionalbereichen, z. B. des Marketings, der Finanzierung, dem Personal etc.	Auf Basis der strukturellen Vorgaben geschieht die Festlegung derjenigen Handlungsparameter, mit denen die eigentliche Umsetzung in den Handlungsbereichen des Unternehmens bewirkt werden soll, z. B. der vier Marketing-Gestaltungsparameter (Produkt-, Preis-, Distributions-, Kommunikationspolitik), die operatives Vorgehen ermöglichen sollen
Konzeption der Kontrolle	Die Kontrollinstrumente und der Kontrollprozess sind so zu konzipieren, dass festzustellen ist, ob mit dem Zyklus die Ziele erreicht wurden und wenn nicht, woran es liegt. Das Ergebnis wird in einem Feedbackprozess in die Analyse- und Zielbildungsprozesse eingespeist

Tab. 1.4 Implementationsprozess des strategischen Managements. (Quelle: eigene Zusammenfassung nach Welge und Al-Laham 2012, S. 813–820)

Phase	Ziel/Zweck/Aufgabe
1. Implementierungsplanung	Analyse der Passung von Strategiekonzeption und Umsetzungsbedingungen, Festlegung der Umsetzungsziele, des Umsetzungsstils und der Umsetzungsmaßnahmen
2. Implementierungsumsetzung	Kommunikation von Umsetzungszielen, -maßnahmen und -inhalten, Festlegung des Umsetzungspersonals/-Teams, der Teilstrategien und Aktionsprogramme, Umsetzung der Programme durch das Personal
3. Implementierungskontrolle	Durchführung einer Soll-Ist-Kontrolle im Hinblick auf die Umsetzung
4. Gesamtkontrolle	Anwendung der in der Konzeptionsphase entwickelten Kontrollinstrumente, um den gesamten Prozess, die Zielerreichung, die Prämissen und Ziele zu kontrollieren

Der *operative Handlungsbereich* des Unternehmens, in dem die alltäglichen Standardprozeduren des Realgüterprozesses und des Wertumlaufprozesses (vgl. noch einmal Zydorek 2017, Abschn. 10.1) ablaufen, ist also vor allem mit der Erstellung des gegenwärtigen Produktprogramms und den daraus resultierenden Konsequenzen für die einzelnen Funktionsbereiche, einschließlich der Konsequenzen für den Wertumlaufprozess des Unternehmens befasst (vgl. Schreyögg und Koch 2010, S. 140).

> Obwohl hier unternehmensindividuelle Lösungen im Vordergrund stehen, lassen sich doch generell für den Realgüterprozess gewisse Grundfunktionen unterscheiden, die für jede Unternehmung die auf der Beschaffungs- und Absatzseite in Marktbeziehungen eingebunden ist, typisch sind. Offensichtlich ist jedes Unternehmen auf die Zufuhr von Faktoren angewiesen, die in einem betrieblichen Transformationsprozess in fertige, das heißt marktfähige Produkte umgewandelt werden. Die fertigen Erzeugnisse werden dann an Verbraucher oder weiterverarbeitende Unternehmen weitergegeben (Schreyögg und Koch 2010, S. 141).

Ich habe diesen Realgüterprozess im Medienbereich schon in Zydorek (2017, Abschn. 10.1) beschrieben und in verschiedenen Abbildungen die dabei relevanten Aspekte, Märkte, Produktionsfaktoren und Transformationsprozesse dargestellt, die hier in Vorbereitung auf das zweite Kapitel, noch einmal wiederholt werden sollen.

In Bezug auf die *Markteinbindung* des Medienunternehmens kann grundsätzlich wiederholt werden, dass es Besonderheiten hinsichtlich seines Absatzmarktes gibt, genauer: Man spricht hier von drei Absatzmärkten, die in ihrer Funktion aufeinander angewiesen sind (vgl. Abb. 1.8).

Diejenigen *Produktionsfaktoren,* die bei Medienunternehmen von zentraler Bedeutung sind, die also auf den Beschaffungsmärkten gekauft werden, werden von mir dort ebenfalls benannt (Abb. 1.9).

Beschaffungsmärkte
- Personal
- Arbeit/Dienstleistungen
- Technik und Infrastruktur
- Finanzielle Mittel
- Inhalte/Rechte/Ideen

Medienunternehmen
Prozess der Kombination der Produktionsfaktoren zur Wertschöpfung

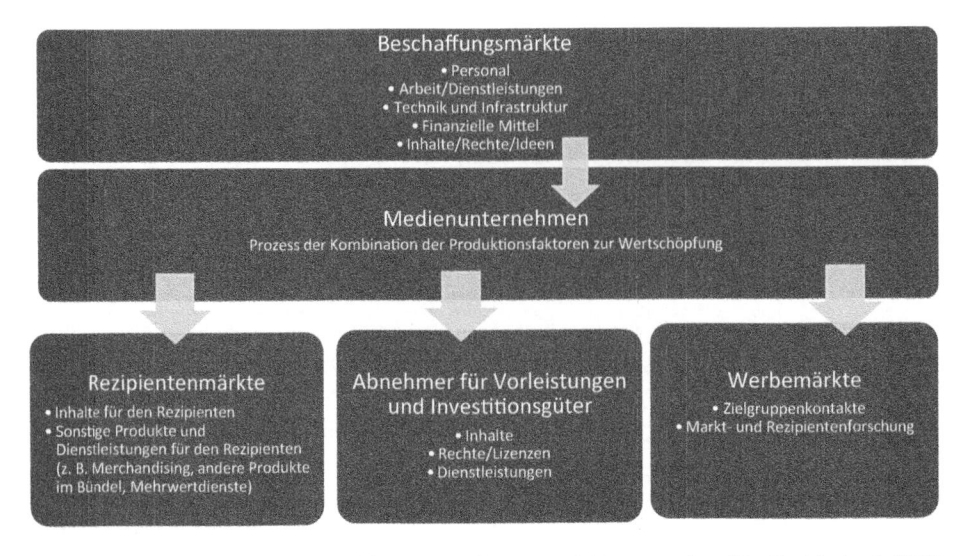

Rezipientenmärkte
- Inhalte für den Rezipienten
- Sonstige Produkte und Dienstleistungen für den Rezipienten (z. B. Merchandising, andere Produkte im Bündel, Mehrwertdienste)

Abnehmer für Vorleistungen und Investitionsgüter
- Inhalte
- Rechte/Lizenzen
- Dienstleistungen

Werbemärkte
- Zielgruppenkontakte
- Markt- und Rezipientenforschung

Abb. 1.8 Medienunternehmen und ihre Beschaffungs- und Absatzmärkte. (Quelle: Zydorek 2017, S. 99)

1.4 Medienmanagement, Medienmärkte, Produktionsfaktoren …

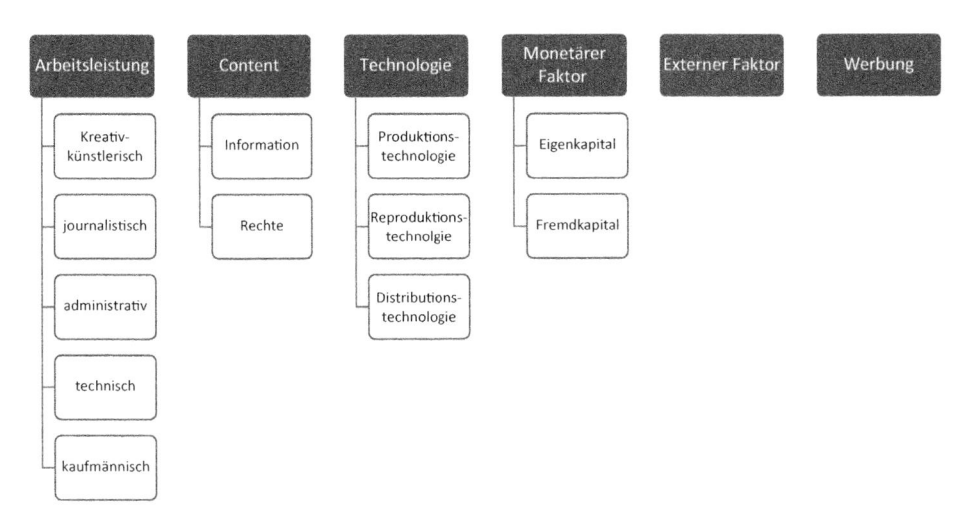

Abb. 1.9 Produktionsfaktoren in Medienunternehmen. (Quelle: Zydorek 2017, S. 131)

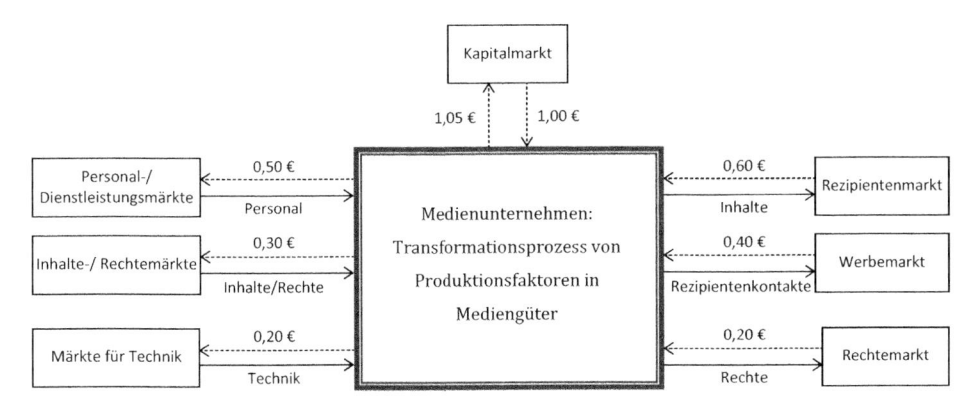

Abb. 1.10 Leistungsprozess, Wertumlaufprozess und Marktbeziehung von Medienunternehmen. (Quelle: Zydorek 2017, S. 135)

Den *Transformationsprozess* in seinem grundsätzlichen Zusammenhang mit den Märkten und dem Wertumlaufprozess habe ich ebenfalls schon (in Zydorek 2017, Abschn. 10.2) dargestellt. Abb. 1.10 zeigt zusammenfassend die Einbettung des Transformationsprozesses des Medienunternehmens.

Diese letztgenannte Abbildung bezieht sich vor allem auf den *Zusammenhang* des Transformations- und Wertschöpfungsprozesses. Dieser Wertschöpfungsprozess selbst wurde in Zydorek (2017, Abschn. 10.2) in Bezug auf den nichtwerblichen Medieninhalt (vgl. Abb. 1.11) und in Bezug auf die werblichen Inhalte (Abb. 1.12) dargestellt.

Wichtig ist es nun, zu verdeutlichen, dass es sich um den *gesamten* Wertschöpfungsprozess der Medien handelt. Man müsste diesen Prozess eigentlich korrekter Weise

Wertschöpfungsstufe	Konzeption/Entwicklung	Produktion	Bündelung	Distribution	Rezeption
Produktionsfaktoren (Beispiele)	Kreative Arbeitsleistung	Produktionstechnik, technische künstlerische und journalistische Arbeitsleistung	Produktionstechnik, Zielgruppenkontakt Reproduktionstechnik, technische Arbeitsleistung	Distributionstechnik, Endgeräte	Zeit, Aufmerksamkeit, Medienkompetenz etc.
Beispiel/Ergebnis	Idee, Exposé, Kalkulation, Skript	Einzelprodukt (Artikel, Sendung, Musikstück)	Programm, Urkopie eines Medienprodukts (Mutterband, Masterpiece)	Bereitstellung/Verfügbarkeit des Produkts beim Rezipienten	Unterhaltung, Information, Zeitvertreib etc.

Abb. 1.11 Wertschöpfungskette des Medienbereichs. (Quelle: Zydorek 2017, S. 133)

Wertschöpfungsstufe	Werbekonzeption/Werbeproduktion	Produktion von Zielgruppen („Aufmerksamkeitsgemeinschaften")	Bündelung der Werbung mit Content/ Werbedistribution/Werbezugang	Distribution/Produktion von Aufmerksamkeit des Publikums	Persuasion/Produktabsatz
Produktionsfaktoren (Beispiele)	Kreative Arbeitsleistung, Werbekonzept, Beratung, Produktionstechnologie	Distributionstechnik, Kreative Arbeitsleistung, Programmplanung,	Produktionstechnik, Reproduktionstechnik, Distributionstechnik	Endgeräte, externer Faktor, Technik zur Erfolgskontrolle	Zeit, Aktivität, monetäre Mittel
Beispiel/Ergebnis	Werbekonzept, Werbespot, Werbeanzeige	Eine spezifische Zielgruppe zu einer bestimmten Zeit rezipiert ein Programm	Programm für diese Zielgruppe zu dieser Zeit	Zielgruppenkontakt	Erreichung der Werbeziele (z. B. Imagegewinn, Produktkauf etc.) eines Werbespots

Abb. 1.12 Wertschöpfungskette der Werbung. (Quelle: Zydorek 2017, S. 134)

Wertschöpfungs*system* nennen, da er oft über die Grenzen des einzelnen Unternehmens hinausgeht. Auf jeder dieser Wertschöpfungsstufen wird wiederum ein *spezielles Set* von Produktionsfaktoren Einsatz finden.

Das operative Medienmanagement setzt die Vorgaben des strategischen Managements, orientiert an den im Unternehmen vorhandenen Fähigkeiten und Ressourcen, möglichst effizient um. Das heißt, es geht hier spezifisch um das Management des Leistungsprozesses, im Zusammenhang damit aber auch um die konkreten finanzwirtschaftlichen und informationswirtschaftlichen, die organisatorischen Prozesse sowie das Management des Leistungs-, Kommunikations- und Kooperationsverhaltens der Mitarbeiter im Unternehmen (vgl. Bleicher 1999, S. 82 ff.).

Die Medien-Wertschöpfungskette hat besondere Bedeutung für den Teil 2 dieses Buchs, da sich die Diskussion und auch die einzelnen Kapitel nach deren Strukturierung richten. Deswegen soll im nachfolgenden Abschnitt kurz das Wertschöpfungskettenkonzept vorgestellt werden.

1.5 Das Wertschöpfungskettenkonzept

Das Konzept der Wertekette (auch Wertschöpfungskette, WSK) stammt aus dem Bereich der betriebswirtschaftlichen Sachgüterproduktion und behandelt die *unterscheidbaren Bausteine und die chronologischen Schritte des Wertzusatzes zu einem Gut*. Es wird davon ausgegangen, dass der Wertschöpfungsprozess eines Gutes in einem Unternehmen

1.5 Das Wertschöpfungskettenkonzept

	UNTERNEHMENSINFRASTRUKTUR					
UNTER-STÜTZENDE AKTIVITÄTEN	PERSONALWIRTSCHAFT					GEWINNSPANNE
	TECHNOLOGIEENTWICKLUNG					
	BESCHAFFUNG					
	EINGANGS-LOGISTIK	OPERATIONEN	MARKETING & VERTRIEB	AUSGANGS-LOGISTIK	KUNDEN-DIENST	GEWINNSPANNE

PRIMÄRE AKTIVITÄTEN

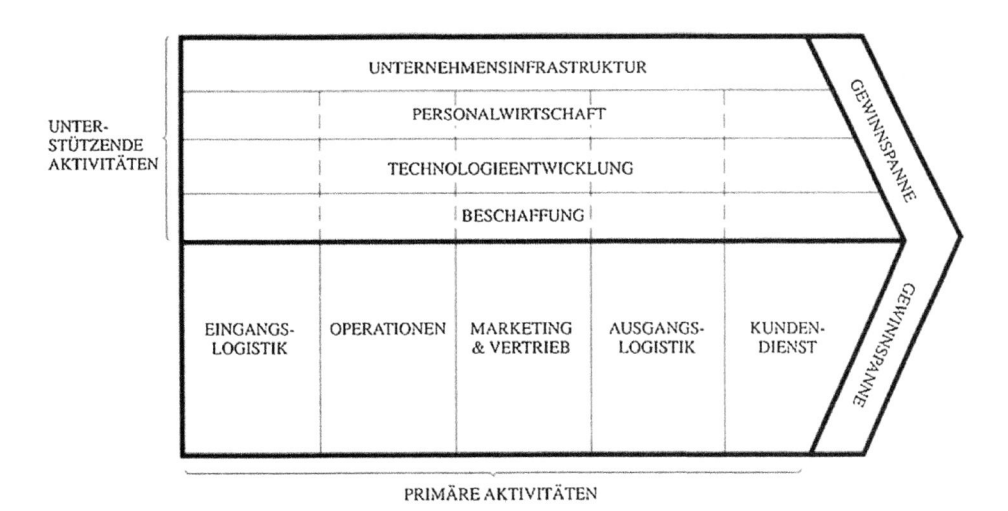

Abb. 1.13 Wertschöpfungskettenkonzept. (Quelle: Porter 2000, S. 66)

nach einem bestimmten Muster immer gleich abläuft und sich dadurch die Möglichkeit ergibt, diese Prozesse dauerhaft zu gestalten und zu verbessern. Grundsätzlich setzt sich die Wertekette aus den einzelnen Wert zusetzenden Aktivitäten und der Gewinnspanne zusammen. Die Gewinnspanne ist der Unterschied zwischen dem Ertrag und den für die Ausführung der Wertaktivitäten entstandenen Kosten. Das sind z. B. Kosten für gekaufte Inputs, Anlagen, menschliche Ressourcen, Technologie und Information. Ausgangspunkt zur Analyse von Unternehmen/Märkten ist die folgende Grundstruktur der Wertschöpfungskette nach dem bekannten Managementprofessor Michael Porter (vgl. Porter 2000), der neben der WSK einige heute im Management wichtige Konzepte und Instrumente entwickelt hat. Er unterscheidet dabei so genannte primäre Aktivitäten, die in der Wertschöpfung im Regelfall in einer Reihenfolge ablaufen von den sekundären (unterstützenden) Aktivitäten, die sich deutlich weniger stark als die primären Aktivitäten über die Branchen hinweg unterscheiden und in allen Phasen der Produktion zur Geltung kommen, also schlecht in eine Reihenfolge zu bringen sind (vgl. Abb. 1.13).

Jede dieser Stufen lässt sich bei Bedarf weiter aufspalten, sodass man je nach Bedarf und Notwendigkeit sehr detaillierte Wertschöpfungsstufen unterscheiden und untersuchen kann (Abb. 1.14). Die abgebildete allgemeine Wertkette soll nach Porter branchen- und unternehmensbezogen spezifiziert und differenziert werden, um alle relevanten Teilaktivitäten und ihre Verknüpfungen untereinander und mit Aktivitäten vor- und nachgelagerter Unternehmen berücksichtigen zu können (vgl. Porter 2000, S. 77 ff.).

Das Konzept der Wertschöpfungskette kann man dazu einsetzen, das eigene Unternehmen zu analysieren (interne Unternehmensanalyse) und die eigene Wertschöpfungskette sowie deren Anteile mit denen anderer, ähnlicher Unternehmen zu vergleichen und zu bewerten (Wertschöpfungsstufen-/-kettenvergleiche). Ebenso ist mit der Wertschöpfungskette eine Marktanalyse (z. B. Produktionsformen, Akteure, Anzahl der Wettbewerber,

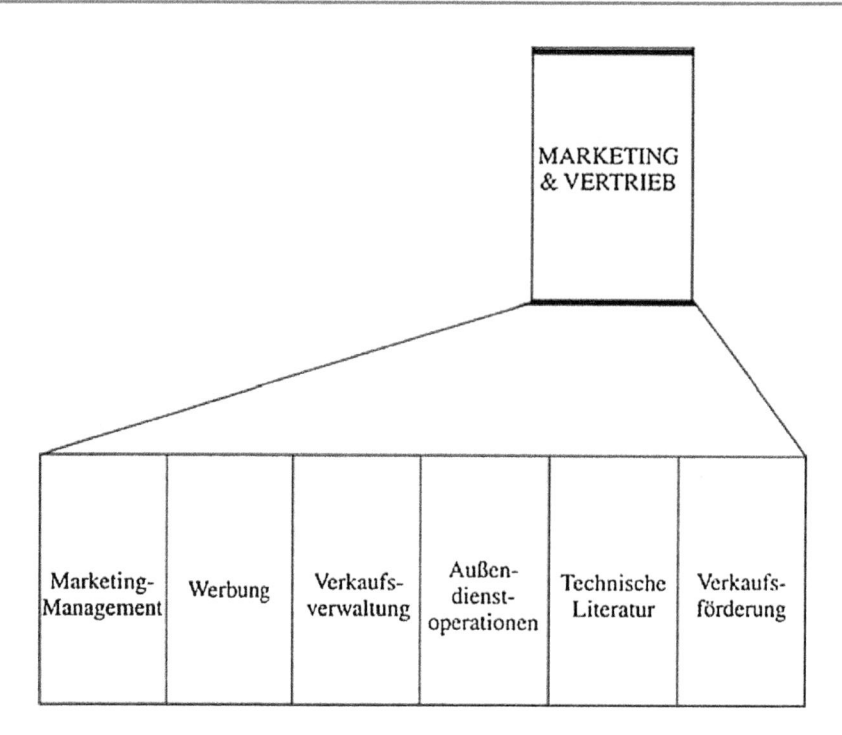

```
                    ┌─────────────┐
                    │  MARKETING  │
                    │  & VERTRIEB │
                    └─────────────┘
┌──────────┬───────┬──────────┬─────────┬──────────┬──────────┐
│Marketing-│Werbung│Verkaufs- │Außen-   │Technische│Verkaufs- │
│Management│       │verwaltung│dienst-  │Literatur │förderung │
│          │       │          │operat.  │          │          │
└──────────┴───────┴──────────┴─────────┴──────────┴──────────┘
```

Abb. 1.14 Wertschöpfungskettenkonzept 2. (Quelle: Porter 2000, S. 78, Ausschnitt)

Intensität der Konkurrenz, Marktsegmentierung auf den verschiedenen Stufen etc.) möglich. Dazu muss man die ins Auge gefassten Unternehmen hinsichtlich ihrer Wertaktivitäten beobachten. Ebenso wird es nach Zerlegung der Wertschöpfungskette in ihre Anteile und deren Analyse möglich, innere funktionale Abläufe des eigenen Unternehmens neu zu strukturieren oder Teile auszulagern (Unternehmensrestrukturierung, Outsourcing). Ich werde im zweiten Teil dieses Buches anschließend an die allgemeine Wertschöpfungskette der Medienbranche die Potenziale des Einsatzes von Algorithmen anhand von Beispielen aus verschiedenen Teilbereichen der Branche untersuchen. Dabei wird erkennbar, wie die Branche und einzelne Unternehmen dieser Branche auf Wertschöpfungsstufen bezogen, Veränderungen bzw. Verbesserungen vornehmen.

> **Die Einsatzmöglichkeiten des WSK-Konzeptes sind**
> - Interne Unternehmensanalyse
> - WSK-Vergleiche (mit anderen Unternehmen)
> - Marktanalyse (Segmentierung, Konzentration, Akteure auf den Stufen, Konzentration auf den Stufen)
> - Unternehmensrestrukturierung, Make-or-Buy-Entscheidungen

Die Wertekette des Unternehmens ist mit vor- und nachgelagerten Weretketten der Lieferanten und der Abnehmer verknüpft. Zusammen genommen heißen diese WSK das *Wertschöpfungssystem* eines Produktes, eines Marktes oder einer Branche.

Von der Analyse und Gestaltung der eigenen Wertschöpfungskette sind zwei wichtige Faktoren abhängig: Es existieren Möglichkeiten, hinsichtlich der Wertschöpfungsbereiche *Kostenersparnisse* zu erzielen und es ist anhand entsprechender Maßnahmen möglich, eine *Einmaligkeit* gegenüber den Wettbewerbern zu erreichen. Für die Erreichung von Einmaligkeit muss man die eigene Wertschöpfungskette im Hinblick auf sogenannte Einflussgrößen der Einmaligkeit des Produktangebots untersuchen, z. B. der Verknüpfung der internen Aktivitäten und die Verknüpfung mit Lieferanten/Abnehmern, die Zeitwahl, z. B. des Markteintritts und andere unternehmenspolitische Entscheidungen. Genau so sollen sogenannte Kostenantriebskräfte wie Größeneffekte, Lernvorgänge, die Kapazitätsauslastung, der Standort der Wertschöpfungsaktivitäten usw. untersucht werden, um herauszufinden, welche dieser Größen im Hinblick auf welchen Wertschöpfungsbereich bedeutsam sind. Unter Berücksichtigung dieser Faktoren ist es dann möglich, gegenüber den Konkurrenten einen Vorsprung hinsichtlich der Herstellungskosten zu erreichen (Kostenführerschaft) oder ein Produkt herzustellen, das von den Nachfragern gegenüber den Konkurrenzprodukten als überlegen wahrgenommen wird (Differenzierung). Diese beiden Konzepte werden in der Literatur unter dem Begriff der Wettbewerbsstrategien behandelt.

In Bezug auf die im Teil 2 nachfolgende Analyse der Algorithmisierung von Wertschöpfungsstufen ist eine Diskussion dieses Konzepts der Wettbewerbsstrategien notwendig, da sie sich in den im zweiten Teil präsentierten Beispielen wiederfinden und dort das Handeln der Akteure bestimmen.

1.6 Wettbewerbsstrategien

Michael Porter bezeichnet als *Kostenführerschaftsstrategie* einen Strategietyp, der darauf abzielt, das eigene Unternehmen oder ein Geschäftsfeld des Unternehmens in eine Position zu bringen, die es ermöglicht branchenweit zu den niedrigsten Kosten zu produzieren.[8] Kostenführer zu sein, bringt einem Unternehmen laut Porter eine Reihe von Vorteilen. So ist es beispielsweise grundsätzlich möglich, einen im Vergleich zum Branchendurchschnitt überdurchschnittlichen Gewinn zu erzielen, sofern es dem Unternehmen gelingt, die eigenen Produkte zu Preisen nahe am Branchendurchschnitt am Markt abzusetzen. Dann ist die Gewinnmarge durch die niedrigeren Produktionskosten höher als die der Wettbewerber. Um solche Preise durchsetzen zu können, ist es allerdings notwendig, dass die Käufer das Produkt des Unternehmens als mindestens gleichwertig zu

---

[8]Es geht nicht darum, *Preisführer* zu sein, also dem Kunden das billigste Produkt anzubieten!

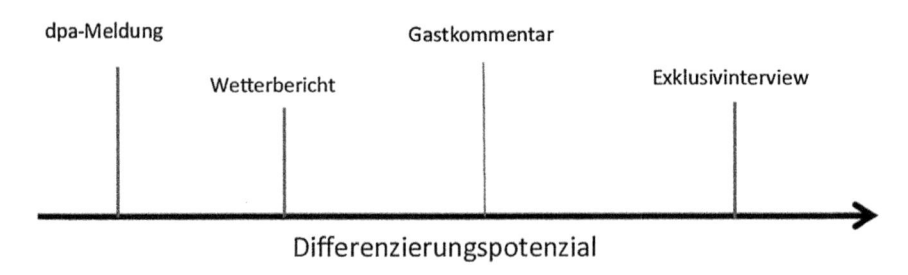

```
dpa-Meldung          Gastkommentar
         Wetterbericht         Exklusivinterview
   |         |              |        |
   |_____|_____|_____|_____>
                  Differenzierungspotenzial
```

Abb. 1.15 Eignung von spezifischen Inhalten zur Differenzierung. (Quelle: Brack 2003, S. 104)

den Konkurrenzangeboten erachten. Sonst muss das Produkt eventuell zu deutlich niedrigeren Preisen angeboten werden, was die Vorteile der Kostenführerschaft zunichtemachen kann. Kostenführerschaft ist laut Porter eine Strategie, die es erfordert, das gesamte Unternehmen darauf auszurichten. Dies bedeutet, dass jede Aktivität im Unternehmen auf ihr Kostenverhalten hin analysiert werden muss, um mögliche Einsparpotenziale zu erkennen. Dabei ist es von besonderer Bedeutung, Verknüpfungen zwischen einzelnen Aktivitäten zu erkennen und zu analysieren, wie sich Einsparungen bei einer Aktivität auf die verknüpfte Aktivität auswirken. Weiterhin stellt die Kostenführerschaftsstrategie unterschiedliche Voraussetzungen an die Unternehmenskultur und Organisationsstruktur. So sind z. B. straffe Lenkungssysteme, Minimierung der Gemeinkosten und die Erreichung von Betriebsgrößenersparnissen erforderlich (vgl. Porter 2000, S. 53). Auch Technologie ist ein wichtiger Faktor, um Kostenvorteile zu erreichen. Es wird im späteren Beispiel des Unternehmens Demand Media (Kap. 3) zu erkennen sein, wie sich verschiedene Taktiken zur Kostenoptimierung kombinieren lassen.

Differenzierung heißt, so zu handeln, dass die Angebote von den Verwendern als einzigartig bewertet werden (vgl. zur Eignung verschiedener Medieninhalte für die Differenzierung Abb. 1.15). Es soll eine wahrnehmungsrelevante Alleinstellung beim Abnehmer nach kaufentscheidungsrelevanten Attributen entstehen, die durch Qualität, ein individuelleres Angebot (Varietät) oder ein nicht zu anderen Produkten vergleichbares Angebot (Inkommensurabilität) zustande kommt (vgl. Brack 2003, S. 96 ff.). Diese Alleinstellung entsteht selten aus einer einzigen Differenzierungsquelle im Unternehmen, sondern meist durch die Beiträge verschiedener primärer und sekundärer Wertschöpfungsaktivitäten des Anbieters. Da Differenzierungsbemühungen meistens zusätzliche Kosten im Leistungserstellungsprozess bedingen, muss das Verhältnis zwischen den Kosten und dem Nutzen für den Nachfrager im Auge behalten werden. Sinnvoll ist es, die Wertkette des Abnehmers für das Produkt zu analysieren[9], um Differenzierungsmöglichkeiten aufzudecken sowie die relevanten Kaufkriterien des Abnehmers aufzudecken. Der Wert für den Abnehmer beruht allerdings nicht nur auf objektiven Tatsachen (Nutzungskriterien), sondern er resultiert ebenso aus seiner sehr subjektiven

---

[9]Auch Konsumenten haben nach Porter eine Wertkette.

Wertwahrnehmung, die durch Werbung, Image, Verpackung, Erscheinungsbild usw. beeinflusst wird und beeinflusst werden kann (Signalkriterien). Nutzungskriterien und Signalkriterien müssen bei einem Produkt in einem passenden Verhältnis zueinander stehen, da es sonst beim Abnehmer entweder zu Enttäuschungen über die tatsächliche Leistung kommt oder er den tatsächlichen Abnehmerwert der Leistung vorher nicht erkennen kann und es deswegen das Produkt gar nicht in Betracht zieht. Im Medienbereich wird die Differenzierung im Regelfall als die bedeutsamere Strategie gesehen als die Kostenführerschaft. Das gilt insbesondere dort, wo das Produkt für den Konsumenten aufgrund von ausschließlicher Werbefinanzierung einen Preis von Null hat. Letztlich geht es aber heute immer darum, die Kosten- und Differenzierungsstrategie miteinander zu kombinieren, ohne dabei zu halbherzigen Lösungen zu kommen. Diese Kombinationen nennt man *hybride Strategien* (vgl. Fleck 1995).

> Je exklusiver der Besitz eines Inhalts ist, desto höher ist dessen Eignung als Differenzierungsfaktor einzustufen. Der aktuelle Wetterbericht lässt durch die Art der Darstellung/Präsentation eine Differenzierung zu, Investitionen lohnen sich jedoch nur, wenn die spezifische Art der Darstellung langfristig erfolgreich und als Format urheberrechtlich schützbar ist. Eine dpa-Meldung weist ein noch geringes Differenzierungspotenzial auf, da ihre Werthaltigkeit durch den aktuellen Bezug sehr begrenzt ist und für die Art der Darstellung einer Meldung gewisse journalistische Qualitätsgrundsätze existieren, die allgemein bekannt sind. Dies bedeutet, dass auch bei Medienprodukten gewisse Qualitätsstandards existieren, deren Erfüllung eine Grundvoraussetzung für das Bestehen im Wettbewerb darstellt, aber keine Differenzierungsmöglichkeit bietet. Das erweiterte Produkt, d. h. die Signalkriterien werden wichtiger, wenn der Inhalt selbst kein großes Differenzierungspotenzial aufweist (Brack 2003, S. 104 f.).

1.7 Ressourcen und Kompetenzen des Medienunternehmens

Basis dieses Ansatzes ist der Gedanke einer möglichst guten Abstimmung der strategischen Potenziale der Unternehmung mit den Anforderungen der Umwelt. Man geht – analog der Evolutionsbiologie bei Lebewesen – davon aus, dass Unternehmen, die optimal an ihre Umwelt angepasst sind, mittel- bis langfristig erfolgreicher sind als solche, die sich nicht permanent im Sinne der Umweltanforderungen wandeln. Dieser Blick auf die unternehmensinternen Faktoren und die Frage, ob und wie sie dazu genutzt werden können, dass ein Unternehmen nachhaltige Wettbewerbsvorteile gegenüber seinen Konkurrenten erlangt, öffnet den Blick dafür, dass dies neben materiellen auch immaterielle Faktoren sein können. Diese gilt es zu identifizieren, aufzubauen und zu erhalten (vgl. Wolf 2008, S. 569 f.).

Die Besonderheiten der Ausstattung von Unternehmen diskutiert die Managementliteratur unter den Begriffen *Ressourcen* und *Kompetenzen*. Ressourcen sind die *an ein Unternehmen gebundenen spezifischen materiellen und immateriellen produktiven Faktoren, die es zur Leistungserstellung einsetzt.* Dies können materielle Ressourcen wie finanzielle Ressourcen, physische Ressourcen (Rohstoffe, Maschinen, Gebäude, Grundstücke) und immaterielle, personenunabhängige Ressourcen wie Eigentums- und Verwertungsrechte

(z. B. für Medienprodukte), Copyrights, Patente, Handelsmarken, Geschäftsgeheimnisse, Image/Reputation von Produkten oder im Unternehmen verankerte Vorgehensroutinen (z. B. Verfahrensweisen bei Produktion, Innovation) sein. Personenabhängige Ressourcen sind Fähigkeiten/Kompetenzen der Mitarbeiter und des Managements, wie verbalisierbares und stilles Wissen, personengebundene Verhaltensweisen und Kooperationsfähigkeit (vgl. Welge und Al-Laham 2008, S. 378 ff.).

Nützlich sind diese Faktoren insofern, als das sie helfen können, die Kundenbedürfnisse besser zu befriedigen und deswegen eine Alleinstellung gegenüber Wettbewerbern zu begründen (vgl. Differenzierung), was dazu führen kann, dass die Kunden einen Preisaufschlag für das Produkt akzeptieren. Andererseits können sie auch (z. B. durch effizientere Fertigungsverfahren) bei der Erreichung von Kostenvorteilen helfen, die dann einen günstigeren Preis oder eine höhere Gewinnmarge für das Unternehmen bedingen können.

Wenn diese Unternehmensressourcen bedeutsam für die Gewinnung von strategisch relevanten Vorteilen gegenüber anderen Unternehmen sein sollen, sollten sie bestimmte Anforderungen erfüllen (vgl. Wolf 2008, S. 572 ff.):

- Sie müssen aus Kundensicht werthaltig sein, also für den Kunden einen wahrnehmbaren Mehrwert stiften.
- Sie müssen im Hinblick auf einen Vergleich mit den Wettbewerbern strategisch relevant sein.
- Sie sollen eine gewisse Dauerhaftigkeit aufweisen.
- Sie sollen schwer transferierbar (immobil) sein, denn sonst sind sie nicht fest an das Unternehmen gebunden.
- Sie sollen durch andere schlecht imitierbar sein, z. B. durch Geheimhaltung oder rechtlichen Schutz.
- Sie sollen nichtsubstituierbar sein, d. h. der Nutzenkomplex des Gutes darf nicht durch eine andere Ressourcenkombination ersetzbar sein
- Sie sollen möglichst mehrfach verwertbar für ein möglichst breites Produktspektrum sein.

Fragen zu strategisch relevanten Ressourcen eines Unternehmens
- Was wäre beispielsweise ein kundenrelevanter Mehrwert? Nennen Sie Beispiele. Können Sie Gegenbeispiele nennen?
- Wie kann man sich den Nutzenkomplex eines Guts vorstellen? Nennen Sie Beispiele und versuchen Sie, zu erklären, was dabei genau den Nutzenkomplex ausmacht.
- Wie kann man Ressourcen dauerhaft an das Unternehmen binden?
- Wie kann man sie immobil machen?
- Können Sie sich vorstellen, wie strategisch relevanten Ressourcen für mehrere Produkte verwertbar sein könnten? Können Sie Beispiele nennen?

Bernd Wirtz nennt (2009, S. 69 ff.) verschiedene Beispiele für Kernressourcen des Medienunternehmens:

- Mitarbeiter (z. B. in der Redaktion von Zeitungsverlagen), die von zentraler Bedeutung für die Leistungserstellung und -vermarktung sind,
- Medienmarken, die mit positiven Produkteigenschaften verbunden werden und ein Wertversprechen signalisieren,
- historisch gewachsene aus spezialisierten Akteuren bestehende Produktions- und Distributionsnetzwerke sowie
- ein historisch gewachsener Kundenstamm.

Auch im Hinblick auf das Web 2.0 wurde der Begriff der Kernressource aufgegriffen:

> O'Reilly (2005, S. 9) verweist (…) darauf, dass die Urkopie und ihr Management als eigentlich entscheidende Ressource im Privateigentum des Unternehmens verbleibt und dort der maßgebliche Faktor für seine Marktstellung wird. An Beispielen wie Amazons Produktdatenbank, eBays Produkt- und Verkäufer-Datenbank, Yahoos Webdirectory und NavTecs digitalen Landkarten argumentiert er, dass Kerndaten schützenswerte Ressourcen sind (…), die dauernder Pflege und Fortentwicklung bedürfen. Das Datenbankmanagement und die Kontrolle dieser Kerndaten werden von ihm als Kernkompetenz des Web 2.0-Unternehmens bezeichnet, die die Marktbeherrschung bedeuten können. Strategien, wie die erwerbswirtschaftlichen Initiativen zur Digitalisierung der öffentlichen Bibliotheken (vgl. z. B. books. google.de), verweisen darauf, dass relevante Player im Onlinesektor diesen Gedanken für plausibel halten. Ziel einer solchen Strategie ist es (…), schützenswerte Wertschöpfungsressourcen zu bewahren (Zydorek 2009, S. 79 f.).

Ich werde im zweiten Teil des Buches die mit der Algorithmisierung verbundenen Änderungen von Ressourcen und Kompetenzen von Medienunternehmen (bzw. ihrer Dienstleister) betrachten. Dort werden z. B. der Empfehlungsalgorithmus von Netflix (vgl. Kap. 5) sowie die Anbieter von Softwarelösungen zur algorithmischen Produktion von Nachrichteninhalten (Kap. 4) unter dem Aspekt der Entwicklung von Kernressourcen betrachtet.

1.8 Das Geschäftsmodell als Managementinstrument für Medienunternehmen

Die Komplexität, die für das Unternehmensmanagement zu verarbeiten ist, ist grundsätzlich sehr hoch und so ist das Risiko, Fehlentscheidungen zu treffen groß, schon aufgrund der Vielfältigkeit und Interpretationsnotwendigkeit der Informationen über das Unternehmen, seine Umwelt und ihre Beziehung. Deswegen ist es geboten, zur Komplexitätsreduktion auf Methoden zurückzugreifen, die einerseits bewährt sind und andererseits dem Management eine Situationsanalyse und darauf aufbauend Handlungsfähigkeit möglich machen. Dafür bieten sich verschiedene Konzepte an, im Medienmanagement hat das

Konzept des *Geschäftsmodells* relativ starke Verbreitung gefunden (vgl. Gläser 2010, S. 766).

> Das Geschäftsmodell stellt ein (…) übergeordnetes Konzept dar, um alle Unternehmensaktivitäten und die relevanten unternehmerische Erfolgsfaktoren abzubilden und aktiv zu managen. Durch die Bildung von Geschäftsmodellen werden wesentliche Aspekte betriebswirtschaftlicher Teildisziplinen miteinander verbunden (Wirtz 2010, S. 212).

Der Ansatz des Geschäftsmodells stammt aus der Wirtschaftsinformatik und bezeichnet dort die Erfassung und Darstellung von Informationsströmen als Ausgangsbasis für die Modellierung von Geschäftsprozessen und Informationssystemen (vgl. Knyphausen und Zollenkop 2007, S. 583). Auch in den Managementwissenschaften und Betriebswissenschaften sind Vorläufer identifizierbar (Bieger und Reinhold 2011, S. 14). Ab Ende der 1990er entwickelte sich ein Begriffsverständnis, das eher an die strategische Unternehmensführung angepasst war. (vgl. Knyphausen und Zollenkop 2007, S. 583). Ein Geschäftsmodell ist nach diesem Verständnis

> (…) the totality of how a company selects its customers, defines and differentiates its offerings, defines the tasks it will perform itself and those it will outsource, configures its ressources, goes to markets, creates utility for customers and captures profit (Slywotzky 1996, S. 4; zit. in: zu Knyphausen und Zollenkop 2007, S. 584).

Obwohl es noch keine endgültige einheitliche Definition des Terms gibt (vgl. Keuper und Hans 2006, S. 395; Gläser 2010, S. 766; Wirtz 2010, S. 211; Bieger und Reinhold 2011, S. 15 f.), kann gesagt werden, dass es um die Darstellung eines *vereinfachten Modells der Geschäftsaktivitäten und um die knappe Beschreibung der Strategie* eines gewinnorientierten Unternehmens geht, welche als Meta-Modell für Managementzwecke oder für rein analytische Zwecke zu dienen bestimmt ist. Darüber hinaus erlaubt es, gegenüber den Unternehmensmitarbeitern, der Öffentlichkeit, potenziellen Investoren oder auch Gesellschaftern und Aktionären die Mechanismen der Wertschaffung und Wertabschöpfung zu kommunizieren (vgl. Bieger und Reinhold 2011, S. 29).

Das Konzept umfasst in seiner weitesten Ausprägungsform sechs Analyse- und Gestaltungsebenen. Diese Gestaltungsebenen verbinden den strategischen Bereich mit dem operativen Bereich der Tätigkeit des Unternehmens, indem sie beschreiben, auf welche Weise die Strategie des Unternehmens in den im oben stehenden Zitat genannten Dimensionen Produkt-/Marktkombination, Produktkonfiguration, Konfiguration des Leistungssystems, Ressourcenkonfiguration, Wertschöpfung und Erzeugung von Kundennutzen umgesetzt werden soll und sich dynamisch weiterentwickelt (vgl. zu den folgenden Ausführungen: zu Knyphausen und Zollenkop 2007; Bieger und Reinhold 2011, S. 31 ff.). Diese Dimensionen werde ich nun jeweils kurz erklären.

Produkt-Marktkombination und Transaktionsbeziehung

Hier wird festgelegt, auf welchen Märkten[10] man tätig wird und welche Art man mit Marktpartnern beim Leistungsangebot in Beziehung steht.

> Im Rahmen des Marktmodells wird neben der Struktur der relevanten Märkte verdeutlicht, mit welchen marktseitigen Akteuren ein Unternehmen konfrontiert ist. Entsprechend lässt sich eine Aufteilung in ein Nachfrager- und ein Wettbewerbsmodell vollziehen (…) Das Nachfragermodell kennzeichnet dabei die Identifizierung von Kundenbedürfnissen und deren Preisbereitschaften, das heißt die Herausfilterung profitabler Zielgruppen (…) Demgegenüber gibt das Wettbewerbsmodell Auskunft über das Wettbewerbsumfeld des Unternehmens (…) Es spezifiziert somit die Einbettung des Unternehmens in seine Umwelt mit dem Ziel, zum Beispiel auf Basis einer Branchenstrukturanalyse spezifische Handlungsoptionen für das Unternehmen (…) zu determinieren (Keuper und Hans 2006, S. 401).

Architektur der Leistungserstellung

In dieser Dimension werden die Unternehmensaktivitäten und deren Zusammenhänge chronologisch strukturiert und im Hinblick auf ihr Abgrenzungspotenzial gegenüber Wettbewerbern beurteilt sowie entsprechend akzentuiert und ausgebaut, vernachlässigt oder ausgegliedert (Outsourcing).

- Interne Architektur: Ressourcen und strategische Vermögenswerte des Unternehmens, einzelne Wertschöpfungsstufen, Zusammenhang, Reihenfolge und Koordination der Wertschöpfungsstufen, Kommunikations- und Koordinationskanäle
- Externe Architektur: Position des Unternehmens im Wertschöpfungsnetzwerk der Marktpartner, also zum Kunden/Abnehmer und zum Lieferanten, auch: Wie ist die Transaktionsbeziehung in den drei Transaktionsphasen Information, Vereinbarung und Abwicklung zu beschreiben?

> Im Gegensatz dazu zielt das Leistungserstellungsmodell auf die Kombination von Gütern und Dienstleistungen sowie deren Transformation in Angebotsleistungen ab (Keuper und Hans 2006, S. 401).

Erlösmodell (auch Ertragsmodel oder Ertragsmechanik)

Die Analyse und Wahl des Erlösmodells für das Leistungsangebot basiert auf dem Spektrum der Möglichkeiten hinsichtlich unterschiedlicher Ertragsquellen (direkt/indirekt), der genauen Art/des genauen Typs der Erlösquellen (nutzungsabhängig, regelmäßig wiederkehrend etc.) sowie ihrer genauen Kombination und Mischformen. Dabei wird zum Teil auch die Kostenstruktur analysiert, nicht nur, weil in manchen Fällen die Kosten- und

---

[10]Hier wird der so genannte „relevante Markt" als im Hinblick auf das Produktangebot abgrenzbarer Teil des Gesamtmarktes bestimmt, auch und vor allem um die Kundengruppe und das Kundenbedürfnis herum. Dieser relevante Markt muss geografisch, zeitlich und sachlich eindeutig beschreibbar sein.

Erlösstrukturen miteinander korrespondieren (vgl. dazu genauere Erläuterungen im nachfolgenden Abschn. 1.8 zur Erlöstypengestaltung).

Value Proposition (auch Nutzenversprechen/Werterzeugungsmodell/Leistungskonzept)
Mit der Value Proposition wird ein belegbarer Kundennutzen beschrieben, der erklären soll, warum bestimmte Kunden oder Zielgruppen dieses Produkt oder diese Dienstleistung wertschätzen sollen (deswegen auch: Wertkonzept). Aber auch für die Wertschöpfungspartner gilt, dass sie einen belegbaren Grund für die Beteiligung an der Wertschöpfung haben müssen, um stabile Partner zu sein.

> Die Value Proposition richtet sich an zwei unterschiedliche Anspruchsgruppen: 1.) Kunden: (…) Das Geschäftsmodell definiert sich (…) nicht über ein bestehendes Produkt, sondern über die Nutzengenerierung und damit indirekt über die Bedürfnisbefriedigung beim Kunden (…). 2.) Wertschöpfungspartner: (…) Die Value Proposition enthält den Nutzen, den die Wertschöpfungspartner, seien es Lieferanten oder Komplementäre, aus der Teilnahme an dem Geschäftsmodell ziehen und diese somit motivieren, Teil des Geschäftsmodells zu werden (Stähler 2001, S. 42 f.).

Haltbarkeit von Wettbewerbsvorteilen
Darüber hinaus wird als fünfte Dimension eines Geschäftsmodells zuweilen die Haltbarkeit von Wettbewerbsvorteilen in Bezug auf die Aufholbestrebungen der Wettbewerber angefügt (vgl. Knyphausen und Zollenkop 2007, S. 589). Hier geht es wesentlich um Fragen der (möglichen) Imitationsbarrieren des Unternehmens für sein Geschäft, wie rechtlichen Schutz, Komplexität, Spezifität etc. (vgl. dazu die genaueren Erläuterungen in Abschn. 1.6 Ressourcen und Kompetenzen).

Entwicklungskonzept
Ein Entwicklungskonzept legt dar,

> wie das Unternehmen die Schaffung von Wert im Rahmen des bestehenden Geschäftsmodells quantitativ wie qualitativ evolutionär weiterentwickelt. Zum anderen beschreibt es, wie das Geschäftsmodell angesichts veränderter Rahmenbedingungen (…) weiterentwickelt wird (Bieger und Reinhold 2011, S. 33).

Insofern bezieht es auch eine dynamische Komponente ein, deren Berücksichtigung vor dem Hintergrund des schnellen Wandels der Rahmenbedingungen wirtschaftlichen Handelns heutzutage unverzichtbar ist.

Zur beispielhaften Verdeutlichung des Gesagten möchte ich hier eine Textstelle zum Geschäftsmodell von Google zitieren.

> **Beispiel**
> „Um mit ihrer Suchmaschine Geld zu verdienen, beschritten Larry Page und Sergej Brin einen innovativen Weg bei der Online-Werbung. Anders als die meisten ihrer Wettbewerber setzten sie nicht auf Pop-ups (…) Die Google-Gründer verknüpften

stattdessen die Suchergebnisse und die Inhalte der Anzeigen (…). Das Prinzip von AdWords ist das Folgende: Ein Inserent erstellt den kurzen Anzeigentext und wählt Wörter oder Wortgruppen als sogenannte Keywords aus. Taucht eines dieser Keywords in der Suchanfrage eines Nutzers auf, erscheint die textbasierte Anzeige als gesponserter Link rechts neben der Liste mit den Suchergebnissen. Damit kann Google Anzeigenkunden ein Medium offerieren, das eine zielgerichtete und passgenaue Werbung ermöglicht. Inserenten können ihre Anzeigen gezielt ausrichten, zum Beispiel auf eine Region im Umkreis von 200 Kilometern ihres Firmensitzes. Mit seinem flexiblen Modell hat Google viele Kunden gewonnen: Es gibt weder Mindestausgaben noch Mindestlaufzeiten. Jeder Inserent kann sein individuelles Budget festlegen. Abgerechnet wird nach dem Modus „Preis pro Click": Der Kunde zahlt nur dann, wenn ein Nutzer auf seine Anzeige klickt. Hinzu kommt, dass Google eine Reihe von Tools anbietet, mit denen Kunden die Resonanz auf ihre Online-Kampagnen exakt messen können und gegebenenfalls schnell erkennen, wenn Verbesserungsbedarf besteht" (Krys und Wiedemann 2011, S. 255 f.).

„Die zweite tragende Säule seines Onlinewerbegeschäfts hat Google mit seinem Programm AdSense geschaffen. Es ermöglicht kontextbezogene Werbung im Internet, indem Google mithilfe seiner Suchtechnologie die Inhalte einer Website identifiziert und dann automatisch relevante textbasierte Anzeigen auf dieser Website platziert. Für die Betreiber von Websites ist AdSense eine Möglichkeit, Umsätze zu generieren: Wer die Schaltung von Anzeigen in seinem Internet-Auftritt zulässt, wird an den Einnahmen beteiligt. Deren Höhe richtet sich nach der Anzahl der Klicks auf die jeweiligen Anzeigen und nach der Anzahl der Seitenaufrufe. Publisher, die am AdSense-Programm teilnehmen wollen, müssen zunächst angeben, wo und in welchem Format sie auf ihrer Website Flächen für die Anzeigenschaltung zur Verfügung stellen. Diese Werbeflächen werden von Google in einer Echtzeitaktion an die Anzeigenkunden versteigert" (Krys und Wiedemann 2011, S. 256 f.).

Im Hinblick auf die Algorithmisierung der Medienwirtschaft dient der Geschäftsmodellansatz zur Beschreibung und Analyse von neuen Akteuren, die sich im Wertschöpfungssystem der Medieninhalte etablieren. Diese Akteure sind gehalten, ihr Geschäftsmodell möglichst detailliert und passend auf bestehende Wertschöpfungskonfigurationen abzustimmen. So wird, wie in Teil 2, Abschn. 3.7 zu sehen sein wird, die Einpassung des Geschäftsmodells des Unternehmens Demand Media in die gegebenen Wertschöpfungsstrukturen bei der Produktion informierenden Contents im Web aufgrund von Problemen mit der externen Architektur der Leistungserstellung sowie Problemen der Value Proposition für die Wertschöpfungspartner kritisch. Als Folge davon ändert das Unternehmen Google seine Suchalgorithmen so einschneidend, dass dies für Demand Media unternehmensgefährdende negative Konsequenzen hat.

1.9 Erlöstypengestaltung und Erlöstypenmodelle

Wenn man ein neues oder auch ein bereits bekanntes Medienprodukt auf den Markt bringen will, realisiert man oft zunächst nicht, dass man hinsichtlich der Erlöse und Preise Wahlfreiheit hat: Dass man als Anbieter eines Produktes oder einer Dienstleistung aus einer *Anzahl verschiedener Erlöstypen und -modelle* wählen kann, die generell zur Anwendung kommen können. Hintergrund ist zunächst, dass Mediengüter wie besprochen auf mehreren Märkten (Rezipientenmarkt, Werbemarkt, Rechtemarkt) gleichzeitig angeboten werden können und somit (zumindest prinzipiell) auch aus verschiedenen Quellen Erlöse erzielen können. Darüber hinaus ist der Staat für manche Medienunternehmen eine Einnahmequelle insofern, als er Steuern und Gebühren erhebt und an Medienunternehmen weitergibt (z. B. die staatliche Teilfinanzierung von Kinofilmen durch eine Filmstiftung).

Wenn man vereinfachend davon ausgeht, dass die Kernleistung des Medienunternehmens im Bereich des *Angebots von Content an den Rezipienten* liegt und dieser dafür bezahlt (direkte Erlöse), fällt auf, dass es dafür verschiedene Modelle gibt: Er kann leistungsunabhängig für den Zugang (Pay-per-view) oder für die Möglichkeit des Zugangs (Abonnement) bezahlen oder er kann eine konkrete Leistung, gemessen in Zeiteinheiten, Medieneinheiten oder Datenvolumen bezahlen (leistungsabhängige Bezahlung).

Hinzu kommt, dass es eine Anzahl von Möglichkeiten gibt, die eigentliche Leistung *Content* durch andere Einnahmequellen vom Rezipienten zu „querfinanzieren", etwa dadurch, dass das Medienunternehmen zusätzliche Dienste (Mehrwertdienste, Archivdienst, Merchandisingartikel, andere Produkte, Call-In-Erlöse, etc.) verkauft, mit denen die eigentliche Leistung mitfinanziert wird (Tab. 1.5).

Neben den direkten Erlösen von Rezipienten erzielen Medienunternehmen noch weitere, indirekte Erlöse. Diese stammen nicht unbedingt vom Rezipienten selbst, sondern können auch von anderen stammen, etwa vom Steuerzahler oder von Käufern von in Medien beworbenen Produkten, unabhängig davon, ob sie die Werbung wahrgenommen haben oder nicht. Auch werden Medieninhalte zur weiteren Nutzung an andere Unternehmen weiterverkauft (vgl. Tab. 1.6, vierte Spalte, Verwertungsrechte), wie auch Nutzungs- und Nutzerdaten an andere Unternehmen, z. B. Werbetreibende, weiterverkauft werden. Wie weit dies vor den Hintergrund des Schutzes von Verbraucherdaten gehen darf, wird schon seit längerer Zeit öffentlich diskutiert.

Eine weitere Gestaltungsgröße der Erlöse ergibt sich daraus, dass Erlöse einmalig, mehrmalig oder regelmäßig erhoben werden können. Einmalig sind beispielsweise

Tab. 1.5 Einnahmen der Medienunternehmen von den Rezipienten

Für die Inhalte		Für andere Leistungen	
Leistungsabhängig	Leistungsunabhängig	Andere Inhalte	Andere Leistungen
Bsp. Datenvolumen, Nutzungszeit	Bsp. Abonnement, Zeitschriftenkauf	Bsp. Premiuminhalte, Archivdienste	Bsp. Telefonhotline bei TV-Sendern, Merchandising

1.9 Erlöstypengestaltung und Erlöstypenmodelle

Tab. 1.6 Erlöserzielung: Akteure, Märkte, Leistungen

Akteur/ Erlösquelle	Rezipienten	Werbetreibende	Weiterverwender der Inhalte	Staat
Markt	Rezipientenmarkt	Werbemarkt	Rechtemarkt	Markt für öffentliche Güter
Produkt	Inhalt zur Bedürfnisbefriedigung	Rezipientenkontakte	Verwertungsrechte	Leistungen für die Gesellschaft

Tab. 1.7 Erlössystematik im Contentbereich Online (vgl. Wirtz 2009, S. 640, Ergänzungen)

	Direkte Erlösgenerierung	Indirekte Erlösgenerierung
Transaktionsabhängig	Nutzungsgebühren (Downloadgebühren pro Musiktitel)	Provisionen (Produktverkäufe, die über eine Site zustande kommen) Data-Mining-Erlöse (Nutzerdaten von Social Communities an E-Mailversender) Content Syndication (Weiterverkauf von interessanten Inhalten pro Item) Bannerwerbung (für Werbetreibende, Abrechnung nach Tausendkontaktpreisen)
Transaktionsunabhängig	Grundgebühren, Abogebühren (einer Zeitung, Mitgliedschaft in einer Business Community)	Content Syndication (ohne Mengen-, Verwendungsbeschränkung) Bannerwerbung (als „Sponsoring", leistungsunabhängig) Paid und Sponsored Content

eine Anschlussgebühr, eine Lizenzgebühr oder der Preis für ein spezielles Empfangsgerät (Decoder), während regelmäßig wiederkehrend die Rundfunkgebühren oder andere Abonnementgebühren sind. Mehrmalige, aber nicht regelmäßig wiederkehrende Modelle sind nicht sehr häufig, es gibt sie aber (z. B. Erwerb eines mehrbändigen Lexikons mit Ratenzahlung).

Eine Übersicht über die Erlöse, die im Internet bei der Vermarktung von Content erzielt werden, gibt Wirtz (2009, S. 640). Ich habe aus Gründen des besseren Verständnisses Beispiele in die Tab. 1.7 eingefügt.

Die Erlöstypen spielen in Bezug auf die Algorithmisierung des Mediensektors eine bedeutsame Rolle, da die Fragen, wer für eine Leistung, warum und auf welche Weise bezahlt sowie wie die Aufteilung der Erlöse zwischen den Akteuren des Wertschöpfungssystems gestaltet wird, ein primärer Aspekt für das Angebot von Leistungen und die Nachfrage nach diesen Leistungen ist. In Teil 2 werde ich Möglichkeiten diskutieren, die an der Generierung von Werbeeinnahmen orientiert sind, Modelle, in denen ein Dienstleister von einem Medienunternehmen bezahlt wird, sowie auch die Erzielung von Erlösen direkt vom Rezipienten.

Literatur

Atkin, C.K. (1985) Informational Utility and selective exposure to entertainment media. in: Zillmann, D. Bryant, J. (1984) Selective Exposure to communication, S. 63–91.

Bartsch, A. und Viehoff, R. (2010) The Use of Media Entertainment and Emotional Gratification. In: Procedia Social and Behavioral Sciences 5 (2010), S. 2247–2255.

Bieger, T. und Reinhold, S. (2011) Das wertbasierte Geschäftsmodell – Ein aktualisierter Strukturierungsansatz in: Bieger, T. et al. (2011)(Hrsg.) Innovative Geschäftsmodelle, Berlin, Heidelberg: Springer Verlag, S. 13–70.

Bleicher, K. (1999) Das Konzept Integriertes Management, 6. Aufl., Frankfurt a.M: Campus Verlag.

Brack, A. (2003) Das strategische Management von Medieninhalten. Gestaltungsoptionen für die langfristige Erfolgssicherung in Medienmärkten, Dt. Univ.-Verlag, Wiesbaden.

Breunig, C. und Engel, B. (2015). Massenkommunikation 2015: Funktionen und Images der Medien im Vergleich. Media Perspektiven, 7–8(2015), 332–342, Frankfurt.

Bryant, J. und Zillman, D. (1984). Using television to alleviate boredom and stress. Journal of Broadcasting, 28, 1–20.

Dogruel, L. (2013) Eine kommunikationswissenschaftliche Konzeption von Medieninnovationen, Wiesbaden: Springer VS.

Donges, (2006) Medien als Institutionen und ihre Auswirkungen auf Organisationen, in: M&K 54 Jahrgang, 4/2006, S. 563–578.

Fleck, A. (1995) Hybride Wettbewerbsstrategien. Zur Synthese von Kosten- und Differenzierungsvorteilen, Wiesbaden: Gabler Verlag.

Gerpott, T. (2006) Wettbewerbsstrategien – Überblick, Systematik und Perspektiven in: : Scholz, Christian (Hrsg.) (2006) Handbuch Medienmanagement, Berlin: Springer Verlag, S. 305–355.

Gläser, M. (2010) Medienmanagement, 2. Aufl., München: Vahlen Verlag.

Katz, E. (1959). Mass Communications Research and the Study of Popular Culture: An Editorial Note on a Possible Future for This Journal. Studies in Public Communication, 2, S. 1–6. Retrieved from http://repository.upenn.edu/asc_papers/165.

Katz, E., Blumler, J.G., Gurevitch, M. (1973/74) The Public Opinion Quarterly, Vol. 37, No. 4 (Winter, 1973–1974), S. 509–523.

Katz, E., Gurevitch, M., & Haas, H. (1973). On the Use of the Mass Media for Important Things. American Sociological Review, 38 (2), S. 164–181. Retrieved from http://repository.upenn.edu/asc_papers/267.

Keuper, F. und Hans, R. (2006). Geschäftsmodelle – Erlösformen in der Medienbranche. In C. Scholz (Hrsg.), Handbuch Medienmanagement. Berlin et al.: Springer Verlag.

Krys, C. und Wiedemann, A. (2011) Google: In Zukunft vergessen Sie nichts in: Bieger, T. et al. (2011)(Hrsg.) Innovative Geschäftsmodelle, Berlin, Heidelberg: Springer Verlag, S. 251–275.

LaRose, R.(2001) Understanding Internet Usage: A Social-Cognitive Approach to Uses and Gratifications. In:Social Science Computer Review, Nov. 2001, Vol. 19, Nr. 4, S. 395–413.

Meffert, H., Burmann, C. und Kirchgeorg, M. (2015) Marketing, 12. Aufl., Wiesbaden: SpringerGabler.

McQuail, D., Blumler, J. und Brown, J. (1972) The television audience: a revised perspective, in D. McQuail (ed.) Sociology of Mass Communcations, Harmondsworth: Penguin.

McQuail, D. (1987) Mass communication theory: An introduction, 2. Auflage, Newbury Park: Sage Publications.

McQuail, D. (2010) McQuail's Mass Communication Theory. 6. ed., Thousand Oaks: Sage Publications.

Park, N., Kee, K.F. und Valenzuela, S. (2009) Being Immersed in Social Networking Environment: Facebook Groups, Uses and Gratifications, and Social Outcomes, Cyberpsychology & Behavior, Volume 12, Number 6, 2009, S. 729–733.

Porter, M.E. (2000) Wettbewerbsvorteile (Competitive Advantage), 6. Aufl., Frankfurt/New York: Campus Verlag.

Pürer, H. (2014). Publizistik und Kommunikationswissenschaft (2. Aufl.). Konstanz: UVK.

Reinhard, C.D., und Dervin, B. (2009) Media Uses and Gratifications, in: Eadie, W.F. (Hrsg.) 21st Century Communication: A Reference Handbook, Thousand Oaks: Sage Publications.

Rubin, A.M. (2009) Uses and Gratification – An Evolving Perspective on Media Effects. in: Nabi, R.L. und Oliver, M.B. (2009) (Hrsg.) The SAGE Handbook of Media Processes and Effects, Thousand Oaks: Sage Publications, S. 147–157.

Ruggiero, T.E. (2000) Uses and Gratifications Theory in the 21st Century. Mass Communication & Society, 2000, 3(1), S. 3–37.

Schreyögg, G. und Koch, J. (2010). Grundlagen des Managements, 2. Aufl., Wiesbaden: Gabler Verlag.

Schweiger, W. (2007) Theorien der Mediennutzung, Wiesbaden: VS-Verlag.

Stähler, P. (2001) Geschäftsmodelle in der Digitalen Ökonomie, Merkmale, Strategien und Auswirkungen, 2. Aufl., Lohmar: Eul Verlag.

Stafford, T.F., Stafford, M. R. und Schkade, L.L. (2004) Determining Uses and Gratifications for the Internet. Decision Sciences Vol. 35, Nr. 2, Frühling 2004, S. 259–288.

Sundar, S.S. und Limperos, A.M. (2013) Uses and Grats 2.0: New Gratifications for New Media. Journal of Broadcasting & Electronic Media, 57:4, S. 504–525.

Welge, M. K./Al-Laham, A. (2008) Strategisches Management, Grundlagen – Prozess – Implementierung, 5. Aufl., Wiesbaden: Gabler Verlag.

Welge, M.K. und Al-Laham, A. (2012). Strategisches Management, Grundlagen – Prozess – Implementierung, 6. Aufl., Wiesbaden: Gabler.

Wirtz, B. (2009) Medien- und Internetmanagement, 6. Aufl., Wiesbaden: Gabler Verlag.

Wirtz, B.W. (2010). E-Business, 4. Aufl., Wiesbaden: Gabler Verlag.

Wolf, J. (2008) Organisation, Management, Unternehmensführung, 3. Aufl., Wiesbaden: Gabler Verlag.

Zillmann, D. (1988). Mood management through communication choices. American Behavioral Scientist, 31, S. 327–340.

Zu Knyphausen-Aufseß, D. und Zollenkop, M. (2007) Geschäftsmodelle in: Köhler, R./ Küpper, H.-U./Pfingsten, A. (2007) Handwörterbuch der Betriebswirtschaftslehre, 6. Aufl., Stuttgart: Schäfer Poeschel.

Zydorek, C. (Hrsg.) (2004) Instrumente strategischen Medienmanagements, Arbeitspapiere des Fachbereichs Digitale Medien Nr. 1, Fachhochschule Furtwangen, Furtwangen.

Zydorek, C. (2009) Postmediale Wirklichkeiten und Medienmanagement in: Selke, S./Dittler, U. (Hrsg.)(2009) Postmediale Wirklichkeiten – Wie Zukunftsmedien die Gesellschaft verändern, Heise Verlag, Hannover, S. 67–92.

Zydorek, C. (2017) Einführung in die Medienwirtschaftslehre, 2. Aufl. Wiesbaden: SpringerGabler.

Algorithmisierung in der Medienbranche 2

> **Zusammenfassung**
>
> Dieses Kapitel bereitet die nachfolgenden Kapitel über die Veränderungen in den einzelnen Wertschöpfungsstufen der Medieninhalte vor, indem es grundsätzliche Rahmenbedingungen des Einsatzes von Algorithmen in der heutigen Medienwirtschaft vorab klärt: Technologische Neuentwicklungen verändern auch die Produktions- und Rezeptionsbedingungen in der Medienbranche. Durch das Internet verändern sich die Rezeptionsweisen von Inhalten, das anonyme Massenpublikum wird zur Ansammlung individueller und potenziell aktiver User. Dadurch entstehen große Datenmengen sowie die Notwendigkeit, bestimmte Aktionen (z. B. Informationen selektieren, Wissen produzieren, Güter empfehlen, Kommunikation managen) durch festgelegte Handlungsschrittfolgen (Algorithmen) zu automatisieren. Für die Contentanbieter spielen hinsichtlich der Zielstellung ihrer Handlungen eine Anzahl ökonomischer Bezugsprobleme eine wichtige Rolle. Algorithmen werden in allen Stufen der Content-Wertschöpfung eingesetzt, da sie Wettbewerbsvorteile ermöglichen. Ihr Einsatz wirft aber grundsätzliche gesellschaftliche und auch medienökonomische Fragen auf.

2.1 Technologische Entwicklung und die Medienbranche

Die nachfolgenden Kapitel befassen sich vorwiegend mit Entwicklungen, die im Zusammenhang mit der technischen Durchdringung des Wertschöpfungsprozesses bei der Produktion von Medieninhalten entstanden sind. Möchte man diese Veränderungen grob beschreiben, so lassen sie sich mit Clement und Schreiber (2016, S. 32 f.) mit steigenden Rechnerleistungen, der zunehmenden Verfügbarkeit hoher Übertragungsbandbreiten, Miniaturisierung bei Geräten sowie Digitalisierung und weltweiter Vernetzung von Computersystemen in Form des Internets beschreiben. In diesem Zusammenhang wird eine

Konvergenz der Sektoren Telekommunikation, Medien und Informationstechnologien (Zerdick et al. 2001; Wirtz 2016, S. 60 ff.) beschrieben, die die Technologien, die Wertschöpfungsstrukturen und auch die vormaligen Teilmärkte umfasst.

> Digitalisierung liefert das technische Standardisierungspotenzial als Basis für alle Integrationsmöglichkeiten, ist mithin größter Innovationsfaktor für technische Konvergenz (…) In die Praxis übertragen erstreckt sich Digitalisierung von der Aufzeichnung über die Bearbeitung und Speicherung bis hin zur Übertragung von Inhalten. Da sie alle auf dem gleichen digitalen Code basieren, können sie von unterschiedlicher auditiver, visueller oder audiovisueller Ursprungsqualität sein und dennoch ohne Probleme verknüpft werden (…) Diese technischen Veränderungen führen zu einer erhöhten Kompatibilität sowohl der Inhalte als auch der technischen Geräte, zu einer Kapazitätserweiterung der Übertragung und zu einer umfassenden Bearbeitbarkeit der Inhalte. Als jüngste Ausdifferenzierung müssen einerseits die Entwicklung mobiler Endgeräte und andererseits die Entwicklung von Algorithmen betrachtet werden (Siegert und Brecheis 2017, S. 62).

Im Hinblick auf ihre Konsequenzen für die Medienwirtschaft sind zurzeit die bedeutsamsten Themen meiner Wahrnehmung nach, basierend auf mobilen Technologien, „Big Data" und „Algorithmen", zwei Stichworte, die zusammenhängen und zusammen zu gravierenden Veränderungen der Medienbranche führen. Philip Napoli (2016) sieht das ähnlich:

> From both the production and consumption standpoint, big data-fueled algorithms are increasingly dictating how media consumers navigate their media environment, while also increasingly dictating content production decisions (Napoli 2016, S. 3).

Aber nicht nur die Medienwirtschaft selbst ist von Veränderung betroffen, sondern es sind als Folge massenhaft veränderter Konsumweisen von Medieninhalten bedeutsame gesamtgesellschaftliche Auswirkungen zu erwarten.

2.2 Traditionelle Massenmedien und ihr Publikum vs. moderne Medienangebote und ihre Nutzer

Eine wichtige Charakteristik des Massenmedienangebotes war in der Vergangenheit, dass der potenzielle Rezipient zwar Auswahlmöglichkeiten, z. B. hinsichtlich der verschiedenen Mediengattungen (TV, Zeitung, Web) und innerhalb dieser Gattungen zwischen verschiedenen Angeboten (TV-Programme, alternative Zeitungen eines Verlages oder verschiedener Verlage, verschiedene Web-Plattformen) sowie konkreten Inhalten (einzelne Sendungen, einzelne Artikel, einzelne Inhaltsangebote auf einer Webplattform) hatte (vgl. dazu Zydorek 2017, Kap. 7), dass diese Auswahloption aber ganz wesentlich in der *eigenen* Zusammenstellung eines *persönlichen* „Programms" des Rezipienten *aus verschiedenen vorkonfigurierten Angeboten* der Anbieter (z. B. die Tageszeitung oder das Wochenmagazin, das ARD-Programm vom 20.10.2017, die Bravo Hits CD von 2017 etc.) bestand, die von den Anbietern dem Rezipienten zur Auswahl gestellt wurden und

2.2 Traditionelle Massenmedien und ihr Publikum vs. moderne …

die aufgrund ihrer wachsenden Vielzahl miteinander in einem zunehmenden Konkurrenz- und Substitutionsverhältnis standen. Picard (2010) beschreibt dies in Bezug auf die Nachrichtenmedien wie folgt:

> The concept of audience derives from a simpler age of one-way-communications flow in which the public played a passive, receptive role. Audience has always been an imperfect and abstract concept based in the aggregation of those who listen, view or read media, and it typically depicts audiences as audiences having the average characteristics of their totality and existing without choice, preferences or effectuality. The concept of users emanates from individuals more actively employing media and technology to meet their wants and needs. In this relational concept individuals choose the media and content they want, interacting with it and controlling it in the ways they prefer (Picard 2010, S. 370).

Der Modus der Angebote und damit zusammenhängend die Intensität des Wandels vom Publikum hin zum User haben sich in der Zwischenzeit – abhängig von der jeweiligen Medienproduktwelt (siehe dazu Zydorek 2017, Kap. 3) – weniger oder stärker geändert. Der starke Wandel lässt sich am Inhaltsangebot des Webs, z. B. einem Angebot von Streaming-Plattformen studieren: hin zur individualisierten Zusammenstellung eines Inhaltspakets aus zunehmend kleineren Angebotsmodulen, aus denen der von Picard beschriebene aktive User aufgrund seiner Wahl- und Interaktionsmöglichkeiten seine bedürfnisgerechte Inhaltsauswahl zusammenstellt (vgl. dazu das Beispiel Netflix in Teil 2, Kap. 5).

Hintergrundinformation
Mediengattungen kann man aus Sicht des Medienmanagements als *Produktwelten medialer Endprodukte* bezeichnen, um hervorzuheben, dass deren Kern- und Rand-Eigenschaften bewusst von den Medienunternehmen gestaltet werden, um für deren Rezipienten einen Nutzenwert bei der Bedürfnisbefriedigung zu generieren (vgl. Zydorek 2017, Kap. 3). Dabei wird auf die im vorstehenden Abschn. 1.3 ins Auge gefassten Aspekte der spontanen und instrumentellen Bedürfnisbefriedigung durch Mediengüter, so wie sie der Nutzen- und Belohnungsansatz formuliert, Bezug genommen.

Die Entwicklungslinien der in den letzten Jahren erfolgten technischen Durchdringung des Mediensektors werden (z. B. von Bakker 2012; Napoli 2014b, 2016; Dörr 2015, 2017; Just und Latzer 2016; Clement 2016 u. V. m.), vor allem in Bezug auf den *Nachrichtenbereich,* unter dem Begriff der *Automatisierung* oder *Algorithmisierung* diskutiert. Aber auch Webcontent aus dem Unterhaltungsbereich sowie Video- und Audiocontent wurden mehr und mehr, z. B. über Streamingplattformen und breitbandige Distributionskanäle von den vormaligen zeitlichen und örtlichen Restriktionen der Rezeption abgelöst.

Aus Sicht der Inhaltsanbieter (Medienunternehmen) war es deshalb geraten, nach Lösungen zu suchen, um im *Wettbewerb* gegenüber anderen Medienunternehmen, aber auch Unternehmen anderer Wertschöpfungsbereiche (z. B. Nichtmedienunternehmen, die in Bezug auf Werbeinvestitionen mit Medien konkurrieren oder Plattformanbieter, die aus dem Handel kommen oder die Zugangsinfrastrukturen des Webs dominieren) bestehen zu können bzw. sich einen Wettbewerbsvorteil zu verschaffen. In diesem Zusammenhang werden verschiedene Kunden bindende Faktoren wie Vertrauen (z. B. bei Nachrichten), gewachsene Kundenbeziehungen (z. B. im Onlinehandel), Vernetzungsfähigkeit (z. B. bei Social-Media-Webplattformen), Transparenz und Messbarkeit der Werbeleistung wettbewerbsrelevant. In diesem Kontext zunehmenden Wettbewerbs können (neue) Technologien wettbewerbsentscheidende *Funktionen* übernehmen, wenn sie diese Aufgaben *besser oder effizienter* ausführen können als Menschen oder Vorgängertechnologien. In der wissenschaftlichen Literatur der letzten Jahre werden Algorithmen auch als für den Medienkonsum relevante Technologien diskutiert.

> Wide ranges of daily activities in general and media consumption in particular are increasingly shaped by algorithmic selection. The selection of online news via search engines and news aggregators or the consumption of music and video entertainment via recommender systems are prominent examples (Just und Latzer 2016, S. 1).

Gillespie (2014) bezeichnet Algorithmen als Wissenslogiken, die in unserer Gesellschaft als *socially constructed and institutionally managed* Kommunikationstechnologien eingesetzt werden und wichtige Selektionsfunktionen wie Suche, Matching, Relevanzzuweisung, Präferenzabbildung etc. wahrnehmen.

Bevor hier inhaltlich über diese genannten Funktionen, ihre effiziente Ausführung, über konkrete Beispiele und Ansätze der Systematisierung damit im Zusammenhang stehender Veränderungen gesprochen werden kann, müssen wichtige Begriffe und Zusammenhänge der *Wertschöpfung bei der Herstellung von Mediencontent* eingeführt und geklärt werden, um den medienökonomischen *Problemkontext* des Einsatzes von Algorithmen und Big Data besser zu verstehen.

2.3 Besonderheiten, Herausforderungen und Probleme im klassischen Wertschöpfungskonzept der Medien

Der Ansatz, die konkreten Funktionen der Algorithmen in der Medienwirtschaft mit den spezifischen Herausforderungen der dortigen Wertschöpfung argumentativ zu verbinden, bezieht seine Argumente aus einer medienökonomischen Diskussion um die disziplinäre Abgrenzung der Medienökonomik und des Medienmangements. Ich werde diese Herausforderungen *medienökonomische Bezugsprobleme* nennen und verstehe unter dem Begriff des medienökonomischen Bezugsproblems diejenigen Fragen oder Problemstellungen, die dadurch entstehen, dass man mit einem spezifischen auf Medienökonomie und Medienmanagement ausgerichteten Blick auf den *Phänomenbereich Konzeption, Produktion, Bündelung, Distribution und Konsum von Medieninhalten* blickt. Diese besonderen Herausforderungen der Medienbranche sind aus der medienökonomischen Literatur ableitbar (Heinrich 1999, 2001; Kiefer und Steininger 2014; Gläser 2014; Wirtz 2016; Zydorek 2017), finden sich aber bei genauerer Recherche ähnlich in der Literatur zur Beschreibung der *Funktion von Algorithmen* in der Medienwirtschaft wieder (vgl. z. B. Napoli 2014b, 2016).

Grundtatbestand ist dabei, dass Massenmedien zwei sozialen Bezugssystemen, dem *Wirtschaftssystem* und dem *Kultursystem* zugerechnet werden (vgl. Zydorek 2017,

2.3 Besonderheiten, Herausforderungen und Probleme …

Kap. 6 und Abschn. 12.1; Rimscha und Siegert 2015, S. 36 ff.) und dementsprechend als Wirtschafts- und Kulturgüter gesehen werden. Als Wirtschaftsgüter dienen sie aus Sicht der Medienunternehmen primär der *Gewinnerzielung* und *-maximierung,* indem sie als Gegenstand der Investition und Mehrwertschaffung dienen (vgl. dazu Zydorek 2017, Abschn. 5.1, S. 48 ff., Kap. 10). Andere Perspektiven wie die des Staates und der Gesellschaft sind aus dieser Sicht sekundär. Es spielen jedoch mittelbar vor allem die Interessen des Rezipienten sowie die Interessen der werbetreibenden Industrie als Kunden der Medienunternehmen eine Rolle.

Die grundlegenden Zusammenhänge in Bezug auf den Rezipienten habe ich in Zydorek (2017, Kap. 4 und 9) sowie oben in Abschn. 1.3 bereits besprochen. Kurz zusammengefasst, interessiert den *Rezipienten* vor allem seine *individuelle Bedürfnisbefriedigung* in einem möglichst großen Ausmaß. Genauer: das Nutzen/Kostenverhältnis in monetärer und nichtmonetärer Hinsicht ist aus der Perspektive des Rezipienten zu optimieren.

Werbetreibende Unternehmen sind als Abnehmer der Werbeleistung (nach Zydorek 2017, Kap. 11) an einer (möglichst eindeutig messbaren) Optimierung der Erreichung ihrer wirtschaftlich bedingten Kommunikationsziele interessiert. Zugespitzt bedeutet dies bei erwerbswirtschaftlichen Unternehmen ebenfalls die *Gewinnerzielung und -maximierung* sowie (in Bezug auf die Medienwerbung) die Erzeugung eines hohen Return on Investment auf ihre werblich bedingten Ausgaben im Vergleich zu anderen Verwendungsalternativen ihrer finanziellen Mittel.

Bei Medienunternehmen und werbetreibenden Unternehmen ist also die *Kapitallogik im Kontext der Fremdbedarfsdeckung* der Handlungsantrieb, bei Rezipienten ist es die *Bedürfnisbefriedigung* bzw. *Nutzenmaximierung* (im Vergleich zu anderen Verwendungsalternativen für ihre eingesetzten Mittel).

In diesem Zusammenhang sind eine Anzahl *Eigenschaften von Mediengütern und Medienmärkten* zu berücksichtigen. „In ihrer Gesamtheit stellen diese Gütereigenschaften der Medien (…) den Bedingungsraum dar, in dem das Medienmanagement in Unternehmen stattfindet" (Zydorek 2017, S. 170; vgl. zu den nachfolgenden Ausführungen Zydorek 2017, S. 169–218 sowie Kiefer und Steininger 2014, S. 222 ff.):

- Der Umstand, dass Massenmedienprodukte dem Charakter nach immer aus zwei Komponenten bestehen, dem Inhalt und dem Medienträger und dass über den Medienträger eine zeitliche und örtliche Synchronisationsnotwendigkeit mit dem potenziellen Konsumenten bzw. seiner Aufmerksamkeit nötig ist (Uno-actu-Prinzip)
- dass Mediengüter zum Teil als meritorische Güter[1] „marktverzerrenden" Eingriffen des Staates ausgesetzt sind.

---

[1]Meritorische Güter sind Güter, bei denen aus Sicht des Staats die marktförmig artikulierten Konsumentenpräferenzen nicht stark genug ausgeprägt sind. Beispiele hierfür sind, z. B. Kranken-, Sozial- und Arbeitslosenversicherung, aber auch Information, Meinungsbildung, kulturelle Medieninhalte, die deswegen vom Staat reguliert werden, z. B. durch Subventionierung oder Konsumzwang.

- dass Mediengüter heutzutage oft im Angebot als Verbundprodukte mit Werbung auftreten. Damit dient ihre Rezeption durch den Konsumenten als Voraussetzung für den Verkauf auf einem zweiten Markt, dem Werbemarkt. So entsteht ein doppeltes wirtschaftliches Risiko bei mischfinanzierten Mediengütern, da auf beiden Märkten die Abnahme von Gütern voraussetzungsvoll ist und beide Märkte in ihrer reibungslosen Funktion voneinander abhängen (vgl. dazu Zydorek 2017, Abschn. 8.5 und 8.6)
- dass sie die Produktform von intangiblen (unberührbaren), auf das Bewusstsein von Menschen ausgerichteten Dienstleistungen haben, was zu Herausforderungen bei der nutzergerechten Produktgestaltung, ihrer ex-ante-Testbarkeit und der wirtschaftlichen Erfolgsprognose führt.
- dass zur Produktion der endgültigen Dienstleistung der Rezipient einen externen Produktionsfaktor (Zeit, Aufmerksamkeit, Nutzungskompetenz etc.) einbringen muss.
- dass Mediengüter in ihrer Qualität durch den potenziellen Rezipienten schlecht im Vorhinein einschätzbar sind, da sie oft komplex sind, aufgrund unterschiedlicher Erwartungen und Qualitätsmaßstäbe auch jeweilig individuell unterschiedlich bewertet werden sowie vor einer Einschätzung zumindest ausprobiert werden müssen (Erfahrungsgüter oder Vertrauensgüter), dies aber erst möglich ist, wenn das Produkt bereits hergestellt ist. Darüber hinaus erfordert ihr Konsum nicht selten Vorwissen, Anschlussfähigkeit, Nutzungskompetenz beim Abnehmer (z. B. Webanwendungen, Games, Fachbücher).
- dass bei ihrer Produktion hohe und fixe Erstkopiekosten anfallen, die Grenzkosten der Erzeugung von weiteren Kopien aber tendenziell gering sind und somit vor der Markteinführung ein hoher Prozentsatz der gesamten Fertigstellungskosten anfällt.
- dass beim Erwerb und Konsum von Mediengütern externe wirtschaftliche und soziale Effekte, z. B. in Form von Netzeffekten, auftreten können, die starke Auswirkungen auf die Attraktivität und die Durchschnittskosten des Mediengutes haben können.
- dass Mediengüter hinsichtlich der Konsumrivalität und der Ausschließbarkeit nicht zahlender Konsumenten nicht den Charakter normaler (privater) Güter haben, was zu Einschränkungen ihrer Marktfähigkeit beitragen kann (keine Exklusivität gekaufter Produkte, Kopie und Weiterverkauf möglich, z. T. fehlende Bezahlung durch sogenannte Trittbrettfahrer/Free Rider)
- dass Medienprodukte nicht (wie andere Sachgüter) als identische Kopien immer wieder nachproduziert werden können, sondern als Unikate (z. B. Tageszeitungsausgabe, Kinofilm, Serienfolge) mit begrenztem Neuigkeitscharakter (z. B. bei TV-Serien) konzipiert sein müssen, damit der Rezipient ihnen einen Nutzen beimisst (Verbrauchsgüter).
- dass erfolglose Mediengüter aufgrund ihrer Immaterialität (kein materieller Rohstoffeinsatz, kein Materialwert), ihrem oft aus Neuheit geschöpftem Wert und ihrer Ausrichtung auf spezifische Rezipientenbedürfnisse schlecht im Nachhinein veränderbar und korrigierbar sind oder anderweitig verwendet werden können. Ihre Produktionskosten werden so zu versunkenen Kosten (sunk costs).

Diese Eigenschaften haben Auswirkungen auf die Kalkulierbarkeit des wirtschaftlichen Erfolgs von Mediengütern, die Größe des wirtschaftlichen Risikos von Produktanbietern,

2.3 Besonderheiten, Herausforderungen und Probleme ...

und somit auf das Risiko, welches in die Mediengüterproduktion investierende Unternehmen haben.

Die in diesem Zusammenhang genannten Faktoren können durch Zuordnung zu den drei Kategorien *Produkt*, *Nachfrage/Konsum* und *Kosten* systematisiert werden (vgl. Tab. 2.1).

Schon diese Zuordnung zu den drei Teilbereichen *Kosten, Produkt und Nachfrage/Konsum* macht deutlich, dass die genannten *Herausforderungen an das Medienmanagement* sowohl in den einzelnen *Bereichen der Wertschöpfung* wie auch hinsichtlich *des jeweilig zu betrachtenden Mediengutes* bzw. der Mediengattung sehr verschieden sein können. Das macht es erforderlich, bei der Suche nach Lösungen, Strategien, Taktiken und Maßnahmen für die medienökonomischen Bezugsprobleme jeweilig jede *Wertschöpfungsstufe*, für jede *Medienproduktwelt* individuell zu spezifizieren und gesondert zu diskutieren, wenn auch die medienökonomische Literatur (z. B. Kiefer und Steininger 2014, S. 224 ff.; Gerpott 2006, S. 318 ff.; Gläser 2014, S. 441 ff., 677 ff.) versucht, eine generell formulierte Übersicht zu schaffen. Ich werde in den jeweiligen Teilkapiteln zu den Wertschöpfungsstufen (Teil 2, Kap. 3–6) spezifisch auf die zugrunde liegenden *klassischen Lösungsansätze* der Medienwirtschaft eingehen. Es galt für diese Lösungsversuche

Tab. 2.1 Eigenschaften von Mediengütern

Bereich Kosten (hoch, fix, ex ante)
• Medienprodukte haben relativ hohe Erstellungskosten
• Diese Kosten sind klassischerweise Fixkosten des Medienunternehmens
• Diese Kosten sind hohe first copy costs
• Die Kosten fallen insgesamt vor der Markteinführung an
Bereich Produkt (immateriell, Dienstleistung, Unikat, mit externen Produktionsfaktoren)
• Inhalte sind Dienstleistung, immateriell, intangibel
• Medienprodukte haben diffuse Qualitätsmerkmale
• Inhalte sind Unikate
• Der Wert der Inhalte ist oft stark aktualitätsabhängig, der Produktlebenszyklus ist kurz, Inhalte mit Verbrauchsgutcharakter veralten schnell
• So entsteht ein Neuheitszwang/Innovationsdruck
• Produkte sind schlecht testbar bzw. die Erfolgsprognose auf Basis von Produkttests ist unsicher
• Der externe Produktionsfaktor, den der Dienstleistungsnehmer (Rezipient) einbringt, ist knapp
• Externe Effekte/Netzeffekte erschweren Planbarkeit des Erfolges/die Erfolgsabschätzung
Bereich Nachfrage/Konsum (unsicher, schlecht prognostizierbar, voraussetzungsvoll)
• Die Qualitätsunsicherheit des Nachfragers ist hoch, da Inhalte Erfahrungs-/Vertrauensgüter sind, die ex ante schlecht beurteilbar sind (mangelnde Qualitätstransparenz für den Nachfrager)
• Es herrscht Unklarheit über Rezipientenpräferenzen
• Zeitliche/örtliche Synchronisationsnotwendigkeit zwischen (End)Produktion und Konsum nötig (Uno-actu-Prinzip)
• Die erwartbare Nachfragemenge ist schlecht oder gar nicht modellierbar
• Das wirtschaftliche Produzentenrisiko wird durch Abhängigkeit zwischen Rezipientenmarkt und Werbemarkt bei werbefinanzierten Contents verstärkt

der medienökonomischen Bezugsprobleme lange das von Rimscha und Siegert noch im Jahr 2015 (S. 160 f.) wie folgt zusammengefasste Diktum:

> Die Leistung eines Kreativen kann zwar durch einen Kreativen aus dem gleichen Fach ersetzt werden, aber nicht durch den Einsatz von Kapital oder durch die Mehrarbeit von fachfremden Kreativen (…) Fällt ein Kreativer aus, wird – formal gesprochen – die Leistung der anderen mit Null multipliziert (…) Kreative Arbeit kann nur begrenzt systematisiert und in festgelegte Prozesse gegossen werden.

Ob dies weiterhin in dieser Eindeutigkeit Gültigkeit hat, wird nach der Lektüre des zweiten Teils dieses Buchs besser beurteilbar sein. Eine solche Aussage über die Nichtsubstituierbarkeit kreativer, geistig-künstlerischer und journalistischer Arbeit wird jedenfalls zunehmend fraglich, wenn man die aktuellen Entwicklungen im Bereich der interaktiven Medientechnologien beobachtet. Die in diesem Buch diskutierten Entwicklungen verweisen vielmehr darauf, dass mit der massenhaften gesellschaftlichen Anwendung digitaler, mobiler und interaktiver Medien in der Medienwirtschaft enorme Rationalisierungspotenziale gerade bei der Substitution kreativer menschlicher Arbeit freigesetzt werden.

2.4 These: Interaktive Integrationsmedien verändern die ökonomischen Bedingungen der Medienproduktion

Wenn man sich mit der Entwicklung der Nutzung bzw. des Konsums medialer Inhalte befasst, fällt auf, dass diese sich in den letzten 25 Jahren stark verändert haben. Während Massenmedien traditionell als Medien der *Veröffentlichung* von Inhalten auf der einseitigen und indirekten technischen Übertragung an ein *disperses* und tendenziell *anonymes* Zielpublikum beruhen – so die bekannte Definition von G. Maletzke aus den 1960er-Jahren (vgl. den Kasten Hintergrundinformation zu den Medienbegriffen) – veränderten sich diese Charakteristika mit der Verbreitung des Computers als Plattform zur Nutzung von Medieninhalten (vgl. Zydorek 2017, Abschn. 6.5). Spätestens in den 1990er-Jahren, mit Verbreitung des World Wide Web wurde ein massenhaft genutztes Inhaltsangebot über das Web Realität, die *Interaktion mit den Geräten, mit den Inhalten* sowie *mit anderen Mediennutzern* trat damit in den Fokus der Betrachtung. Die in Abschn. 2.2 zitierte Aussage Picards (2010, S. 370), welche dem (klassischen) Konzept des Publikums das (neue) Konzept des Nutzers und Konsumenten gegenüberstellt, führt er wie folgt fort: „Because of the available choices of media and content, individuals are now shifting significant time to alternative interactive media uses" (Picard 2010, S. 371).

Die einseitige massenmediale Kommunikation, bei der Information oder Unterhaltung vom Sender zum Empfänger gesendet wird, wird durch eine *wechselseitige menschliche Kommunikationsmöglichkeit* ergänzt, bei der zwischen *privater* (z. B. Chat), *halböffentlicher* (z. B. Foren, Gruppenkommunikation) und *öffentlicher* (z. B. Kommentarseiten von Nachrichtenangeboten, Videoplattformen) zweiseitiger Interaktion gewählt werden kann und bei der die Inhalte je nach Erfordernis als Massen-, Zielgruppen- oder individualisierte Angebote ausgeliefert werden können. Damit wurde die bisherige eindeutige Trennung von privaten individualkommunikativen Angeboten und öffentlichen massenmedialen Anwendungen aufgehoben.

Hintergrundinformation
Zu den Begriffen Massenmedien, Individualmedien, Integrationsmedien – öffentliche Kommunikation und Massenpersonalisierung können Sie sich im Kap. 6 in Zydorek (2017) informieren.
Kurz zusammengefasst kann man sagen:

- Massenmedien sind solche, durch die Aussagen öffentlich (also ohne begrenzte und personell definierte Empfängerschaft), durch technische Verbreitungsmittel (Medien), indirekt (also bei räumlicher oder zeitlicher oder raumzeitlicher Distanz zwischen den Kommunikationspartnern) und einseitig (also ohne Rollenwechsel zwischen Aussagenden und Aufnehmenden) an ein disperses Publikum gegeben werden (vgl. Zydorek 2017, S. 62)
- Individualmedien sind technische Mittel, welche eine zweiseitige Kommunikation zwischen Individuen und/oder kleinen Gruppen ohne räumliche und zeitliche Anwesenheit der Kommunikationspartner (also indirekt) ermöglichen. Diese Kommunikation ist nicht öffentlich (vgl. Zydorek 2017, S. 69).
- Integrationsmedien sind technische Plattformen, auf denen verschiedene Anwendungen massen- und individualmedialer Art realisierbar sind (Zydorek 2017, S. 71). Sie lassen neue menschliche Gebrauchsweisen *öffentlichen zwei- und mehrseitigen Diskurses* ihrer User zu (Zydorek 2017, S. 72).

In diesem Zusammenhang tauchte in den 1990er-Jahren in der wissenschaftlichen Diskussion verstärkt die Frage auf, was genau *Interaktion über Medientechnologie* ist und wie der Begriff der *Interaktivität von oder mit Kommunikationsmedien* zu verstehen ist. Die Kommunikationswissenschaft, da sie eine Sozialwissenschaft ist, versteht unter dem Begriff der Interaktion immer *menschliche* Interaktion, da der soziologische Interaktionsbegriff auf Personen bezogen ist, die sich in ihrem Verhalten aneinander orientieren und sich gegenseitig wahrnehmen können. Interaktion wird als wechselseitig aufeinander bezogene menschliche Handlungen interpretiert. Menschen nehmen sich gegenseitig wahr, orientieren sich aneinander, Menschen kommunizieren auf der Basis von Symbolen, deren Bedeutungen im Interaktionsprozess entstehen und historisch wandelbar sind (vgl. Quiring und Schweiger 2006, S. 6 ff.; Neuberger 2007).

Der Begriff der Interaktivität dagegen ist aus der Perspektive der Human-Computer-Interaction, deren Kerngebiet er ja ist, nicht zwangsläufig auf menschliche Interaktion bezogen, er fokussiert sich auf die *Interaktion zwischen Mensch und Maschine*. In Bezug auf diese Mensch-Maschine-Kommunikation konnten die Kommunikationswissenschaften aus den oben genannten Gründen den Interaktivitätsbegriff lediglich als *Potenzial von Kommunikationssituationen* und von *Einzelmedien* in Bezug auf zwischenmenschliche Interaktion verstehen (vgl. Neuberger 2007, S. 43 f.), was aber aus Sicht der Human-Computer-Interaction am eigentlichen Kern der Angelegenheit vorbeiging, denn hier wurde durchaus von *Interaktion mit einem Medium oder technischen Gerät* gesprochen.

Eine vermittelnde Position konnte dann dadurch gefunden werden, dass man *technische Systeme und mediale Inhalte als Ergebnisse menschlichen Handelns* interpretierte. Da kommunikativer *Bedeutungsaustausch* (also was jemand aufgrund eines bestimmten Ausdrucks versteht)[2] nur *zwischen Menschen* (Nutzer/Nutzer oder Nutzer/Entwickler, d. h. Inhaltsentwickler oder technischer Entwickler) möglich ist und ein technisches System selbst (bislang) keine Bedeutung aktiv schaffen kann, wurden die Eigenschaften des technischen Systems und des Contents *als Produkte menschlichen Handelns* in den Vordergrund gestellt. Es interagieren also nicht nur User über ein technisches System miteinander, sondern technische und inhaltliche Entwickler tauschen ebenfalls mit den Usern Bedeutung aus, wenn diese das System nutzen.

Der so von Quiring und Schweiger (2006, 2008) interpretierte Interaktivitätsbegriff wurde damit zu einem von der Kommunikationswissenschaft sinnvoll zu verwendenden analytischen Begriff, zu einem durch drei Merkmale bestimmten *Prozess der technisch vermittelten Kommunikation zwischen Menschen* (Quiring und Schweiger 2006, S. 9):

1. Es sind reale, beobachtbare Interaktionen zwischen Menschen oder Menschen und Maschinen zu registrieren. Dabei ist die beobachtbare Aktion selbst, nicht aber die Sinngebung, die für das Handeln nötig ist, relevant. Auch allein intrapersonelle Prozesse wie z. B. parasoziale Interaktion ist keine Aktion in diesem Sinne.
2. Die technische Komponente eines Mediensystems nimmt eine Schlüsselstellung im Kommunikationsprozess ein.
3. Es muss ein Feedback ohne Gerätewechsel möglich sein[3] (Quiring und Schweiger 2006, S. 8 f.).

Interaktivität als Prozess ergibt sich nach Ansicht Quirings und Schweigers aus dem Zusammenspiel von Systemeigenschaften, der Beurteilung der Situation durch die Nutzer, deren Aktionen sowie der Reaktionen des Systems sowie der in der Aktion ausgetauschten Bedeutung (Quiring und Schweiger 2006, S. 12).

Entscheidend ist dabei, dass in diesem Verständnis sowohl die Entwickler der Inhalte (z. B. Texter, Redakteure) als auch die technischen Entwickler (Hard- und Softwareentwickler) mit dem Nutzer Bedeutung austauschen (systemvermittelte Kommunikation), wenn beobachtbare Aktionen zwischen Nutzern (Gestik, Sprechen etc.) oder Nutzern mit

---

[2]Mit *Bedeutung* ist in diesem Zusammenhang gemeint, welchen Sinn eine bestimmte Mitteilung trägt: „Es ist laut hier" heißt: „Aufhören zu schwätzen". Fragen, die sich in diesem Zusammenhang stellen, sind z. B.: Wie codiere ich am besten? Kann der Empfänger es decodieren? Überträgt man diese Frage z. B. auf ein interaktives Game, wäre z. B. zu fragen: Kann der Gamer aus der Startposition eines Avatars ablesen, was für ihn zu tun ist, welche Handlungsaufforderung mit der Startposition verbunden ist?

[3]Sonst wären auch unidirektionale Medien, wie das analoge TV, durch Ergänzung um einen externen Rückkanal wie das Telefon interaktiv.

2.4 These: Interaktive Integrationsmedien verändern ...

dem System (Auswählen und Steuern, Text- oder Spracheingabe etc.) erfolgen, die zu Ergebnissen (Antwort, Spielsituation, Handlungsfolge etc.) führen.

> Technische Entwickler (...) entwickeln die Regeln (Algorithmen), nach denen interaktive Systeme die vorhandenen Inhalte kombinieren und damit auf individuelle Nutzereingaben reagieren (...) Die konkrete Arbeit von Entwicklern lässt sich als Aktion beschreiben (Quiring und Schweiger 2006, S. 10).

Es lässt sich dann aus kommunikationswissenschaftlicher Sicht einerseits Nutzer-Nutzer-Interaktivität wie auch Nutzer-System-Interaktivität sinnvoll fassen und analysieren und man kann den Nutzer wie auch das System im Hinblick auf seine *Aktion* untersuchen, z. B. im Hinblick darauf, welche Steuerungs-, Übertragungs- und Selektionsoptionen und Transformationsregeln es im System gibt und in welcher Weise sie vom User benutzt werden. Andererseits kann man die Situation im Hinblick auf den *Bedeutungsaustausch* analysieren, der dann zwischen den Nutzern oder den Entwicklern und Nutzern stattfindet. Als dritte zu berücksichtigende Dimension schlagen Quiring und Schweiger (2006, S. 11 f.) die individuelle *Situationseinschätzung des Nutzers,* also seine Situationsevaluation des benutzten interaktiven Systems und der Kommunikationssituation vor. Zusammenfassend werden von Quiring und Schweiger also die in der Abb. 2.1 dargestellten Untersuchungs- und Analysedimensionen für interaktive Anwendungen vorgeschlagen (Quiring und Schweiger 2006, S. 12 f.). Dieses Schema kann man dazu benutzen, interaktive Systeme auf allgemeiner Ebene, aber besonders der speziellen Ebene einzelner Medienanwendungen zu analysieren, zu vergleichen und sie hinsichtlich der jeweiligen Ausprägungen in den Analysedimensionen zu beurteilen.

Eher grundsätzlich gedacht hilft dieser Ansatz aber dabei, ein besseres Verständnis *der dem technischen System durch die Produzenten verliehenen Absichten* (vgl. Quiring und Schweiger 2006, S. 10; Gillespie 2014) zu gewinnen. Technische Systeme wie Algorithmen sind nicht objektiv vorgegeben, neutral oder unparteiisch. Indem man die jeweilig möglichen und die tatsächlich realisierten Ausprägungen von technischen Systemen (also z. B. tatsächliche und wahrgenommene Steuerungs- und Übertragungsmöglichkeiten, Situationsempfinden, Machtverteilung etc.) analysiert, kann von ihnen ausgehend auf die zugrunde liegenden Interessen und Absichten der Entwickler bzw. der dahinterstehenden Medienunternehmen schließen.

Algorithmen werden in interaktiven Mediensystemen vermehrt eingesetzt. Dies hat dazu geführt, dass in den letzten Jahren eine Diskussion über die Einsatzkontexte und Funktionen von Algorithmen in der Gesellschaft generell wie auch speziell im Mediensystem (als gesellschaftlicher Kommunikationsinfrastruktur) begonnen hat. Ich möchte in den folgenden Abschnitten meinen Betrachtungsfokus auf drei Fragen legen: Was sind ihre Eigenschaften als im Mediensektor eingesetzte Technologien (Abschn. 2.5)? Welche gesellschaftlich relevanten Zusammenhänge und Rückwirkungen sind dabei zu berücksichtigen (Abschn. 2.6)? Und wie kann man das ökonomische Bedingungsgefüge ihres Einsatzes analysieren (Abschn. 2.7)?

Ebene		Dimension	Merkmale
Aktion	Nutzer	*Steuerung*	• Selektion • Modifikation
		Übertragung	• Sensorische Aktivierung (auditiv, taktil, olfaktorisch, gustatorisch, visuell)
	System	*Steuerung*	• Selektionsoptionen (Range, Speed, zeitliche Flexibilität) • Modifikationsoptionen (Range, Speed, zeitliche Flexibilität) • Transformationsregeln
		Übertragung	• Sensorische Komplexität (auditiv, taktil, olfaktorisch, gustatorisch, visuell)
Situationsevaluation		*Systemevaluation*	• Einschätzung der Steuerung hinsichtlich: Selektionsoptionen (Range, Speed, zeitliche Flexibilität), Modifikationsoptionen (Range, Speed, zeitliche Flexibilität), Transformationsregeln • Einschätzung der sensorischen Komplexität (Übertragung)
		Situationsempfinden	• Playfulness • Connectedness • Sense of Place/Presence • Immersion
Bedeutungsaustausch		*Enkodierung der Bedeutung*	• Einschätzung des Adressaten und seiner Erwartungen • Abhängigkeit der Botschaften voneinander • Kommunikationsabsichten
		Machtverteilung	• Kontrolle • Richtung
		Dekodierung der Bedeutung	• Einschätzung des Senders und seiner Absichten • Abhängigkeit der Botschaften voneinander • Individuelle Informationsverarbeitung und Interpretation

Abb. 2.1 Ebenen, Dimensionen und Merkmale von Interaktivität. (Quelle: Quiring und Schweiger 2006, S. 13)

2.5 Einsatz von Algorithmen im Mediensektor und die gesellschaftliche Funktion des Mediensystems

Die Medienbranche ist aufgrund ihrer ökonomischen Bezugsprobleme, der o.g. neuen Rezeptionsweisen und dabei anfallender Daten, prädestiniert für Veränderungen ihrer Produktions- und Angebotsprozesse:

> Perhaps more so than any other industry sectors, the media industries are particularly well-positioned to capture and harness the potential of big data. As a recent Forbes article noted "media companies may have better opportunities than most (…) [as] every song listened to, every minute of video viewed, every online page that is clicked contributes to the mountains of data that tell them what audiences want" (Napoli 2016, S. 1).

Auf diesen Daten setzt die Verarbeitung durch Algorithmen an. Ein Algorithmus ist „... eine logische Folge von Schritten, um eine bestimmte Datenmenge zu organisieren und sie zu handhaben, um damit schnell zu einem gewünschten Ziel zu gelangen" (Gillespie 2016, S. 19), „(…)eine Rezeptur, die in programmierbaren Schritten verfasst ist" (2016, S. 19, Übersetzung der Zitate aus dem Englischen C. Z.). Es wird im Designprozess von Algorithmen ein bestimmtes *Ziel* formuliert, dieses Ziel wird in einem *Modell* formalisiert und dieses Modell dann in computerisierbaren *Schrittfolgen* artikuliert. Ein beispielhaftes *Ziel* wäre z. B. hier ein Algorithmus, der Nutzern die relevantesten Resultate für ihre Sucheingabe ausgibt. Das dazugehörige *Modell* könnte dann in Bezug auf eine Suchmaschine oder ein Empfehlungssystem so formuliert werden:

> Berechne effizient die kombinierten Werte gewichteter Objekte in einer bestimmten Datenbank, um die höchste prozentuale Wahrscheinlichkeit zu erreichen, dass der Nutzer eines der ersten fünf ausgegebenen Ergebnisse anklickt (Gillespie 2016, S. 19, Übersetzung von mir, C. Z.).

Dies muss dann in entsprechenden *Schrittfolgen* formuliert werden, die in einen *prozessierbaren Computercode* übersetzt werden können, welcher dann wiederum auf den Servern eines entsprechenden Dienstleisters läuft (Gilliespie 2016, S. 21). Dabei existieren oft mehrere Wege, um das Ziel in ein operables Ergebnis zu übersetzen, wobei es dann eher um befriedigende, nicht aber um endgültige, „korrekte" Lösungen geht. Heutzutage verwendete komplexe Algorithmen werden dazu anhand schon existierender, den später prozessierten Daten ähnlichen Datensätzen trainiert und optimiert.

Die Funktionsweise der algorithmischen Selektionsapplikationen in Bezug auf die vorliegenden Datenmengen kann (mit Just und Latzer 2016) in einem Basis-Input-Throughput-Output-Modell dargestellt werden (siehe Abb. 2.2).

Basierend auf einer Nutzeranfrage und den zugehörigen Eigenschaften dieses Nutzers (sowie anderen Informationen, vgl. dazu als Beispiel Teil 2, Kap. 5 bzgl. der relevanten Kontextinformationen bei Netflix) werden automatisiert statistische Operationen in Gang gesetzt, die in einem Auswahlprozess bestimmte Elemente aus einem Datenpool (DS1) selektieren. Auf diese ausgewählten Datensätze (DS2) werden dann weitere Algorithmen (A2) angewendet, die ihnen jeweilig Relevanz in Bezug auf einen bestimmten vorab definierten Einsatzkontext, der jeweilig in Bezug auf die jeweilige Aufgabe und Dienstleistung gezielt definiert wurde, zuweisen. Die Algorithmen können verschiedene Operationsmodi annehmen, wie filtern, sortieren, matchen etc. Der jeweilig Output an Daten(sätzen) (DS3) nimmt dann entsprechend unterschiedliche Formen wie Empfehlungen, Rankings und Gebote an und kann für weitere algorithmische Operationen zur Verfügung stehen (vgl. Just und Latzer 2016, S. 3 f.).

Durch eine Verwendung in solchen Selektionszusammenhängen werden Algorithmen zu Technologien, die

- diejenige Information mit der höchsten Relevanz aus Datenbanken oder dem gesamten Web aussuchen
- Wissen produzieren und bestätigen

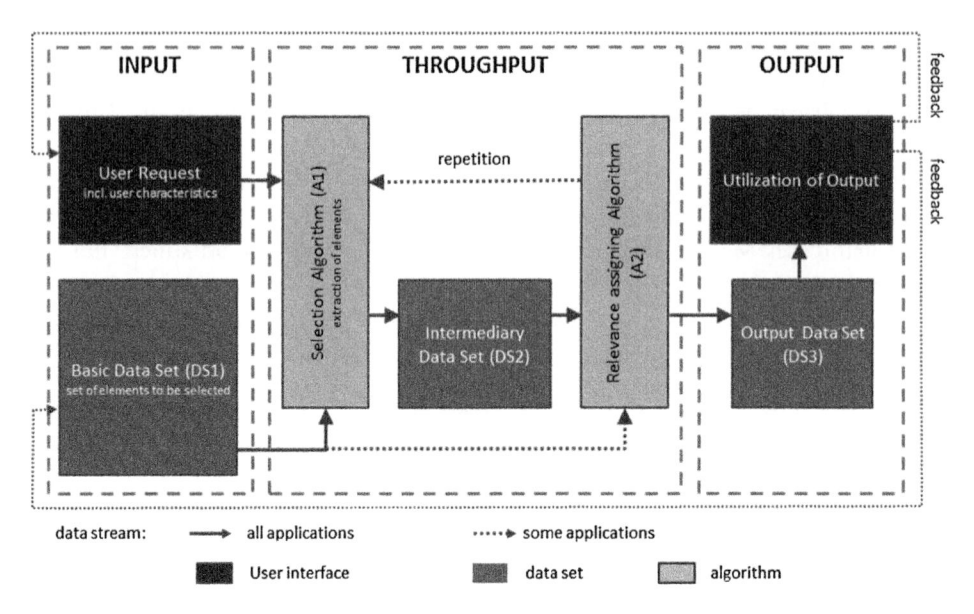

Abb. 2.2 Input-Throughput-Output-Model algorithmischer Selektion im Internet. (Quelle: Just und Latzer 2016, S. 4)

- entsprechend unseren bisherigen Präferenzen vor dem Hintergrund der Präferenzen anderer Menschen bestimmte Mediengüter empfehlen
- unsere sozialen Interaktionen mit anderen in Netzwerken managen (Gillespie 2014, S. 167).

Just und Latzer (2016, S. 3) zeigen eine funktionale Typologie von Anwendungen algorithmischer Selektion, die diese Anwendungsfelder noch einmal aufschlüsselt und mit Beispielen versieht (Abb. 2.3).

Die Zuordnung der Typen von Just und Latzer zu den vier von Gillespie genannten Anwendungsbereichen in der Medienbranche: Informationen selektieren, Wissen produzieren, Güter empfehlen und Soziale Interaktionen managen, lässt erkennen, dass aus heutiger (2017) Sicht vor allem in den Bereichen Wissensproduktion und Management von sozialen Interaktionen weitere Anwendungsfelder ergänzt werden könnten: Bei Wissensproduktion z. B. Datenjournalismus und Erfolgskalkulation von Investitionen (für die Medien vgl. dazu das Beispiel Demand Media in Kap. 3) und für den Bereich des Managements sozialer Interaktionen vor allem Soziale Netzwerke (z. B. Edgerank bei Facebook), persönliche und berufliche Partnerplattformen (Matching bei Parship oder Xing) und jede Form von ökonomischer Transaktion in Bezug auf Mediengüter, z. B. bei Amazon, Google, Netflix und Facebook.

Die besondere Bedeutsamkeit dieser Entwicklungen *im Mediensektor* ergibt sich einerseits aus den Rückwirkungen, die sie als Medientechnologien *auf die Prozesse*

2.5 Einsatz von Algorithmen im Mediensektor und die gesellschaftliche …

Types	Examples
search	general search engines (e.g., Google search, Bing, Baidu)
	special search engines (e.g., Mocavo, Shutterstock, Social Mention)
	meta search engines (e.g., Dogpile, Info.com)
	semantic search engines (e.g., Yummly)
	question & answer services (e.g., Ask.com)
aggregation	news aggregators (e.g., Google News, nachrichten.de)
observation/surveillance	surveillance (e.g., Raytheon's RIOT)
	employee monitoring (e.g., Spector, Sonar, Spytec)
	general monitoring software (e.g., Webwatcher)
prognosis/forecast	predictive policing (e.g., PredPol),
	predicting developments: success, diffusion etc. (e.g., Google Flu Trends, scoreAhit)
filtering	spam filter (e.g., Norton)
	child protection filter (e.g., Net Nanny)
recommendation	recommender systems (e.g., Spotify; Netflix)
scoring	reputation systems: music, film, etc. (e.g., ebay's reputation system)
	news scoring (e.g., reddit, Digg)
	credit scoring (e.g., Kreditech)
	social scoring (e.g., Klout)
content production	algorithmic journalism (e.g., Quill; Quakebot)
allocation	computational advertising (e.g., Google AdSense, Yahoo!, Bing Network)
	algorithmic trading (e.g., Quantopian)

Abb. 2.3 Funktionale Typologie algorithmischer Selektionsanwendungen. (Quelle: Just und Latzer 2016, S. 3)

innerhalb der Medienbranche haben und andererseits aus dem Umstand, dass sie in die *gesellschaftlichen Kommunikationsprozesse intervenieren:*

> Media technologies are able, through the characteristics of their design, to both constrain and facilitate communicative practices and preferences, and thus essentially provide base structures and parameters that regulate the production, distribution and consumption of content (…) Algorithms can be characterized similarly, in terms of the extend to which they have the capacity to directly structure user behavior, impact preference formation and impact content production decisions. All of this is achieved through mechanisms that are technological in nature but that are developed and frequently refined and recalibrated within complex social processes that are impacted by organizational and supraorganizational environmental conditions (Napoli 2014b, S. 343).

Es kann also von einem gegenseitigen Bedingungsgefüge von Algorithmen als Medientechnologien und ihrem (Branchen-, Unternehmens-)Kontext ausgegangen werden. „In most cases, also in communications, technology is nowadays understood as being primarily shaped by social forces" (Just und Latzer 2016, S. 6). Algorithmen nehmen als Technologien, die in der Medienbranche zunehmend eingesetzt werden, eine Form an, die durch die spezifischen Rahmenbedingungen und Herausforderungen ihres Einsatzkontextes mitbestimmt wird. Sie werden in diesem Einsatzkontext im Hinblick auf eine Leistungssteigerung hin integriert, angepasst und optimiert, „(…) constantly adjusted in efforts to improve their performance in accordance with specific criteria" (Napoli 2014b, S. 344). Die ökonomischen Bezugsprobleme und somit wesentliche Anpassungsbedingungen des Einsatzes von Algorithmen im Mediensektor habe ich ganz allgemein im Abschn. 2.3 beschrieben. Im zweiten Teil dieses Buches wird detaillierter besprochen, wie sie in den einzelnen Wertschöpfungsstufen wirksam werden und welche spezifischen ökonomisch bedingten Absichten mit ihnen verbunden sind. Im folgenden Abschn. 2.6 soll zunächst auf die grundlegenden gesellschaftlichen Rückwirkungen des Einsatzes von Algorithmen eingegangen werden.

2.6 Rückwirkungen von Algorithmen als Medientechnologien auf die Gesellschaft

Tarleton Gillespie, der sich in dem Buch Digital Keywords (Gillespie 2016) mit dem Verständnis des Begriffs Algorithmus nicht nur in technischer und designerischer, sondern auch *in sozialer und kultureller Hinsicht* befasst, versucht die verschiedenen Bedeutungsaspekte, die aus einer über den Mediensektor hinausgehenden *allgemeingesellschaftlichen Sicht* mit dem Begriff verbunden sind, zu analysieren. Dabei geht er vom oben schon zitierten spezifischen Verständnis des Begriffs der Software-Ingenieure aus, erweitert das Verständnis des Begriffes aber insofern (Gillespie 2014, 2016), als er ihn als die spezielle Form bezeichnet, wie heute Wissen produziert wird oder Entscheidungen getroffen werden (Gillespie 2016, S. 22). Dies geschieht, indem eine soziale Aktivität wie kommunizieren, Entscheidungen treffen, Medieninhalt aussuchen in ein Modell übersetzt und damit formalisiert, quantifiziert und messbar gemacht und sodann in Computernetzwerken prozeduralisiert wird. Insofern versteht man die algorithmische Informationsbearbeitung und -distribution als eine spezifische zentrale Wissenslogik unserer Zeit, die auf bestimmten Vorstellungen darüber beruht, was Wissen ist und wie man seine relevantesten Bestandteile herausfiltert (Gillespie 2014, S. 168). Da diese Wissenslogik zwangsläufig eine große Bedeutung für den öffentlichen Diskurs bekommen wird (2014, S. 169), muss aus Gillespies Sicht eine genauere Untersuchung darüber stattfinden, welche politische und kulturelle Bedeutung der breite gesellschaftliche Einsatz von Algorithmen hat oder haben kann. Er unterscheidet dabei verschiedene zu diskutierende *Folgedimensionen von öffentlicher bzw. gesellschaftlicher Relevanz:*

1. Es interessieren die Auswahlmuster hinter den algorithmisierten Prozessen, an deren Ende eine Information angezeigt wird oder nicht. Welche Strategie des Sammelns von Daten wird beim Dienstanbieter verfolgt? Alle erhältlichen Daten? Nur öffentliche Daten? Wie und auf Basis welcher Kriterien werden sie kategorisiert? Wie denken der Einzelne, der Staat, die Öffentlichkeit darüber, welche Daten legitimer Weise in zugrunde liegende Datenbanken oder Indexe inkludiert und dann algorithmisch gesteuert angezeigt

2.6 Rückwirkungen von Algorithmen als Medientechnologien auf die Gesellschaft

werden sollen (vgl. dazu z. B. die deutschen Street-View-Proteste gegen Google über die Legitimität der Speicherung und Anzeige der dort gewonnen Daten)? Wie werden diese Daten organisiert sowie für den Zugriff „algorithm-ready" gemacht (Gillespie 2014, S. 171). Nicht zuletzt: Welche Daten werden nicht angezeigt und warum?

2. Die Plattformen, auf denen Algorithmen arbeiten, bieten nicht nur Informationen an, sondern sie sammeln in intensiver Weise jegliche Informationen über ihren Nutzer und sein Verhalten, um sein Handeln und seine Präfenzen bestmöglich zu antizipieren. Diese Vorhersage muss nicht genau sein, sondern nur eben für die jeweiligen Zwecke des Plattformanbieters ausreichend. Ein wesentlicher Zweck der Anbieter ist es, die *algorithmische Identität* des Users auf drei Arten zur Ware zu machen, zu kommodifizieren: indem der Algorithmus damit selbst trainiert wird und lernt, indem die Daten selbst an interessierte Unternehmen und Organisationen verkauft werden sowie drittens indem sie als Grundlage von Werbeeinblendungen benutzt werden.

3. Gesellschaftlich bedeutsam ist ebenso die Frage nach den komplexen Kriterien (bei Google Search sind es über 200 Kriterien), mit denen Algorithmen relevanten von irrelevantem, aktuellem, populärem oder berichtenswertem Content unterscheiden. Diese Selektionskriterien beinhalten Entscheidungen darüber, was kulturell angemessenes und legitimes Wissen ist, bleiben uns aber dennoch verborgen, ebenso wie ihre ständigen Änderungen und Anpassungen. Sie bleiben *black boxed*. Über die Kriterien wird im Allgemeinen vonseiten des Betreibers Stillschweigen gewahrt, nicht zuletzt auch aus Wettbewerbsgründen und zum Schutz vor Manipulationsversuchen der User. Wie bedeutsam dies sein kann, wird klar, wenn man sich beispielsweise die Löschregeln von Facebook in Deutschland ansieht[4]. Der Grund kann aber ebenso in der kommerziellen Auswertbarkeit liegen, so wie z. B. der Facebook Newsfeed die Vermischung von werblichem und nichtwerblichem Content damit verschleiert.

4. Wichtig für die gesellschaftliche Öffentlichkeit ist ebenfalls, dass die Betreiber Algorithmen als objektive, unparteiische technische Mechanismen präsentieren und legitimieren, die fair, akkurat, vertrauenswürdig und vor Manipulation gefeit sind. Dies ist aber lediglich eine von den Anbietern genährte Fiktion.

Yet it's very important for the providers of these algorithms that they seem hands-off. The legitimacy of these functioning mechanisms must be performed alongside the provision of information itself (Gillespie 2014, S. 179).

---

[4]Vgl. z. B. zu den Löschregeln für Content, die von für Facebook in Deutschland arbeitende Mitarbeiter anwenden müssen, http://www.sueddeutsche.de/digital/inside-facebook-das-sind-facebooks-geheime-loesch-regeln-1.3297390 Abruf 27.12.2016). Sie legen z. B. fest, wodurch jemand als *Person des öffentlichen Interesses* definiert ist (z. B. Personen mit mehr als 100.000 Followern, Mitarbeiter von Nachrichtenmedien, die sich öffentlich mündlich oder schriftlich äußern) oder auch, was das Ziel hinter der Löschpolitik ist (hate speech, die einschüchtert und ausschließt löschen, sodass Menschen nicht davon abgehalten werden, sich selbst zu präsentieren und Inhalte gerne mit anderen teilen) (SZ Magazin 2016, ebd.).

Eine Konsequenz daraus ist es, dass man bspw. die Content-Auswahl eines Algorithmus argumentativ über die redaktionelle Auswahl einer Nachrichtenorganisation stellen kann, da man dem Algorithmus Neutralität oder Interessenfreiheit unterstellt. Dieses Bild der unparteiischen, nicht zensierenden Instanz wird, obwohl es ganz offenkundig falsch[5] ist, aufrecht erhalten und als institutionalisierte, legitime Praxis der Selektion und Präsentation gesellschaftlich relevanter Inhalte den etablierten Mechanismen journalistischer Praxis gleichgestellt, manchmal sogar als überlegen bezeichnet. Dass der Provider aber gleichzeitig das Publikum seines Contentangebotes der werbetreibenden Industrie als in der Werbeleistung überlegen (hohe Zielgruppenaffinität, großer Einfluss auf Konsumentscheidungen) verkauft, erscheint in sich paradox.

5. Ebenso ist bedeutsam, wie User ihre alltägliche Nutzungspraxis (Taktiken, Praktiken, Kalkulationen) an die Arbeitsweisen der jeweiligen Algorithmen anpassen, wie sie z. B. ihre Status-Updates popularitätsorientiert gestalten, ihre Sucheingaben an popularitäts-, erfolgs- oder effizienzorientierten Kriterien der Search Engine Optimization ausrichten. Algorithmen sind *Instrumente des Geschäfts der Anbieterunternehmen*, für die die Informationen über den User sowie die mögliche werbliche Kontaktleistung eine Ware ist. Der Prozess der gegenseitigen Anpassung der Algorithmen und des Userverhaltens ist rekursiv, denn sowohl der Anbieter verändert und passt sein Produkt an, wie auch der Nutzer seine Verhaltenspraxis erfolgsgesteuert ändert (Institutionalisierung von Alltagspraktiken). Die Machtverteilung ist dabei dennoch asymmetrisch, denn der Provider teilt seinen Wissensvorsprung (eher) mit dem werbenden Unternehmen als mit dem Rezipienten[6].

6. Als sechsten wichtigen Aspekt der öffentlichen Relevanz nennt Gillespie die Konstruktion und Produktion „kalkulierter" Publika durch Algorithmen, die auch die Selbstwahrnehmung dieser Publika beeinflusst. Durch die Möglichkeit, Content und Informationen zu personalisieren, tritt einerseits das Phänomen der Filterblase (Pariser 2011) auf, dessen Kehrseite die Fragmentierung einer gesellschaftlichen Öffentlichkeit ist, sodass es durchaus einen Punkt gibt, bei dem man von öffentlichem Wissen und gesellschaftlichem Dialog nicht mehr sprechen kann. Es entstehen dagegen neue, von Netzwerken kalkulierte Publika (User, die dieses Buch interessiert hat, Freunde und Freunde von Freunden etc.) zu denen man eine Affinität fühlen kann.

> [I]t transforms a discrete set of users into an audience (…) – it is a group that did not exist until that moment, and only Facebook [Twitter oder Amazon, Anm. C. Z.] knows its precise membership (Gillespie 2014, S. 185).

---

[5]Dafür gibt es eine Anzahl von Beispielen, wie angezeigte Inhalte durch Plattformbetreiber beeinflusst werden, z. B. von autocomplete oder page rank durch Google oder edge rank von Facebook.

[6]Vgl. dazu die Diskussion der Machtverhältnisse auf werbefinanzierten Medienmärkten in Kiefer und Steininger (2014), die auch von Gläser (2014) gleichartig geführt wird: Gegenüber dem unorganisierten, nicht zahlenden Rezipienten hat die werbetreibende Industrie als organisierte, bargainende und zahlende Institution deutliche Machtvorteile.

So vermittelt zum Beispiel Twitters Trend-Algorithmus eine Vorstellung davon, welche Themen eine bestimmte regionale oder nationale Öffentlichkeit gerade diskutiert. Nach welchen Kriterien diese Öffentlichkeit von Twitter konstruiert wird, bleibt offen. Twitter Trending Topics kann aber als Autorität empfunden werden und Legitimität verleihen, wenn sie von Plattformanbietern oder anderen gesellschaftlichen Akteuren dazu benutzt werden, als Belege für Trends, Popularität, Mehrheit und Masse zu gelten.

2.7 Orte und Wirkungsweisen des Einsatzes von Algorithmen als Medientechnologien

Philip Napoli (Napoli 2014a, b) sieht die zunehmende Integration von Algorithmen in die Wertschöpfungskette der Medien als Hauptausgangspunkt für wesentliche dortige Veränderungen.

> (…) to respond effectively and adapt to the rapidly changing technological conditions under which contemporary media industries operate, a key point of focus should be on the role of algorithmically driven automation and how it is effecting the dynamics of media production and consumption (Napoli 2014a, S. 1)

Das oben skizzierte Verständnis der sozialen Einbettung und Funktion von Algorithmen erweitert die rein technische Perspektive in mindestens drei Hinsichten.

Erstens: „Algorithms may even need to be considered a distinct media institution in their own right within the context of the production of the content" (Napoli 2014a, S. 3). Algorithmen werden als Medientechnologien zunehmend bei der Produktion von Mediencontent eingesetzt und bekommen dadurch ein enormes Gewicht als *eigenständige Medieninstitutionen* für den Mediensektor selbst und für die Gesamtgesellschaft. Die nachfolgenden Kapitel des zweiten Buchteils werden zeigen, dass dies nicht nur bei der Contentproduktion, sondern auch in allen anderen Wertschöpfungsstufen schon heute der Fall ist und sich künftig verstärken wird.

Zweitens: „Algorithms are human creations (…) the point here is that the human role in content creation is migrating from direct to an indirect role" (Napoli 2014a, S. 3). Diese Aussage schließt an das oben gewonnene Verständnis an, dass Software- und Contententwickler von interaktiven Systemen auch dann Bedeutung austauschen, wenn Medieninhalte automatisch initiiert, produziert, gebündelt und distribuiert werden.

> (…) one could argue that content has become commodified with the real value residing in the systems that users can employ to navigate through and select from the wealth of available content (Napoli 2014b, S. 346).

Drittens: Algorithmen tragen dabei bestimmte Absichten und Ziele, die im Designprozess in den Algorithmus und seinen Anwendungskontext implementiert werden. *Eine Analyse der Interessenslagen, der Handlungspotenziale der Akteure hilft bei dem Verständnis, wie unser Aktionsraum als Produzenten und Konsumenten von Medieninhalten gestaltet wird.* Dieses Verständnis ist aus meiner Sicht unabdingbar, wenn man als Konsument, aber auch als Produzent von Medieninhalten eine Vorstellung von gegenwärtigen und zukünftigen Entwicklungen bekommen möchte.

Was machen die Contentanbieter mit der enormen Menge an im Medienkonsumptions- und -interaktionsprozess generierten Daten? Sie versuchen sie so zu nutzen, dass sie dabei hilfreich sind, ihre grundsätzlichen und fortwährend wirksamen ökonomischen Bezugsprobleme bei der Wertschöpfung im Contentbereich zu lösen.

> The key function that algorithms are performing in the media sector is to enable decision outputs derived from the analysis of the enormous quantities of data that can now be gathered in a media environment of extreme interactivity, in which audiences' engagement with media leaves a growing array of capturable and quantifiable traces (Napoli 2014b, S. 340).

Was lässt sich für diese Diskussion aus einem genaueren Verständnis der Nutzung der algorithmischen Selektionsanwendungen als Medientechnologien ableiten?

Es soll in den nächsten Kap. 3–6 in Bezug auf *die verschiedenen Wertschöpfungsstufen* der Produktion und Distribution von Mediencontent genauer und jeweils an Fallbeispielen illustriert untersucht werden, was konkret in ökonomischer Sicht der Kernfaktor der Entwicklung zur Integration in diese Wertschöpfungsstufe ist.

Die Tab. 2.2 bietet eine erste Übersicht über die Wertschöpfungsstufen des Mediencontents, dazu erste Fragestellungen, die aufgrund der medienökonomischen Bezugsprobleme für die jeweilige Wertschöpfungsstufe formulierbar sind. Darunter sind Ideen für algorithmisch unterstützte Lösungsansätze der ökonomischen Herausforderungen benannt, die heutzutage in Unternehmen, z. T. mit Pioniercharakter, schon eingesetzt werden. Diese Tabelle strukturiert auf diese Weise das weitere Vorgehen und fasst Thesen über die spezifischen Bezugsprobleme und Lösungsansätze auf den jeweiligen Wertschöpfungsstufen durch algorithmische Selektionsprozesse übersichtsartig zusammen. Dabei ist wie gesagt zu berücksichtigen: „Algorithms are human creations (…) the point here is that the human role in content creation is migrating from direct to an indirect role" (Napoli 2014a, S. 3).

Diese Aussage steht in einem Spannungsverhältnis zum o. g. Diktum Rimschas und Siegerts (vgl. Abschn. 2.3, letzter Absatz), das eine Substitution von Kreativarbeit durch Kapital im großen Stil noch verneint. Nachfolgende Kapitel sollen genaueren Aufschluss über die damit zusammenhängenden Folgen der technologischen Entwicklungen der letzten Jahre auf die Wertschöpfung beim Mediencontent ermöglichen.

2.7 Orte und Wirkungsweisen des Einsatzes ...

Tab. 2.2 Übersicht über Teil 2, Kap. 3–6

Wertschöpfungsstufe	Initiierung, Konzeption, Formatentwicklung	Contentproduktion	Contentbündelung	Contentdistribution
Handlungsproblem	Kommerzielles Risiko aufgrund hoher First Copy Costs des Contents vor seiner Vermarktung bedingt ein Entscheidungsproblem	Hohe Anteile (teurer) kreativer/künstlerischer Arbeit an den Produktionsfaktoren von Content	Inflationäres Wachstum des Medienangebots, Fragmentierung des Publikums, schrumpfende Reichweite für ein bestimmtes Contentangebot	Großes Medienangebot, wachsende Akquisitionskosten pro Rezipient bei Reichweitensteigerung
Ökonom. Kernfragen	Bewältigung des Produktionsrisikos bei Mediengütern – Was kann/sollte aus ökonomischer Sicht produziert werden? Ist ein Return on Investment zu erwarten?	Senkung der First Copy Production Costs – Wie können Inhalte möglichst kostensparend produziert werden?	Erstellung eines individuell optimalen (subjektiven) Nutzererlebnisses aus den verfügbaren Arbeiterinhalten. Wie steigert man die Publikumsattraktivität und Kundenbindung?	Aufmerksamkeitserzeugung und -lenkung bei Information Overload – Wie sind möglichst geringe Distributionskosten bei hoher Reichweite zu erreichen? Welche Möglichkeiten der Produktion von Aufmerksamkeit sind nutzbar?
Beispiel in diesem Buch	Demand Driven Content Production, Predictive Analytics	Automated Content Creation/Algoritmic Journalism	Recommender Systems – Genauer Zuschnitt des Medienangebotes auf den jeweiligen Rezipienten	Newsbots, News messaging, Conversational Newsbots
Unternehmensbeispiel	Demand Media/Leaf Group	Narrative Science/Automated Insights	Netflix	CNN, BBC, Resi, ARD, Facebook Messenger, NewsApps
Algorithmenbezug	Algorithmische Verarbeitung von Web-Anfragen/Werbedaten und Generierung einer eindeutigen Investitionsentscheidung	(genrespezifische) Simulation natürlicher Sprachmitteilungen bei der Erzeugung von Nachrichtentexten	Realtime-Verarbeitung von Nutzungsdaten und Individualisiertes situationsspezifisches Leistungsangebot auf Basis eines Sets von Empfehlungsalgorithmen	Filterung des Content und Nutzersteuerung bei der interaktiven Auslieferung von Nachrichten, Messaging, Notifications
Kapitel	3	4	5	6

2.8 Fragen zu diesem Kapitel

1. Benennen Sie die Unterschiede zwischen dem Konzept des Publikums und dem des Users.
2. Welche grundlegenden Unterschiede ergeben sich, wenn man Mediengüter als Kulturgüter und als Wirtschaftsgüter analysiert?
3. Welche ökonomischen Bezugsprobleme werden benannt? Welche Folgen für das gesellschaftliche Angebot von Mediengütern haben diese?
4. Was unterscheidet interaktive Medien von den Massenmedien in der von G. Maletzke definierten Form?
5. Welche zwei Formen von Interaktivität unterscheiden Quiring und Schweiger?
6. Was bedeutet „Austausch von Bedeutung" und was bedeutet „Evaluation der Situation durch den User/Entwickler" bei Quiring/Schweiger? Wie kann man sich das in der Realität vorstellen?
7. Wie kann man den Begriff Algorithmen kurz und treffend erklären?
8. Welche Funktionen übernehmen Algorithmen allgemein in der Wissens- und Informationsgesellschaft?
9. Welche Aufgaben übernehmen sie im Medienbereich? Für wen?
10. Aufgrund welcher Eigenschaften hat der Einsatz von Algorithmen (nach Gillespie) hohe gesellschaftliche Relevanz?
11. Wie kann man dieser gesellschaftlichen Bedeutung hinreichend Rechnung tragen?
12. Inwiefern können sie Problemlöser im Mediensektor werden?

Literatur

Bakker, Piet (2012) Aggregation, Content Farms and Huffinization: the rise of low-pay and no-pay journalism, in: Journalism Practice 6(56), S. 627–37.

Clement, R., und Schreiber, D. (2016). Internetökonomie – Grundlagen und Fallbeispiele der vernetzten Wirtschaft, 3. Aufl., Heidelberg: Springer.

Dörr, K. (2015): Algorithmic Journalism – Einordnung und Konsequenzen. In DFJV (2015) (Hrsg) Journalistische Genres. Konstanz: UVK. (Pre-Print Version).

Dörr, Konstantin (2017): Algorithmen, Big Data und ihre Rolle im Computational Journalism. In: Meier, Klaus/Neuberger, Christoph. Journalismusforschung. Stand und Perspektiven, 2., aktualisierte und erweiterte Auflage. Baden-Baden: Nomos, 245–264.

Gerpott, T. (2006). Wettbewerbsstrategien – Überblick, Systematik und Perspektiven. In C. Scholz (Hrsg.), Handbuch Medienmanagement, Berlin et al.: Springer Verlag, S. 305–355.

Gillespie, T. (2014) The Relevance of Algorithms in: Gillespie, T. Boczkowski, P.J. Foot, K.A. (2014) Media Technologies, Cambridge: MIT University Press. S. 167–194.

Gillespie, T. (2016) Algorithm. In: Peters, B. (Hrsg.) (2016) Digital Keywords – A Vocabulary of Information Society and Culture, Princeton and Oxford: Princeton University Press, S. 18–30.

Gläser, M. (2014) Medienmanagement, 3. Aufl., München: Vahlen Verlag.

Heinrich, J. (1999) Medienökonomie, Bd. 2: Hörfunk und Fernsehen, Opladen, Westdeutscher Verlag.

Heinrich, J. (2001) Ökonomisierung aus wirtschaftswissenschaftlicher Perspektive, in: M&K Medien & Kommunikationswissenschaft, Jahrgang 49 (2001), Heft 2, S. 159–166.

Just, N. und Latzer, M. (2016) Governance by Algorithms: Reality Construction by Algorithmic Selection, On the Internet, Accepted Manuscript forthcoming in: Media, Culture and Society, http://www.mediachange.ch/media/pdf/publications/Just_Latzer2016Governance_by_Algorithms_Reality_Construction.pdf Abruf 10.1.2017.

Kiefer, M. und Steininger, C. (2014). Medienökonomik, 3. Aufl., München: Oldenbourg.

Napoli, P. M. (2014a) On Automation in Media Industries: Integrating Algorithmic Media Production into Media Industries Scholarship, in: Media Industries, Vol 1 No. 1, ISN 2373-9037.

Napoli, P.M. (2014b) Automated Media: An Institutional Theory Perspective on Algorithmic Media Production and Consumption. In: Communication Theory 24 (2014) 340–360.

Napoli, P. (2016) Special Issue Introduction: Big Data and Media Management. in: International Journal on Media management Vol. 1, No. 1. S. 1–7.

Neuberger, C. (2007) Interaktivität, Interaktion, Internet. In: Publizistik, 52 Jg. Heft 1 S. 33–50.

Pariser, E. (2011) The Filter Bubble. London: Penguin.

Picard, R.G. (2010) The future of the news industry. in: Curran, J. (Hrsg.) (2010) Media and Society. London: Bloomsbury Academic, S. 365–379.

Quiring, O. und Schweiger, W. (2006): Interaktivität – ten years after, Medien und Kommunikationswissenschaft, 54 Jg. 1/2006, Nomos Verlag.

Quiring, O. und Schweiger, W. (2008) Interactivity: A review of the concept and a framework for analysis in: Communications 33 (2008), S. 147–167.

Rimscha, B.v. und Siegert, G. (2015). Medienökonomie. Wiesbaden: VS Verlag.

Siegert, G. und Brecheis, D. (2017) Werbung in der Medien- und Informationsgesellschft, 3. Aufl., Wiesbaden: Springer VS.

Wirtz, B.W. (2016) Medien- und Internetmanagement, 9. Auflage, Berlin und Heidelberg: Springer-Gabler.

Zerdick, A., et al. (2001). Die Internet-Ökonomie, 3. Aufl., Heidelberg: Springer.

Zydorek, C. (2017) Einführung in die Medienwirtschaftslehre, 2. Aufl., Heidelberg: SpringerGabler.

Teil II
Algorithmen in der Medienwirtschaft

3 Algorithmische Initiierung, Konzeption und Formatentwicklung von Mediengütern – Demand Driven Content Production

> **Zusammenfassung**
>
> Die Erstellung von Mediencontent ist ein arbeitsintensiver geistiger Prozess, was ihn relativ teuer und ökonomisch risikoreich macht. Die Kundenzufriedenheit eines Massenpublikums mit dem komplexen Produkt Mediencontent kann aber nur relativ schlecht im Vorhinein beurteilt werden. Deshalb ist die Medienwirtschaft seit jeher bemüht, das finanzielle Risiko durch verschiedenste Maßnahmen, unter anderem auch durch eine möglichst frühzeitige und genaue Einschätzung der Erfolgswahrscheinlichkeit des jeweiligen Produkts zu beherrschen. Algorithmische Instrumente der Entscheidungsunterstützung werden zunehmend in der Medienwirtschaft eingesetzt, um die Situation zu verbessern und das Produktionsrisiko zu minimieren: Indem nur Erfolg versprechende Produkte hergestellt werden oder nur diejenigen Produkte, die dem Medienunternehmen einen Return on Investment erbringen. Durch das veränderte Verhältnis einer in den Algorithmen manifestierten „ökonomisch-kalkulatorischen Logik" gegenüber einer „editoriellen Entscheidungslogik" verändern sich die Produktionsbedingungen im Web verfügbaren Contents.

3.1 Die Wertschöpfungsstufe der Initiierung, Konzeption, Formatentwicklung

Die erste Stufe der Medienwertschöpfungskette ist mit der Ingangsetzung des Produktionsprozesses sowie der Konzeption des Medienproduktes sowie seines Formates befasst. Zydorek (2017, S. 80) schreibt dazu, dass diese Stufe

> (…) sich auf die Initiierung (…) und den kreativen Vorgang der Konzeption und Entwicklung von Formaten, Programmen, Genres, und konkreten Medienprodukten bezieht und (…) sich von der Idee-Entwicklung über die Erstellung eines Exposés und der Kalkulation bis zu Vermarktung und Lizenzierung des kreativen Produkts zieht (…).

Die Wertschöpfungsstufe widmet sich also kreativen, organisatorischen und ökonomischen/ kaufmännischen Vorarbeiten, die für die spätere Ausführung der nachfolgenden Wertschöpfungsprozesse die Voraussetzung sind. Dabei ist die Frage aus ökonomischer Sicht immer diejenige danach, ob und wie gut im Vorhinein beurteilt werden kann, ob das Medienprodukt für das Medienunternehmen einen Return on Investment erwirtschaften wird, denn die Investition in ein Medienprodukt wird im überwiegenden Teil der Fälle nur dann getätigt, wenn die Chance auf eine positive Verzinsung des eingesetzten Kapitals zu erwarten ist. Die Basis einer Entscheidung *vor* der eigentlichen Produktion erscheint meist sehr vage.

> In the great majority of cases we studied, recommendations were made after the cultural product was created and assisted the customer in choosing among finished offerings. Prediction can also be used (...) Studios use (...) prediction approaches to judge how many DVDs to manufacture and ship. It is also possible to use the content of recommendations even before and during product creation. This precreation approach is most actively explored in the movie business, where long production cycles and high costs predominate. Movie producers have long had rules of thumb to guide their moviemakers decisions – a star brings in the crowds, audiences like happy endings (...) sequels make between two-thirds an three-quarters of the original movies box office and so forth (...) these maximes are widely believed (...) though there are plenty of well-known exceptions of these rules (...) It is clear from the high percentage of unsuccessful films, that the decision process is largely nonscientific (Davenport und Harris 2009).

Medienunternehmen benötigen in der Situation wachsenden Wettbewerbs zunehmend bessere Methoden, um damit Entscheidungen über die Produktion von Medieninhalten fällen zu können, um die notorisch hohe Floprate bei der Finanzierung von Medienprodukten zu senken.

> Creative judgement and expertise will always play a vital role in the creation, shaping and marketing of cultural products. But the balance between art and science is shifting (...) Predictions of what products will be successful for creators and distributers of cultural content are less common. It is easiest after the product has been developed, when its attributes are clear and there are some indicators of its popularity (...) Their predictions before ...[a] movie is actually made (...) are often wildly inaccurate (Davenport und Harris 2009).

In diesem Kapitel geht es um die Möglichkeiten und Methoden, schon *vor* der Produktionsphase der Wertschöpfungskette anhand von Daten und dafür eingesetzten Algorithmen produktions- und produktrelevante Entscheidungen zu optimieren. Dabei werden als Beispiele die Produktionsentscheidungen bezüglich informierenden Webinhalten durch sogenannte Content Farms des Unternehmens Demand Media (seit November 2016 Leaf Group, vgl. Business Wire 2016) aufgrund der relativ guten Literaturlage sowie des Pioniercharakters des Unternehmensansatzes gewählt. Als Content Farms bezeichnet man Internetplattformen, deren Geschäftsmodell darauf basiert, Webinhalte massenhaft unter Popularitätsgesichtspunkten zu produzieren und anzubieten. Die Inhalte werden im Hinblick auf ihre Search Engine Optimization gestaltet, das Erlösmodell basiert auf Werbefinanzierung durch im Umfeld geschaltete Werbeanzeigen Dritter. Das Beispiel der Content Farms dient als Verdeutlichung eines Trends, der den Mediensektor insgesamt zunehmend erfasst.

3.2 Medienökonomische Bezugsprobleme bei der Initiierung

Hauptbezugsproblem der Initiierung und Konzeption eines Mediengutes ist die *Unsicherheit der Nachfrage* nach Mediengütern in Kombination mit der Tatsache, dass bei Mediengütern tendenziell das Gut *vollständig vor der ersten Vermarktungsmöglichkeit* produziert sein muss. Der Umstand der schlechten Prognostizierbarkeit des Erfolgs eines noch nicht existierenden Produkts, das prinzipiell immer als Einzelstück hergestellt wird (Kiefer und Steininger 2014, S. 175) ist je nach Medienproduktwelt unterschiedlich wirtschaftlich gravierend: Wo beispielsweise bei der Kinofilmproduktion eine einzelne falsche Produktionsentscheidung massive Auswirkung auf das wirtschaftliche Überleben eines Medienunternehmens haben kann, ist die Einzelentscheidung bei der Produktion eines Zeitungsartikels von geringerem wirtschaftlichen Ausmaß, hat aber mittelfristig bei der Anhäufung vieler Entscheidungen dieselben Konsequenzen.

Traditionell ist in journalistischen Medien ein Spannungsverhältnis zwischen den publizistischen und den ökonomischen Zielen angelegt (vgl. z. B. Rimscha und Siegert 2015, S. 23 ff.). In Bezug auf die Entscheidungen, welcher Content produziert wird und ob ein bestimmter Content hergestellt wird, geben die beiden Bezugssysteme Wirtschaft und Publizistik unterschiedliche Orientierungen.

> Zentrale Elemente der ökonomischen Systemrationalität sind Eigennutzorientierung (…) und wirtschaftlicher Wettbewerb (…), die Leitwerte bilden Rentabilität und wirtschaftliche Effizienz (…), das zentrale Steuerungsmedium ist Geld (…). Im Teilsystem Publizistik bilden Öffentlichkeitsorientierung verbunden mit publizistischem (…) Aufmerksamkeitswettbewerb (…) zentrale Elemente der Systemrationalität, Leitwerte sind Aufklärung und demokratische Kontrolle, das zentrale Kriterium ist Publizität (Kiefer und Steininger 2014, S. 23).

Die Entscheidung darüber, welcher Content wie produziert wird, wird prinzipiell vom Medienunternehmen getroffen, unter Bezug auf die Rezipientenbedürfnisse sowie bei werbefinanzierten Medien auf die Interessen der werbetreibenden Wirtschaft. Zusätzlich kann die Produktionsentscheidung (etwa bei – auch freien – Redakteuren von Nachrichtenmedien) durch das einzelne mit der Contentproduktion befasste Individuum veranlasst oder gefällt werden. Auf beiden Ebenen können ökonomische und publizistische Entscheidungskriterien eine konfliktäre Rolle spielen (vgl. Heinrich 2001, S. 161 f.).

> Auf der Ebene der Unternehmung manifestiert sich die Ökonomisierung am deutlichsten. Hier wird die Ökonomisierung geplant, organisiert und umgesetzt. Movens ist die immer striktere Anwendung der Kosten-Nutzen-Analyse in der unternehmensspezifischen Form des Ziels der Gewinnmaximierung oder, wie heute präzisiert wird, in Form der Maximierung des Shareholder-Values, des Gewinns für die Anteilseigner (…) Zum einen wachsen die Anstrengungen der Unternehmen, die so genannte allokative Effizienz zu steigern, also durch Produktinnovationen die Produktqualität immer mehr den Konsumentenpräferenzen anzupassen und/oder durch Werbung die Konsumentenpräferenzen zu beeinflussen. (…) Zum anderen wachsen die Anstrengungen der Unternehmen, die so genannte produktive Effizienz zu steigern, also durch Prozessinnovationen einschließlich betrieblicher Reorganisationen eine effizientere Produktionsweise zu erreichen. Dieser Komplex kann dem

Tab. 3.1 Eigenschaften von Web-Contents/Nachrichten

Bereich Kosten (hoch, fix, ex ante)
• Relativ hohe, durch menschliche Arbeit verursachte Erstellungskosten
• Diese Kosten sind im klassischen Produktionsmodell Fixkosten des Medienunternehmens
• Sie sind Kosten der Erstkopie des Produktes (first copy costs)
• Sie fallen als Gesamtsumme vor der Markteinführung an
Bereich Produkt (immateriell, Dienstleistung, Unikat, mit externen Produktionsfaktoren hergestellt)
• Artikel/Contents sind jeweilig Unikate
• Inhalte haben diffuse Qualitätsmerkmale (z. B. Glaubhaftigkeit, Vollständigkeit, Aktualität etc.), Unterhaltungswert ist besser qualitativ kalkulierbar
• Es herrscht beim Anbieter Unklarheit über die Rezipientenpräferenzen
• Inhalte sind schlecht testbar hinsichtlich des Markterfolges bzw. Erfolgsprognose für den Anbieter auf Basis von Produkttests sind unsicher
• Knappheit externer Produktionsfaktoren, die der Dienstleistungsnehmer (Rezipient) einbringt
Bereich Nachfrage/Konsum (unsicher, schlecht prognostizierbar, voraussetzungsvoll)
• Hohe Qualitätsunsicherheit des Nachfragers aufgrund von Erfahrungs- oder Vertrauenseigenschaften der Contents, da Erfahrungs-/Vertrauensgut
• Sind deswegen ex ante schlecht beurteilbar
• Nachfragemenge (Auflage) ist deswegen schlecht/nicht verlässlich planbar/prognostizierbar
• Dopplung des Risikos durch Abhängigkeit zwischen Rezipientenmarkt und Werbemarkt bei werbefinanzierten Contents

betrieblichen Funktionssegment des Managements zugeordnet werden und kann auch als Kostenwettbewerb bezeichnet werden (…). Wird die allokative Effizienz gesteigert, wird stets genauer das produziert, was die Rezipienten verlangen. Die Rezipienten verlangen einen Informationsnutzen und/oder einen Animationsnutzen, einen Unterhaltungswert. Es resultiert dann ein Unterhaltungs- und ein Gebrauchswertjournalismus zulasten von Aufklärung und Investigation (Heinrich 2001, S. 162 f.).

Von den im Teil 1, Abschn. 2.3 insgesamt diskutierten wichtigen Eigenschaften von Mediengütern aus Sicht der Medienunternehmen sind also folgende für den Bereich der Initiierung der Produktion informierenden und unterhaltenden Contents im Web am Beispiel des Content Farming besonders relevant (siehe Tab. 3.1).

3.3 Klassische Strategien von Medienunternehmen im Umgang mit den Problemen der Initiierung und Konzeption

Traditionell ist im Medienbereich damit umzugehen, dass (wenige) erfolgreiche Produkte (Hits) eine Anzahl von defizitären Produkten (Flops) querfinanzieren (vgl. Kiefer und Steininger 2014; S. 185). Im Hinblick auf die in Abschn. 3.2 genannten von Heinrich (2001) identifizierten Handlungsmotivationen wurden dennoch in der Vergangenheit eine

Tab. 3.2 Ansätze zur Steigerung produktiver und allokativer Effizienz. (Quelle: Eigene Darstellung)

Ansatz	Beispiel aus dem Nachrichtenbereich
Fixe Kosten in variable Kosten umwandeln	Ersetzung fest angestellter durch freie Mitarbeiter
Risiko auf Wertschöpfungspartner, Zulieferer und Abnehmer verteilen	Vergütung nur bei Veröffentlichung des Inhalts, Erfolgsbeteiligung bei Einspielergebnissen
Fixkosten durch Qualitätsminderung senken	Personal bei der Recherchetiefe einsparen
Fixkosten durch neue Produktionsmethoden senken (z. B. Automatisierung)	Einführung eines computerisierten Redaktionssystems
Kosten durch Etablierung von Handlungsroutinen senken	Einführung von Prozessmanagement und Workflows
Spezialisierung, Outsourcing und Konzentration auf Kerntätigkeiten	Zulieferung durch Nachrichtenagenturen
Risiko durch Imitation von Erfolg senken	Imitation oder Übernahme erfolgreicher (z. B. ausländischer) Formate
Erfolg versprechende Produktionsfaktoren einsetzen	Stars, bekannte Fachleute als Gastautoren gewinnen
Kundenbindung	Gute Kundenbetreuung durch umfangreichen Leserservice
Marktforschung	Testausgaben, Produktproben

ganze Anzahl von Strategien und Taktiken entwickelt, um den zugrunde liegenden ökonomischen Herausforderungen der Medienproduktion zu begegnen (vgl. Tab. 3.2).

Erster Ansatz ist dabei immer, aus fixen Kosten z. B. angestellten Redakteuren, variable Kosten, z. B. freie Mitarbeiter, zu machen. Diese werden nämlich nur dann bezahlt, wenn sie tatsächlich Medieninhalte produzieren, wodurch o. g. fixe Kosten tendenziell geringer werden. Auch durch Auftragsproduktion und Auslagerung von Konzeptions- und Entwicklungskosten auf Dienstleister versucht man das Risiko abzusenken. „Jeder dieser Schritte wird separat honoriert und enthält, bei Erfolg, die Option auf den nächsten" (Kiefer und Steininger 2014, S. 206). Ein damit verbundener Ansatz ist es, durch die Produktion entstehendes wirtschaftliches Risiko für den Auftraggeber dadurch zu minimieren, dass andere an diesem Risiko dadurch beteiligt werden, dass nur *im Erfolgsfall* die Zulieferer für Vorprodukte oder an der Produktion beteiligten Externen vergütet werden (Erfolgsbeteiligung).

> Der Produzent übernimmt einen Teil der Kosten und damit des wirtschaftlichen Risikos, im Gegenzug behält er ganz oder teilweise die sekundären oder tertiären Verwertungsrechte (z.B. bei Filmen den DVD-Vertrieb oder Rechteverkauf ins Ausland). Falls die Produktion wirtschaftlich reüssiert, streicht der Produzent aus den Verwertungsrechten erhebliche Gewinne ein, falls sie ein Flop wird, ist der Einsatz verloren (Kiefer und Steininger 2014, S. 208).
>
> Die wettbewerbsstrategischen Konsequenzen aus den hohen Kosten der Erstkopie, die vor dem Absatz eines Mediengutes anfallen, und den damit verbundenen hohen Verlusten

bei geringer Kundenakzeptanz des Gutes ist, dass Medienanbieter Handlungsoptionen zu finden haben, die dazu beitragen (…) die Wahrscheinlichkeit der starken Ablehnung ihrer Angebote auf ihren Absatzmärkten zu minimieren und die vom eigenen Unternehmen zu tragenden Kosten der Urkopie zu verringern (…) Wichtige grundsätzliche Ansatzpunkte zur Fixkostenreduzierung bei der Produktion von Mediengütern sind (…) die Rationalisierung oder Automatisierung von Herstellungsprozessen (…) die Begrenzung der Inhaltqualität auf das von Rezipienten oder werbenden Verkäufern akzeptierte Mindestniveau beziehungsweise der Inhaltserstellungskosten in Abhängigkeit von der bei pessimistischer Planung erwarteten Zahl und Zahlungsbereitschaft der Rezipienten und Werbekunden (…) Die Verkürzung der Wertschöpfungstiefe durch die Zusammenarbeit mit Partnerunternehmen, die durch Konzentration auf bestimmte Aufgaben kostensenkende Spezialisierungsvorteile erreicht haben (Gerpott 2006, S. 320 f.).

Um das entstehende Kostenrisiko zu senken, ist es sinnvoll, sich an schon bewährten und erfolgreichen Themen, Produkten, Genres, Formaten und Ästhetiken zu orientieren (Kiefer und Steininger 2014, S. 197). Innovationen sind vor allem dann risikoarm, wenn diese bereits anderswo am Markt Erfolg hatten oder ihr Erfolg durch Marktforschung oder Tests (z. B. Piloten) im Vorhinein feststellbar ist, wenn sie auf möglichst große Publika ausgerichtet sind (Massenmarktorientierung) (Gerpott 2006, S. 328 ff.). Andere Strategien der Vermeidung von Risiken, z. B. Kundenbindungsinstrumente, Produktionsstandards und -formate, Einsatz von Stars als Qualitätssignale für den Rezipienten, Produktionsaufträge nach Track Records, habe ich an anderer Stelle besprochen (vgl. Zydorek 2017, Abschn. 10.4.5 und 10.4.6).

3.4 Die Technologieoption algorithmisch gesteuerter Initiierung

„Die Rationalisierung immaterieller Arbeit, Rationalisierung im Sinne der Ersetzung menschlicher Arbeitskraft, ist (…) eine zentrale Wertschöpfungsquelle des postfordistischen Kapitalismus" (Kiefer und Steininger 2014, S. 211). Wie unter Abschn. 2.3 zu sehen war, ist aber die Erwartung, komplexe menschliche Wissensarbeit bei der Erzeugung von Medieninhalten grundlegend durch Produktionskapital ersetzen zu können, bislang eher begrenzt. Ebenso pessimistisch beurteilte man bisher die Möglichkeit, die Entscheidungsprozesse bei der Initiierung der Medienwertschöpfung zu automatisieren und zu rationalisieren.

> It is easy to see why most people view the prediction of taste as an art. Historically neither the creators nor the distributors of 'cultural products' have used analytics – data, statistics, predictive modeling – to determine the likely success of their offerings. Instead companies relied on the brilliance of tastemakers to predict and shape what people would buy (Davenport und Harris 2009).

Potenziale, einen deutlichen weiteren Schritt zur Rationalisierung dieser Tätigkeit machen zu können, werden zunehmend in Zusammenhang mit der Algorithmisierung von

Produktionsentscheidungen in sogenannten *predictive decisionmaking-tools* gesehen. In ihnen wird der bislang intuitive, von individueller Erfahrung getriebene Entscheidungsprozess für die Produktion eines bestimmten Medienguts zu prozessierbaren Schritten routinisiert und hinsichtlich der zu berücksichtigenden Kriterien und ihrer jeweiligen Bedeutung verobjektiviert[1].

> A key pattern (…) of research has been a steady (…) process of 'rationalization' in which impressionistic models of decision making are replaced by more data driven, analytical approaches (Napoli 2014, S. 2)
> Today, an increasingly important layer over all these factors is the role that algorithmically-driven decision-making tools play in the process of producing media content (Napoli 2014, S. 1).

Es ließen sich in diesem Kapitel mehrere Beispiele für solche Ansätze diskutieren, wie z. B. Entscheidungssysteme in der Filmwirtschaft, die auf der Basis neuronaler Netzwerke die Erfolgswahrscheinlichkeit bzw. Umsätze von Kinofilmen prognostizieren helfen und sogar inhaltliche Hinweise für das Drehbuch für eine Umsatzoptimierung geben können (Gladwell 2006), die computational topic detection, die vor allem in sozialen Medien für den Rezipienten interessante Themen identifiziert (z. B. Walls et al. 1999) oder die Vorhersage von Buch- und Musikerfolgschancen (Davenport und Harris 2009).

Hier soll aufgrund der relativ guten Quellenlage, der klaren Zuordbarkeit zu den ökonomischen Bezugsproblemen sowie hinreichender Beobachtungszeiträume das Beispiel der „Demand Driven Content Production" anhand des Falls des Unternehmens Demand Media (seit Nov. 2016 umbenannt in Leaf Group, ich benutze weiterhin den alten Namen) besprochen werden, das schon im Jahr 2009 Produktionsentscheidungen für Mediencontents aufgrund der eindeutigen Vorhersage eines Return on Investment aus Werbeeinnahmen als Kernansatz ihres Geschäftsmodells beim „Content Farming" benannt hatte.

Es handelt sich bei Demand Media um einen relevanten Akteur der US-amerikanischen Content-Industrie.

> Demand is already one of the largest suppliers of content to youtube, where its 170 000 Videos make up more than twice the content than CBS, the Associated Press, Al Jazeera English, Universal Music Group, College Humor, and Soulja Boy combined (Roth 2009).

Demand Media war in den Jahren 2007–2012 in das Wertschöpfungsnetzwerk des Web hervorragend eingebunden, mit YouTube pflegte das Unternehmen zu dieser Zeit eine symbiotische Partnerschaft. „The company was ubiquitous, dominating search traffic and reaping hefty profits from online advertising" (Karpf 2016, S. 96).

---

[1]Vgl. hierzu noch einmal die Definition aus Kap. 2: Ein Algorithmus ist „(…)eine logische Folge von Schritten, um eine bestimmte Datenmenge zu organisieren und sie zu handhaben, um damit schnell zu einem gewünschten Ziel zu gelangen" (Gillespie 2016, S. 19) oder „…eine Rezeptur, die in programmierbaren Schritten verfasst ist" (2016, S. 19, Übersetzung der Zitate aus dem Englischen von mir, C. Z.).

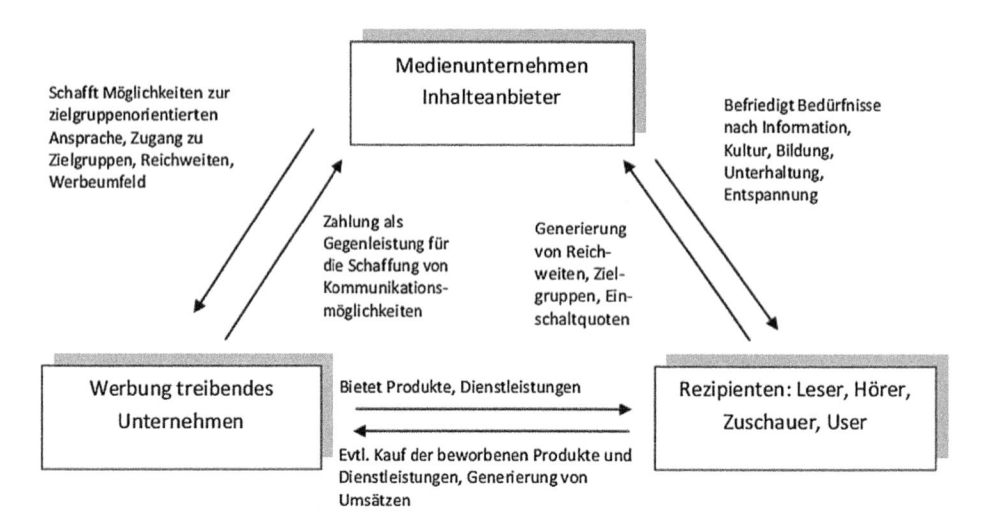

Abb. 3.1 Doppelte Marktverbundenheit bei werbefinanzierten Medienunternehmen. (Quelle: Zydorek 2017, S. 101)

Das Einstellen von selbst produziertem Content auf fremden Plattformen wie youTube war aber nur ein Teil des Ansatzes Demand Medias. Daneben transportierten auch *eigene* Plattformen wie eHow.com, Livestrong.com und TheDailypuppy.com den selbst produzierten Content im großen Stil zu interessierten Rezipienten, sodass die Angebote Demand Medias zusammen zeitweise im Zugriffsranking der Top US Websites auf Platz 17 lagen (Wallenstein und Spangler 2013). Diese Sites waren werbefinanziert. D. h. weil die Rezipienten im Web nicht bereit waren, für die Nutzung des Contents zu bezahlen, wurde dieser durch werbetreibende Unternehmen finanziert, die für die Einblendung von Bannern, Texten, Videos und die daraus resultierende Kontaktleistung mit den Rezipienten aus ihren Werbebudgets zu zahlen bereit waren (vgl. dazu Zydorek 2017, Kap. 11).

Die grundsätzliche Situation des Medienunternehmens richtet sich also nach dem bekannten Schema der doppelten Marktverbundenheit werbefinanzierter Medieninhalte (vgl. Abb. 3.1).

3.5 Funktionsweise der Algorithmen und Workflow bei der automatisierten Initiierung im Geschäftsmodell von Content Farms

Daniel Roth (2009) beschreibt in einem Artikel der Zeitschrift Wired aus dem Jahr 2009 relativ umfassend das Prinzip, mit dem Demand Media arbeitet: Wird ein bestimmtes Thema im Web von besonders vielen Menschen gesucht, erkennt die Software Demand Medias diese hohe Nachfrage. Die dazu notwendigen Informationen kommen vor allem

3.5 Funktionsweise der Algorithmen und Workflow bei der ...

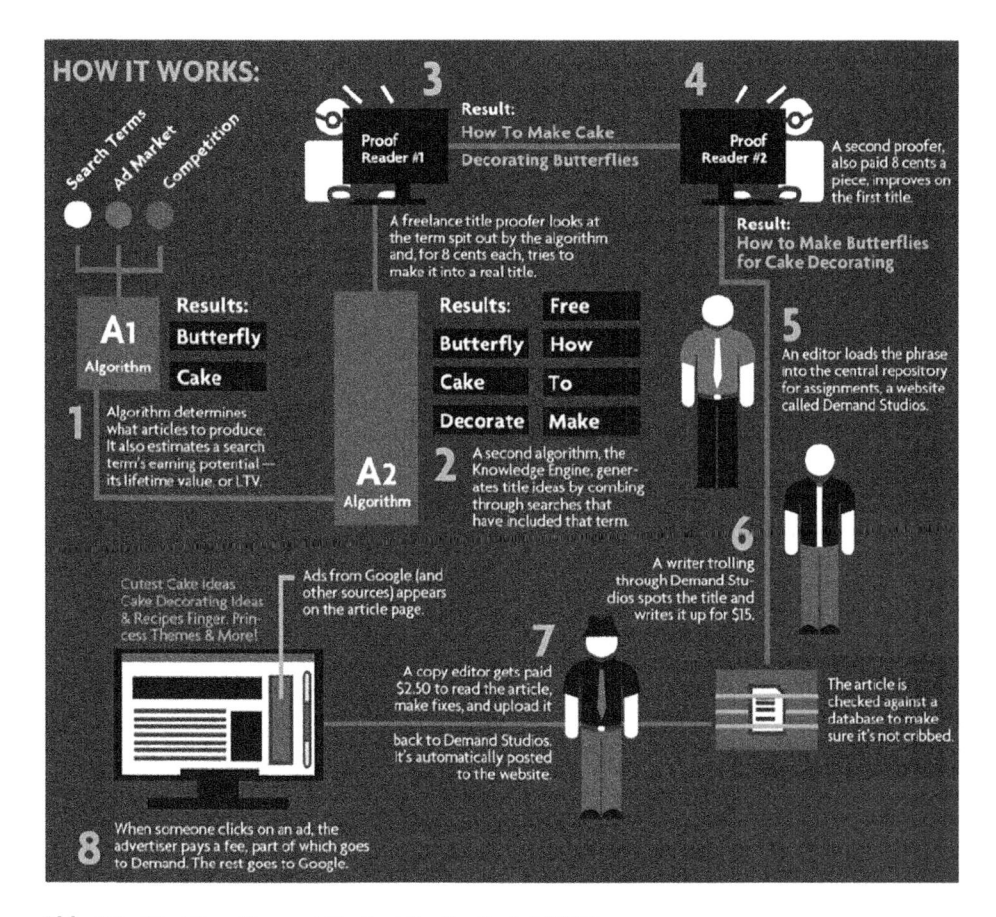

Abb. 3.2 Workflow Demand Media. (Quelle: Pachal 2011)

aus Anfragen an Internet-Suchmaschinen, aber auch von ISPs (Internet Service Providern), Daten von Internetmarketing-Dienstleistern und aus dem Traffic der eigenen Demand Media Websites, z. B. eHow.com, Livestrong.com, USAToday.com oder Trails.com[2]

Im Beispiel in der Abb. 3.2 „How it works" ist dieser erste Schritt in dem Prozess des algorithmisch unterstützten Content Farmings zunächst die Feststellung, dass die Wörter „Butterfly" und „Cake" im Web zu einer bestimmten Zeit relativ häufig gesucht werden.

Gleichzeitig wird durch den Algorithmus von Demand Media analysiert, wie hoch die potenziellen Werbeeinnahmen sind, die sich gegenwärtig mit den entsprechenden Suchwörtern im Web erzielen lassen würden und, darauf basierend, welcher Erlös insgesamt über die Zeit hinweg mit der Beantwortung dieser Suchanfragen zu erzielen sei. Dieser

---

[2]Demand Media gibt an, es seien über 100 Quellen, letztlich ist der Traffic von Google zumindest über lange Zeit hinweg dabei dominant gewesen (vgl. Roth 2009).

Wert wird Search Term Lifetime Value (LTV) genannt. Dabei spielt eine Rolle, wie hoch die Beträge sind, die für bestimmte (ähnliche) Suchworte, bspw. bei Google Adsense, pro Klick auf eine entsprechende Anzeige gezahlt werden und wie hoch die Click-Through-Rate der entsprechenden Suchworte ist. Im anderen Fall – bei den eigenen Plattformen – kann alternativ per Page Impression mit dem Werbekunden, seiner Agentur oder dem Vermarkter abgerechnet werden. Die Erlöse per Klick und per 1000 Rezipientenkontakten können sich je nach Zielgruppe, Region und Produkt stark unterscheiden. Gleichzeitig berücksichtigt Demand Media, ob am Markt bereits entsprechende (alternative) Angebote zur Beantwortung der Suchanfragen vorliegen, also das erzielbare Werbevolumen mit anderen Anbietern geteilt werden muss („Competition"). „(…) the formula checks, to see how many Web pages already include those terms" (Roth 2009).

Die registrierten Suchanfragen werden von einem weiteren Algorithmus („knowledge engine") im Hinblick darauf ausgewertet, welche *Titel* für die Artikel und Videos sich aus Sicht einer möglichst optimalen werbewirtschaftlichen Auswertung der Beantwortung von Suchanfragen mit diesen Suchwörtern anbieten (search engine optimization, SEO, Schritt 2). Dazu gehört, dass die Beiträge Demand Medias in den Suchmaschinen unter den ersten Nennungen gelistet sein sollen, um hinreichend Aufmerksamkeit zu generieren (Karpf 2016, S. 96).

> From these three inputs, Demand Medias algorithms calculated the potential lifetime value from a piece of content (…) The data told demand media, what people were interested in. The data told demand media, what advertisers would pay. The data told Demand media, what topics were under-covered. The data told Demand Media, how much journalism, video production, fact checking and quality control were worth. And the data didn't lie (Karpf 2016, S. 96 f.).

Die ausgegebenen Vorschläge für Titel von Texten und Videos werden manuell überprüft, selektiert und ggf. bearbeitet (Schritt 3 und 4), bevor sie durch einen „Redakteur" auf die Website Demand Studios hochgeladen werden (Schritt 5), die zentrale Datenbank für die Vergabe von Aufträgen zur Contentproduktion (genannt „Contributions"), auf die zugelassene freie Mitarbeiter Zugriff haben, um daraus diejenigen auszuwählen, die sie bearbeiten wollen[3]. Unter Berücksichtigung eines Styleguides und sogenannter „Writing Tips" erstellen diese dann einen entsprechenden Artikel oder ein Video und laden diese auf studiod.com hoch, wo sie zunächst automatisch im Hinblick auf Authentizität und evtl. Plagiarismus geprüft, dann von einem Redakteur inhaltlich geprüft und ggf. überarbeitet werden. Dieser lädt das Ergebnis in ein Redaktionssystem hoch, auf das die entsprechenden Websites (eHow, Livestrong etc.) zugreifen. Wird der Artikel dort abgerufen, wird er dem Rezipienten mit entsprechenden passenden Werbeeinblendungen angezeigt. Für diese zahlt dann entweder der Werbekunde direkt oder Demand bekommt einen Anteil der von anderen, z. B. Suchmaschinen erwirtschafteten Erlöse für Werbeanzeigen (Schritt 8). Die beteiligten Redakteure werden anteilig von diesen Einnahmen

---

[3]Man registriert sich als freie Mitarbeiter über die von Demand betriebene Website https://create.studiod.com/Signup

bezahlt, wobei Autoren von Texten 15 US$ pro Text und Videoproduzenten 20 US$ pro Video, der Endredakteur eines Textbeitrages 2,50 US$ und andere Beteiligte geringere Beträge (Faktencheck 1 US$, Qualitätsprüfung Video 0,25–0,50 US$, Video Content Transkription 1–2 US$, Titelprüfung 0,08 US$) bekommen (Karpf 2016, S. 96).

Außerdem wird wie bereits oben erwähnt, Content für YouTube produziert, für den Demand Media von Google für die durch den Content erzeugte Kontaktleistung bzw. dafür eingenommene Werbeerlöse anteilig im sogenannten YouTube-Partnerprogramm bezahlt wird (vgl. https://support.google.com/youtube/answer/72851?hl=de).

3.6 Algorithmisch unterstützte Lösungsversuche der ökonomischen Bezugsprobleme

> It's easy to see why Demand Media's strategy has been replicated by start-ups and start-arounds alike. When Demand Media CEO Richard Rosenblatt discovered that algorithmically-generated assignments could generate 4.9 times the revenue of traditional editor-generated ideas, the sheer profitability of this new content paradigm guaranteed that companies like Demand Media would be viewed as outliers in the context of a news industry facing significant fiscal troubles (Shaver 2010).

Woehr (2016) fasst die zugrunde liegende Kalkulation von Demand Media simplifizierend – weil dies nur den Anteil des Contents betrifft, der über Google AdSense vermarktet wird, nicht den selbst vermarkteten Content – wie folgt zusammen:

AdSense payments > the cost of creating content = Profit.

Dabei besteht die Hauptaufgabe von Demand Media vor dem Hintergrund der im obigen Kapitel genannten ökonomischen Bezugsprobleme darin, die Werbeerlöse so genau zu kalkulieren, dass der Erlösüberschuss dabei gesichert ist und darüber hinaus so weit wie möglich maximiert wird. Hierbei ist die algorithmische Kalkulation von Erlösüberschüssen der Schlüssel zur Lösung der aus der mit den Herstellungskosten von Medieninhalten verbundenen ökonomischen Grundproblemen, die wir gekennzeichnet hatten als

- hohe Erstellungskosten (Kosten der menschlichen kreativen Arbeit),
- die vor der ersten Vermarktung anfallen
- und bei einer hohen Floprate von Medienprodukten im Hinblick auf das Verhältnis der Erlöse zu den Kosten
- ein hohes Produktionsrisiko für Medienunternehmen bewirken.

Diese Grundproblematik gilt gleichermaßen auch für den Bereich der Inhaltsproduktion für Content-Farmen und führte schließlich zur Entwicklung einer algorithmisch bedingten Lösung für die daraus resultierende Entscheidungsproblematik:

> Before (…) Demand Media operated in the traditional way. Contributers suggested articles or ideas they wanted to create. Editors, trained in the ways of search engine optimization, would approve or deny each while also coming up with their own ideas. The process worked

fine. But once it was automated, every algorithm-generated piece of content produced 4.9 times the revenue of the human created ideas. So Rosenblatt[4] got rid of the editors. Suddenly profit on each piece was 20 to 25 times what it had been. It turned out that gut instinct and experience were less effective at prediction what readers and viewers wanted – and worse for the company – than a formula. The humans also couldn't produce ideas at the scale of the algorithm (Roth 2009, Fußnote C. Z.).

Die algorithmische Lösung trägt also auf dreierlei Weisen zur Lösung der ökonomischen Bezugsprobleme bei. Erstens, indem sie nur hochprofitable Content-Initiierungsentscheidungen trifft und damit die im Abschn. 1.2 beschriebene allokative Effizienz steigert: Die Produkteigenschaften werden insofern an die Konsumentenpräferenzen angepasst, dass nur noch diejenigen Medieninhalte produziert werden, die den Präferenzen einer hinreichend großen Anzahl an Usern entspricht. Titel und Text werden unter Popularitätsgesichtspunkten gestaltet. Zweitens wirkt diese Vorgehensweise dadurch, dass der Algorithmus eine deutlich größere Anzahl von Produkten aus ökonomischem Kalkül heraus initiieren kann.

Wirksam werden konnte dies aber nur in Kombination mit einem dritten Ansatz, mit einer starken Senkung der Produktionskosten für die Inhalte (siehe Abschn. 1.2, „Steigerung der produktiven Effizienz") sowie einer Anpassung an den tatsächlichen Output an Texten und Videos. Es werden überwiegend Freelancer zu variablen Bezahlungen pro Artikel/Video/Dienstleistung beschäftigt, die in Konkurrenz miteinander um die Content-Produktionsaufträge stehen. Selbst beim Qualitätssicherungsprozess wird auf freie Mitarbeiter zurückgegriffen:

> Most media companies are trying hard to increase those numbers, to boost the value of their online content until it matches the amount of money it costs to produce. But Rosenblatt thinks they have it exactly backward. Instead of trying to raise the market value of online content to match the cost of producing it – perhaps an impossible proposition – the secret is to cut costs until they match the market value (Gladwell 2006).

Dabei werden nicht nur die reinen Produktionskosten, sondern auch die Transaktionskosten[5], die bei der Koordination zwischen Redakteur und Demand Media anfallen, minimiert, indem routinisierte Vergabe- und Kontrollprozesse bei der Koordination von Produktionsaufträgen eingesetzt werden. Diese Prozesse sind in den Standardverträgen, die ein Contributor im Stil von AGB bei Registrierung auf der Abwicklungsplattform von Demand Media (studiod.com) als Massenvertrag („Contributors Agreement") akzeptieren muss, niedergelegt.

---

[4] Ein Gründer und der damalige CEO von Demand Media.

[5] „Transaktionskosten sind Kosten des sozialen Austausches. Man bezeichnet sie auch als ökonomisches Gegenstück zur Reibung, da sie z. B. als Kosten der Suche und Information, als Vereinbarungs-, Durchsetzungs- und Kontrollkosten bei Übertragung von Eigentumsrechten/Transaktionen anfallen und somit auf die eigentlichen Kosten des Eigentumsrechts zu addieren sind, wenn man dies erwerben will" (Zydorek 2017, S. 188).

Jede Medienproduktwelt und jedes konkrete Produkt hat dabei seine eigene, spezifische Weise der Rationalisierung der Produktionsentscheidung, die jeweilig entwickelt wird.

> (…)the prediction of consumer taste is quietly becoming a prominent feature of the entertainment and shopping landscape. Creators and distributors of cultural products are attempting to predict how successful a particular product will be before, during or after its creation (Davenport und Harris 2009).

In diesem Modell der Produktion von Webcontent fällt somit in der Abwägung der ökonomischen mit den publizistischen oder auch künstlerischen Entscheidungskriterien eine eindeutige Entscheidung nach der Art, die T. Gillespie beschreibt: „Evaluations performed by algorithms always depend on inscribed assumptions about what matters, and how what matters can be indentified" (Gillespie 2014, S. 178). Dementsprechend analysiert Karpf die algorithmische Entscheidungslogik im Initiierungsprozess:

> Demand Media's algorithms left no room for the type of editorial judgement that historically supported journalism's pubic value. Demand's lifetime value prioritized 'evergreen' content over breaking news, local news, and investigative journalism (…) We only make content that we think can be done responsibly and within our cost structure (Karpf 2016, S. 97).

3.7 Content Farming und andere Modelle der Lösung der ökonomischen Bezugsprobleme bei der Webcontent-Produktion

Die Produktion von Webcontent wird heutzutage nicht nur nach dem Modell des Content Farming organisiert. Zwei weitere Verfahren sind das des User Generated Content (vgl. Zydorek 2017, S. 145 f.) und des Sponsored Editorial Content, „(…)written stories, videos or podcasts that look and feel like journalistic content — hoping to make up for declines in conventional advertising." (NYT 2016), so wie er heute z. B. von Buzzfeed und der Huffington Post publiziert wird. Neben diesen Ansätzen wurde das Demand-Modell der massenhaften Produktion von Inhalten durch (relativ schlecht bezahlte) freie Mitarbeiter zeitweise als eine andere sinnvolle Lösung für die Kostenproblematik der Erzeugung von Medieninhalten gesehen. Dabei taten sich aber nach und nach drei Probleme auf:

1. Mangelnde Relevanz des Content: Das Problem mangelnder Relevanz von Inhalten für die potenziellen Rezipienten äußert sich darin, dass für content farms produzierte Inhalte kaum von echten Experten unter hinreichend ausreichenden Rahmenbedingungen bei der Recherche und Produktion erstellt werden (vgl. Abb. 3.3).

> People might click on the eHow video explanation on how to host a Super Bowl Party. But if the video offers boring, generic advice, they aren't likely to share it (Karpf 2016, S. 100).
>
> Using cheap freelancers who don't have the expertise doesn't work (…) The cumulative effect was that millions of people went to eHow and other sites, and realized they didn't really have the answer to their questions (Wallenstein und Spangler 2013).

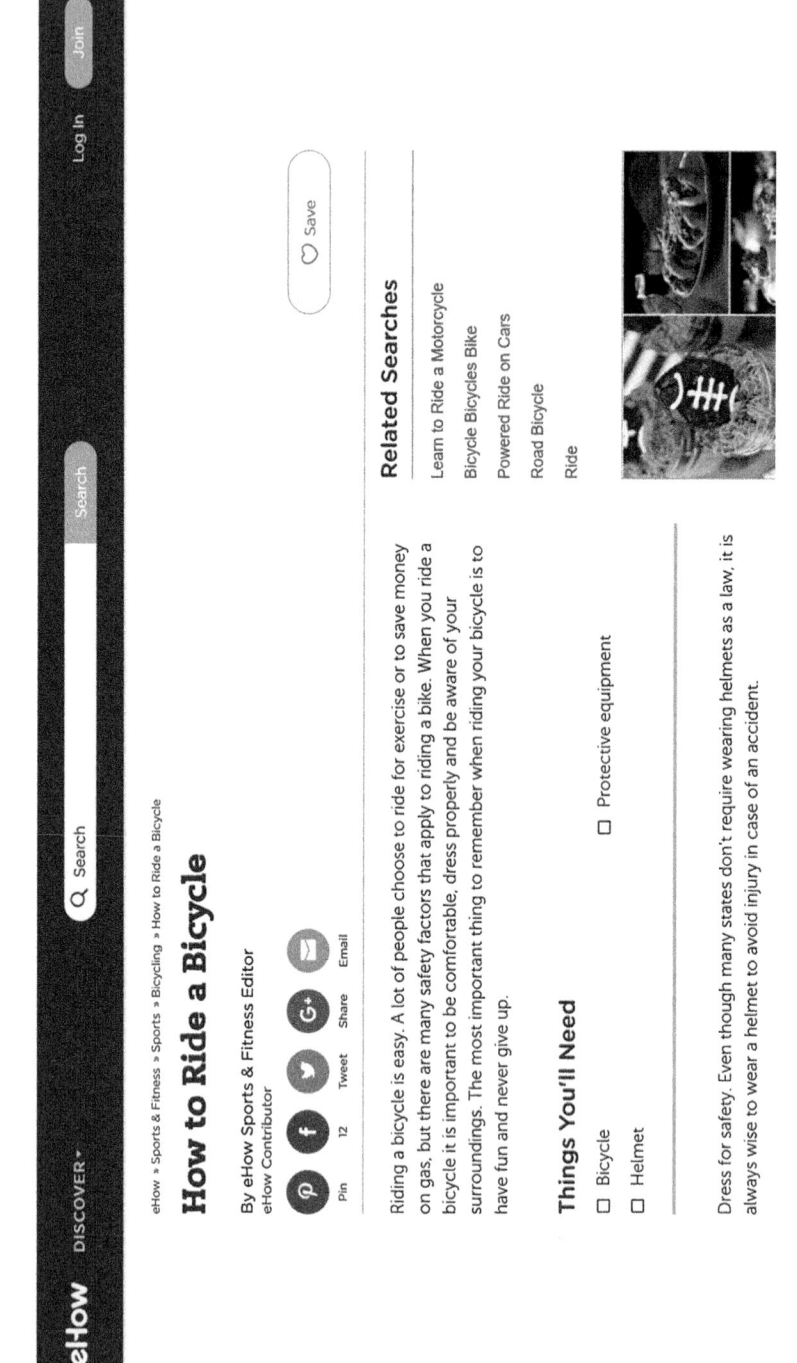

Abb. 3.3 Mangelnde Relevanz des Content bei Content Farms. (Quelle: ehow.com)

3.7 Content Farming und andere Modelle der Lösung der ökonomischen ...

Abb. 3.4 Qualitätsprobleme bei Content Farms. (Quelle: Woehr 2016)

Aufgrund von Nutzungserfahrungen mit unzureichend relevantem Content wurde einer wachsenden Anzahl Usern zunehmend deutlich, dass es Demand Media nur sehr rudimentär um die Beantwortung ihrer Fragen geht, sondern primär um die Platzierung von Werbeanzeigen (Wallenstein und Spangler 2013; Woehr 2016).

2. Qualitätsprobleme amateurhaft produzierten Contents (vgl. Abb. 3.4): Dabei wurden Sekundärkriterien zur Beurteilung von Qualität von Contents beim Ranking in den Suchmaschinen unter Bezug auf die entsprechenden Google-Algorithmen herangezogen, die aber kaum aussagekräftig im Hinblick auf die inhaltliche Qualität (Relevanz, Aktualität/Neuigkeit, Vollständigkeit, oder den Informationswert betreffend etc.) für den Rezipienten sind:

> Quality, according to the Google Panda, seemed to mean either appearing on a domain perceived as reputable, or being a narrow specialist property with lots of articles that niche researchers seem to like (Woehr 2016).

Dies hatte negative Auswirkungen auf die Kundenzufriedenheit mit dem Inhaltsangebot.

3. Abhängigkeit von externen Zulieferern von Aufmerksamkeit: Die Anbieter von Content Farms waren bei der Zulieferung der Rezipientenaufmerksamkeit auf andere Unternehmen, hier speziell die Suchmaschinen (Google) angewiesen. Diese einseitige Abhängigkeit führte in den Jahren 2011 und 2012 zu massiven Problemen von Demand Media:

> Months of criticism from technology journalists, media commentators, and Google customers had apparently soured the symbiotic relationship between Google and Demand Media (...) Googles engineer Matt Cutts (...) took a jab at content farms while explaining

the reweighted algorithm: "We hear the feedback from the web loud and clear: people are asking for stronger actions on content farms and sites that consist primarily of spammy or low quality content" (Karpf 2016, S. 99).

Demand Medias Geschäftsmodell scheiterte in dieser Form[6] schließlich daran, dass Google ab dem Jahr 2011 seinen Suchalgorithmus zweimal spezifisch entsprechend zuungunsten von Content Farms veränderte. „Panda" Anfang des Jahres 2011 und „Penguin" im November 2012 (vgl. Woehr 2016, S. 2) werteten den von Content Farms generierten Inhalt ab, da seine User ihn als niedrig-wertig einstuften und mit ihm unzufrieden waren.

Rewarding low-quality content with high value advertising creates a perverse incentive that does not benefit Google's user base. Demand Media's failed to measure how visitors felt about Demand Media itself(…) The content farms were too successful and too unpopular to keep working in perpetuity (Karpf 2016, S. 99).

Nach Veränderung des Google Suchalgorithmus sank der Traffic auf den Plattformen von Demand Media drastisch: „By April 2011, third-party measurement services were reporting that the Google changes had reduced traffic of Demand sites by as much as 40%" (Wallenstein und Spangler 2013).

Selbst wenn diese von Google initiierte Behinderung des bis dahin von Demand Media verfolgten Geschäftsmodells das Unternehmen in der Folge in deutliche wirtschaftliche Probleme brachte (Moses 2016), hatte sich hiermit der Konzeptansatz der *Predictive Analytics* auf der Basis algorithmischer Erfolgskalkulation als Kriterium für die Produktionsentscheidungen von Medienunternehmen aus dem Webcontent-Bereich im praktischen Vollzug als tauglich erwiesen.

3.8 Fragen zu diesem Kapitel

1. Was ist der klassische Weg der Refinanzierung von Content (Print, TV, Musik, Kino)?
2. Welche Entscheidungskriterien bei der Initiierung der Contentproduktion sind dort relevant gewesen?
3. Welche in Tab. 3.2 genannten Ansätze zielen eher auf die Steigerung produktiver Effizienz, welche zielen auf die allokative Effizienz?
4. Wie sieht die Wertschöpfungs-Prozesskette bei Demand Media aus (Stufen bitte möglichst genau beschreiben)?
5. Welches Kriterium bestimmt über die Entscheidung, was produziert wird?
6. Wie wird der Content hergestellt?

---

[6]Mittlerweile ist das Geschäftsmodell in Teilen umgestellt und Demand Media ist wieder besser aufgestellt, was sich auch in einem besseren Aktienkurs widerspiegelt.

7. Stellen Sie die wesentlichen Eigenschaften des klassischen Content-Produktionsmodells dem von Demand Media tabellarisch gegenüber. Was sind die relevanten Unterschiede?
8. Was hat sich in Summe geändert?
9. Warum wurde der Ansatz des Content Farmings nach anfänglicher (etwa 2007–2012) Euphorie doch nicht zur dauerhaften Lösung der ökonomischen Probleme der Contentproduktion für das Web?
10. Welche anderen Lösungen gibt es? Woran setzen sie jeweilig ökonomisch an?
11. Was ist Ihrer Einschätzung nach der gegenwärtige Trend? Bitte recherchieren Sie!

Literatur

Business Wire (2016) Demand Media Annonces Intent to Change Name to Leaf Group. http://www.businesswire.com/news/home/20161028005765/en/Demand-Media-Announces-Intent-Change-Leaf-Group Abruf 23.2.2017

Davenport, T.H. und Harris, J.G. (2009) What people want and how to predict it. Sloan Review 9.1.2009. http://sloanreview.mit.edu/article/what-people-want-and-how-to-predict-it/ Zugriff 28.12.2016

Gerpott, T. (2006) Wettbewerbsstrategien – Überblick, Systematik und Perspektiven in: Scholz, C. (2006) Handbuch Medienmanagement. Berlin et al: Springer, S. 305–355

Gillespie, T. (2014) The Relevance of Algorithms in: Gillespie, T. Boczkowski, P.J. Foot, K.A. (2014) Media Technologies, Cambridge: MIT University Press. S. 167–194.

Gillespie, T. (2016) Algorithm. In: Peters, B. (Hrsg.) (2016) Digital Keywords – A Vocabulary of Information Society and Culture, Princeton and Oxford: Princeton University Press, S. 18–30.

Gladwell, M. (2006) The formula – What if you built a machine to predict hit movies, The New Yorker 16.10. 2006. http://www.newyorker.com/magazine/2006/10/16/the-formula Abruf 3.3.2017

Heinrich, J. (2001) Ökonomisierung aus wirtschaftswissenschaftlicher Perspektive, in: M&K Medien & Kommunikationswissenschaft, Jahrgang 49 (2001), Heft 2, S. 159–166

Karpf, D. (2016) Analytic Activism. Digitale Listening and the new political strategy. New York: Oxford University Press

Kiefer, M. und Steininger, C. (2014). Medienökonomik, 3. Aufl., München: Oldenbourg.

Moses, L. (2016) Demand Media tries to remake its content farm image for a social era. http://digiday.com/media/demand-media-tries-remake-content-farm-image-social-era/ Abruf 23.2.2017

Napoli, P. M. (2014) On Automation in Media Industries: Integrating Algorithmic Media Production into Media Industries Scholarship, in: Media Industries, Vol 1 No. 1, ISN 2373-9037.

NYT (2016) How sponsored Content is becoming king in a Facebook World. In: The New York Times, 24.7.2016 https://www.nytimes.com/2016/07/25/business/sponsored-content-takes-larger-role-in-media-companies.html?_r=0 Abruf: 6.3.2017

Pachal, P. (2011) Infographic: How a Content Farm works. 29.3.2011. Quelle: http://www.pcmag.com/article2/0,2817,2382785,00.asp Abruf: 23.2.2017

Rimscha, B.v. und Siegert, G. (2015). Medienökonomie. Wiesbaden: VS Verlag.

Roth, D. (2009) The Answer Factory: Demand Media and the fast disposable, and profitable as hell Media Model. In: WIRED, 19.10.2009, https://www.wired.com/2009/10/ff_demandmedia/ Abruf: 26.2.2017

Shaver, D. (2010) Your Guide to next Generation Content Farms. http://mediashift.org/2010/07/your-guide-to-next-generation-content-farms200/ Abruf: 20.1. 2017

Wallenstein, A. und Spangler, T. (2013) Epic Fail: The Rise and Fall of Demand Media. in: Variety, 3.12.2013. http://variety.com/2013/biz/news/epic-fail-the-rise-and-fall-of-demand-media-1200914646/ Abruf 23.2.2017

Walls, F.G. et al. (1999) Topic Detection in Broadcast news, http://scholar.google.de/scholar_url?url=http://citeseerx.ist.psu.edu/viewdoc/download%3Fdoi%3D10.1.1.112.6189%26rep%3Drep1%26type%3Dpdf&hl=de&sa=X&scisig=AAGBfm1f-Nl8jcpU4oWS5McIMFzXE54snQ&nossl=1&oi=scholarr&ved=0ahUKEwiEwK-S8vPSAhWCwxQKHZ__CugQgAMIGygAMAA Abruf 20.1.2017

Woehr, J. (2016) The Gig Economy's Forgotten Chapter. In Digital culturist 21.8.2016. https://digitalculturist.com/the-gig-economys-forgotten-chapter-6e020b0cbc25#.b6nfa1dxi Abruf 23.2.2017

Zydorek, C. (2017) Einführung in die Medienwirtschaftslehre, 2. Aufl. Wiesbaden: SpringerGabler.

4 Automatisierte Contentproduktion bei Nachrichten – Automated Journalism

Zusammenfassung

Der Einsatz von Algorithmen zur automatisierten Produktion von Nachrichteninhalten ist unter der Bezeichnung Automated Journalism in der Praxis auf dem Vormarsch. Dies ist vor dem Hintergrund eines wesentlichen Bezugsproblems der journalistischen Produktion in der Wertschöpfungsstufe der Content-Generierung, der relativ hohen und unteilbaren Ex-ante-Kosten des Produktionsfaktors journalistische Arbeit aus Sicht von Nachrichtenanbietern ökonomisch rational und ergänzt deswegen andere – klassische und neuere – Anstrengungen der Produktivitätssteigerung. Die verschiedenen praktischen Ansätze der automatischen Textgenerierung lassen sich unter einem allgemeinen Modell zusammenfassen. Auf Basis dieses Modells kann man eine Anzahl charakteristischer Eigenschaften, Bedingungen und Restriktionen solcher Anwendungen beschreiben. So ist es möglich, eine Einschätzung des Ansatzes des Automated Journalism im Hinblick auf die Lösung medienökonomischer Grundprobleme der Produktion von Nachrichtencontent vorzunehmen und es können einige Antworten auf öffentlich diskutierte Grundfragen bezüglich der Durchdringung unserer Medienumwelt mit automatisch generierten Nachrichteninhalten gegeben werden.

4.1 Einleitung

Diakopoulos und Koliska definieren in einem Aufsatz aus dem Jahr 2016 den Begriff des Computational Journalism als „(…) finding, telling, and disseminating news stories with, by or about algorithms" (Diakopoulos und Koliska 2016, S. 2). Als eine Unterform des Computational Journalism wird der Automated Journalism (auch: Algorithmic Journalism) bezeichnet,

> (…) which employ software or algorithms with little human intervention to generate news stories for everything from crime reporting, to earthquake alerts and company earnings reports (Diakopoulos und Koliska 2016, S. 2; vgl. Carlson 2014, S. 1).

Hinsichtlich dieses Themas, des sogenannten Automated oder Algorithmic Journalism finden sich in den Nachrichtenmedien in der letzten Zeit eine Anzahl interessanter Artikel, die die Umwälzungen, die mit dem Einsatz automatisierter Schreibsoftware für Nachrichteninhalte zusammenhängen, auf zwei Fragen zuspitzen: Erstens, ob derjenige Artikel auch von einer Schreibsoftware oder einem „Roboter" hätte geschrieben werden können (vgl. Lafrance 2016; Rogers 2016) und zweitens, ob der Leser dazu in der Lage wäre, automatisch generierte Zeitschriftartikel von menschlich verfassten Artikeln zu unterscheiden (vgl. New York Times 2015; NDR 2015; Levy 2012). Hinter diesen beiden Fragen stehen weitere Grundfragen in Bezug auf die Nachrichtenproduktion, die in der wissenschaftlichen und journalistischen Literatur augenblicklich gestellt und diskutiert werden:

1. Sind Journalisten durch „Schreibprogramme" substituierbar?
2. Werden die Inhalte unserer Pressemedien demnächst (überwiegend) von Maschinen erstellt?
3. Können wir dann nicht mehr unterscheiden, ob der Nachrichteninhalt menschlich oder computerisiert erstellt ist?
4. Hat automatisiert erzeugter Nachrichtencontent eine andere, niedrigere Qualität als menschlich generierter Content?
5. Stellt dies eine Gefahr für uns oder unsere Gesellschaft dar, muss man sich in diesem Zusammenhang vor einer geistigen Verarmung oder Übernahme unserer geistigen Welt durch Maschinen fürchten?
6. Wie weit ist diese Entwicklung in der Nachrichtenproduktion schon fortgeschritten?
7. Ist der Einsatz von Softwareprogrammen für Medienunternehmen in der Nachrichtenproduktion ökonomisch sinnvoll?
8. Welche Auswirkungen hat das auf Journalismus, Journalisten sowie journalistische Inhalte (vgl. Carlsen 2014, S. 7)?

Antworten auf diese Fragen versuche ich in diesem Kapitel zu erarbeiten.

4.2 Die Wertschöpfungsstufe der Contentproduktion

Die Zuordnung der Aufgabenstellung für dieses Kapitel legt fest, dass es hier nur um die Wertschöpfungsstufe der Contentproduktion geht. In der voranstehenden Einleitung zu diesem Kapitel habe ich diesen Bereich als Automated oder Algorithmic Journalism bezeichnet, der sich als Teil des Computational Journalism mit der automatisierten Produktion von Nachrichteninhalten befasst.

4.2 Die Wertschöpfungsstufe der Contentproduktion

In der relevanten medienwirtschaftlichen Literatur (Wirtz 2016; Kiefer und Steininger 2014, S. 267 ff.; Gläser 2014; Zydorek 2017) wird die Wertschöpfungsstufe der (nichtwerblichen[1]) Contentproduktion als „(…)alle Fragen der künstlerischen, technischen und organisatorischen Abwicklung von Eigenproduktionen" (Gläser 2014, S. 350) übergreifende „Erstellung von redaktionellen Inhalten" (Wirtz 2016, S. 215) durch „Autoren, Künstler, Reporter, Redakteure, Content Provider, Texter, Produzenten, Prosumenten" (Zydorek 2017, S. 81) beschrieben. Zugehörige wissensintensive *Tätigkeiten im Nachrichtenwesen* sind Recherchieren, Material sichten, Material ordnen, auswählen, texten, komponieren, gestalten/illustrieren, medienspezifisch aufbereiten, kürzen, redigieren[2], disponieren sowie den Produktionsprozess koordinieren (Neuberger 2013, S. 24; Ruß-Mohl 2016, S. 150–156). Als *Arbeitsfelder*, in denen Nachrichtenproduktion und journalistische Arbeit vorkommt, werden von Neuberger folgende (begrifflich überlappende) Bereiche genannt: Presse, Rundfunk, andere elektronische Medien, Nachrichtenagenturen, Bildjournalismus, Öffentlichkeitsarbeit und innerbetriebliche Information, medienbezogene Bildungsarbeit und Beratung (Neuberger 2013, S. 24). Darüber hinaus: „Professional Journalists not only write and report, but also designate newsworthiness by selecting and ordering the news out of the mess of occurrences happening on a given day" (Carlsen 2014, S. 4). In der Diskussion um automatisierte Nachrichtenproduktion werden zusätzlich die Produktion von Finanznachrichten wie Portfolio-Berichte, Quartalszahlen, Unternehmensprofile und -berichte sowie Kundeninformationen, Vertriebsleistungen, Anlageberichte und Analysen genannt (Kuls 2015; Lohr 2016) sowie mittlerweile sogar individualisierte Spielberichte zu Online-Games.

Picard weist darauf hin, dass Nachrichtenmedien nicht mit Journalismus zu verwechseln sind.

> Journalism is an activity, a body of practices by which information and knowledge is gathered, processed and conveyed. These practices are influenced by the form of media and distribution platform, of course, as well as financial arrangements that support the journalism, but one should not equate the two (…) The question facing us today is not whether journalism is at its end, but what organizational and financial arrangements will create effective news gathering and the platforms and distribution mechanisms through which that news and information can be conveyed (Picard 2010, S. 366).

Strikt genommen ist der Begriff „Journalism" im Zusammenhang mit algorithmischer Automatisierung der Produktion von Nachrichteninhalten also nicht treffend.

---

[1] Das Wertschöpfungskettenkonzept für die Medieninhalte unterscheidet wie in Abschn. 1.4 dargelegt, bei werbe(teil)finanzierten Medienunternehmen den nichtwerblichen, redaktionellen, künstlerischen Inhalt vom werblichen Inhalt, der auf die Produktion von Werbekonakten für Werbetreibende Unternehmen mit Rezipienten über Anzeichen, Spots, Banner etc. zielt (vgl. auch Zydorek 2017, Abschn. 8.4 und 8.5).

[2] Also Beiträge abschließend nach inhaltlichen, sprachlichen, formalen, rechtlichen und ethischen Kriterien so zu überarbeiten, dass sie für die Publikation im betreffenden Medium bereit sind (Ruß-Mohl 2016, S. 152).

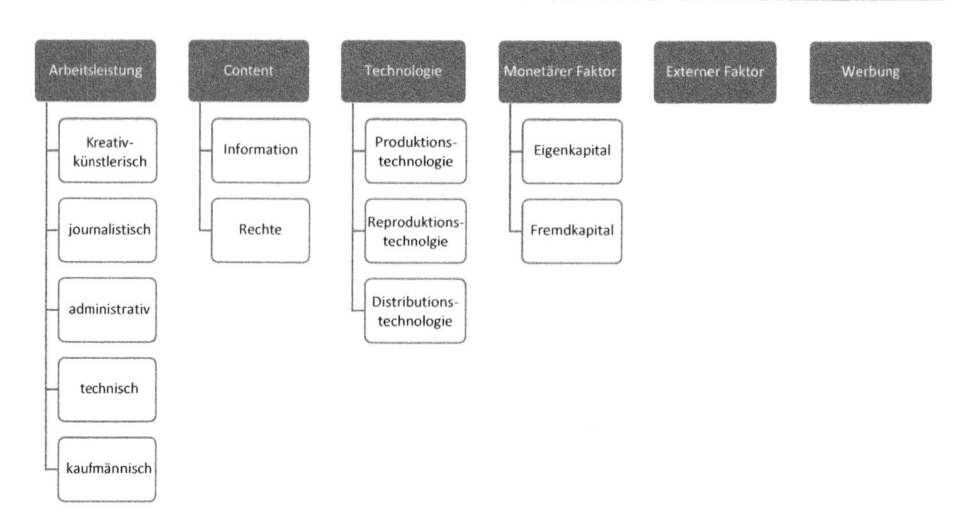

Abb. 4.1 Produktionsfaktoren bei der Generierung von Medieninhalten. (Quelle: Zydorek 2017, S. 131)

4.3 Medienökonomische Bezugsprobleme[3] in der Wertschöpfungsstufe der Produktion journalistischer Inhalte

Medienökonomisch gesehen ist der Contentproduktionsprozess als Teilstufe der Wertschöpfungskette der Medieninhalte mit bestimmten Besonderheiten ausgestattet. Diese Besonderheiten stellen einerseits Rahmenfaktoren für die Produktion dar und bedingen andererseits bestimmte Rücksichtnahmen und Vorgehensweisen in der Produktionsstufe der Inhalte kommerzieller Medienunternehmen, da diese langfristig wirtschaftlich arbeiten müssen (vgl. Zydorek 2017, S. 76).

Produktionsfaktoren sind definiert als die „(…) materiellen und immateriellen Mittel und Leistungen, die im Zusammenhang mit der Herstellung und der Bereitstellung von Gütern eingesetzt werden." (Zydorek 2017, S. 130), bei der Produktion von Medieninhalten werden in Abb. 4.1 aufgelistete Produktionsfaktoren eingesetzt.

Medieninhalte sind relativ aufwendig und damit teuer in der Produktion, da in ihnen ein relativ großer Anteil an Arbeit (kreativ, journalistisch, künstlerisch, aber auch organisatorisch und administrativ etc.) enthalten ist (relativ hohe Erstellungskosten). So kann beispielsweise ein investigativer Zeitungsartikel aufwendig recherchiert und somit von den Kosten der in seine Produktion eingegangenen journalistischen Arbeit her sehr teuer

---

[3]Es sei hier noch einmal wiederholt: Ich verstehe unter dem Begriff des ökonomischen Bezugsproblems diejenigen Fragen oder Problemstellungen, die dadurch entstehen, dass man mit einem spezifischen auf Medienökonomie und Medienmanagement ausgerichteten Blick die Phänomenbereiche der Konzeption, Produktion, Bündelung etc. von Medieninhalten analysiert.

4.3 Medienökonomische Bezugsprobleme in der Wertschöpfungsstufe ...

sein[4]. „Nimmt man die Tageszeitung als Beispiel, dann muss im Dienstleistungsprozess jeden Tag neu auf eine sich wandelnde, höchst komplexe Umwelt spezifisch reagiert werden" (Kiefer und Steininger 2014, S. 202).

Diese Kosten sind dann fixe Kosten, wenn das Nachrichtenunternehmen angestellte Korrespondenten und Redakteure beschäftigt: Wöhe et al. (2016, S. 295) nennt die fixen Kosten auch *Bereitschaftskosten,* da sie der Teil der Gesamtkosten sind, die auch bei einer Ausbringungsmenge von Null vorhanden sind. Abstrakt könnte man sagen, „(…) dass fixe Kosten durch gesetzliche und vertragliche Bindungen (etwa Arbeitsverträge für angestellte Mitarbeiter) entstehen, die einen konstanten Einsatz von Produktionsfaktoren festschreiben" (Kiefer und Steininger 2014, S. 178)[5].

Werden die Inhalte außerhalb des Unternehmens, also z. B. durch freie Mitarbeiter oder Zulieferunternehmen produziert, fallen oft ausbringungsmengenabhängig (z. B. bzgl. Periodizität bzw. Erscheinungsfrequenz des Mediums) oder leistungsabhängige Kosten/Honorare (Stundensätze, Zeilen- oder Seitenpreise) als variable Kosten an (Wöhe et al. 2016, S. 295).

Diese Kosten fallen normalerweise nicht im Verlauf der Produktion großer *Mengen*einheiten des vermarktbaren Produktes (die verkauften Zeitungs*kopien*) an, sondern werden komplett *vor* der Fertigstellung der ersten Kopie (Blaupause) relevant. Man nennt diesen Umstand *Unteilbarkeit der Kosten* vor der Markteinführung (Kiefer und Steininger 2014, S. 178). Diese Kosten werden, zusammen mit den anteiligen Kosten für Verwaltung, Marketing, Werbung und ggf. Lizenzgebühren *First Copy Costs* genannt.

> Egal, wie viele Zeitungen später verkauft werden, kostet ein Artikel immer dieselbe Summe Geld in der Bereitstellung der ersten Kopie (Urkopie). Dies Kosten fallen unabhängig von der späteren Anzahl an Konsumenten an. Medienprodukte haben also eine ausgeprägte Fixkostendominanz (…) aufgeschlüsselt auf eine Produkteinheit (etwa eine Ausgabe des Magazins Der Spiegel) sind diese Kosten der Fixteil. Dieser Kostenteil aus Redaktion, Verlag und Vertrieb, der unabhängig von der Anzahl der verkauften Produkte immer entsteht, führt zum Effekt der Fixkostendegression. Je mehr Produkte abgesetzt werden, desto geringer werden die Stückkosten, da der Fixkostenanteil auf eine größere Anzahl Exemplare aufgeteilt wird. (…) Bei der Zeitschrift Der Spiegel machen beispielsweise die Fixkosten sogar rund 77% aus (Burkhardt 2009, S. 48).

Der Umstand der hohen First Copy Costs und niedrigen Kosten der Kopien führt wie beschrieben dazu, dass ein hohes Risiko für das Medienunternehmen entsteht, wenn es

---

[4]Man denke hier beispielsweise an die aufwendigen Recherchen zur Steuervermeidung im Zusammenhang der sogenannten Offshore Leaks: „In einer weltweiten Kooperation hat die *Süddeutsche Zeitung* Millionen Datenbankeinträge, Verträge, Urkunden und E-Mails aus dem Innenleben etlicher Steueroasen ausgewertet" (http://www.sueddeutsche.de/thema/OffshoreLeaks, Abruf 12.01.2017).

[5]Über die Höhe der Vergütung von Redakteuren in den Medien kann man sich beispielsweise über die Website des deutschen Journalistenverbandes informieren, sie sind abhängig von der Anzahl der Berufsjahre, der Qualifikation und von Funktionsübernahmen. Hier sind auch Honorarübersichten für freie Mitarbeiter, z. B. im Onlinebereich zu finden (vgl. https://www.djv.de/startseite/info/beruf-betrieb/uebersicht-tarife-honorare.html).

einen „Flop" produziert bzw. wenn nur eine geringe Anzahl von Rezipienten dieses Gut erwerben. Mediengüter für kleine Publika lohnen sich nicht. Je größer das Publikum (verkaufte Auflage, Einschaltquote, Visits/Page Views), desto wirtschaftlicher kann die Nachrichtenorganisation produzieren.

Hinzu kommt, dass wenig Möglichkeiten bestehen, für die erstellten Produkte andere als die ursprünglich intendierten Verwendungsmöglichkeiten zu finden und es aufgrund des immateriellen Charakters des Medieninhaltes (anders als z. B. bei mit Rohstoffen produzierten materiellen Gütern) auch keine Möglichkeiten gibt, die eingebrachten Rohstoffe zurückzugewinnen. Die Kosten von Mediengütern, die keinen Abnehmer finden, sind damit versunkene Kosten (Sunk Costs). Für die Nachrichtenorganisation gilt dasselbe: Es kann bislang nur in vernachlässigbaren Umfang über die ursprüngliche Verwendungsweise hinausgehend eine Vermarktungsmöglichkeit gefunden werden (z. B. Archivdienste). Das hat insbesondere damit zu tun, dass Nachrichten dem Wesen nach eher schnell veraltende und damit in ihrem Wert verfallende Güter, eher Verbrauchsgüter als Gebrauchsgüter sind (Zydorek 2017, Abschn. 13.4). Die ökonomische Entwertung einer Nachricht beginnt unmittelbar nach dem zugrunde liegenden Ereignis und daher ist die Verfallszeit bei aktuell informierenden Medienprodukten extrem kurz. Dazu gehört auch: Eine Nachricht verliert an Wert, umso länger sie zum Konsumenten braucht. Damit wird die Zeit, die zur Erstellung und Distribution einer Nachricht braucht (Aktualität), zu einem kritischen Faktor für ihren Vermarktungswert.

Die wissensintensive menschliche Arbeit bei der geistig-kreativen Erstellung von Medieninhalten ist bislang nur in Teilen beschränkt automatisierbar sowie automatisiert koordinierbar gewesen, wenn sie auch durch die Benutzung technischer Hilfsmittel (z. B. Computer, Internet, Datenbanken, Suchmaschinen, Archive, Telefon) durchaus produktiver geworden ist. Dennoch sind die Rationalisierungspotenziale journalistischer Arbeit gegenüber anderen Branchen mit höheren Technisierungsgrad der Produktionsprozesse tendenziell eher geringer gewesen. Das von Kiefer und Steininger (2014, S. 173 ff.) im Anschluss an Baumol und Bowen in Bezug auf künstlerische Produktion diskutierte „ökonomische Dilemma der Kulturproduktion" lässt sich auf die journalistische Produktion von Medieninhalten übertragen:

> Während die Produktivität dank neuer Techniken, Massenproduktion, Arbeitsersatz durch Kapitalgesamtwirtschaftlich im Verlauf des 20. Jahrhunderts ständig stieg, hatten die darstellenden Künste daran kaum Anteil (…) weder Technik noch Kapital können die dafür erforderliche menschliche Arbeit ersetzen (…) Produktivitätszuwachs in anderen (…) Sektoren vor allem der Güterproduktion erlaubt steigende Löhne und sinkende Arbeitszeiten, ohne dass sich der Anteil der Arbeits- an den Gesamtkosten der Produktion erhöht. Bei stagnierender Produktivität ist dieser Ausgleich hingegen nicht möglich (…) Das (…) diagnostizierte ökonomische Dilemma ist nicht nur auf die künstlerische Produktion generell übertragbar, es gilt (…) mehr oder weniger ausgeprägt für alle Dienstleistungen, die im Wesentlichen auf menschlicher Arbeitsleistung ruhen (…) die Produktivität eines Drehbuchautors, Schriftstellers, Regisseurs oder Malers stagniert gemessen an der gesamtwirtschaftlichen Produktivitätsentwicklung (Kiefer und Steininger 2014, S. 174).

Dabei ist zu berücksichtigen, dass sich ein Unterschied in der Produktivitätsentwicklung der reinen Produktion der Erstkopie einerseits und andererseits der Vervielfältigung und

Tab. 4.1 Kostenstruktur von Abonnementzeitungen in Westdeutschland 1995–2015. (Quelle BDZV 2016, http://www.bdzv.de/maerkte-und-daten/schaubilder/ Zugriff: 10.01.2017, Daten für 1995 aus Beyer und Carl 2008, S. 75)

	1995	2000	2005	2010	2015
Redaktion	21,2	21,7	24,6	25,9	24,7
Herstellung	38,9	36,8	28,6	25,3	23,8
Vertrieb	19,5	19,8	22,8	23,9	27,8
Verwaltung	7,5	8,3	7,7	9	9,2
Anzeigen	13	13,4	16,4	16	14,6

Distribution von Mediengütern ergeben hat. Letztere hatte durchaus durch Technisierung und Industrialisierung an Produktivitätsgewinnen (z. B. durch Vervielfältigungsmaschinen, Warenwirtschaft, Logistik) teil (Kiefer und Steininger 2014, S. 180 ff.).

Eine Übersicht über die Kostenstruktur der Abonnementzeitungen in Deutschland zeigt, dass die Redaktionskosten ca. ein Viertel der Kosten ausmachen (also von ihrer Höhe her bedeutsam sind) und dass sie tendenziell als Anteil der Gesamtkosten in den letzten zwanzig Jahren gewachsen sind, während die Kosten der technischen Herstellung deutlich gesunken sind (Tab. 4.1).

Die ökonomischen Bedingungen von Medienunternehmen in der Nachrichtenproduktion sind seit der Jahrtausendwende zusätzlich schwieriger geworden.

> There is a growing pressure on news organizations to produce more inexpensive content for digital platforms, resulting in new models of low-cost or even free content production (…) Fewer staff is asked to produce more output in less time, partly because of the urge to fill not only the printed newspaper but also keeping the website up-to-date with news (Bakker 2012, S. 1 f.).

Übersicht über die ökonomischen Rahmenfaktoren der (kommerziellen) Nachrichtenproduktion
- Profitorientierte Gütererstellung
- Teure Contentproduktion (aufgrund großer Anteile wissensintensiver menschlicher Arbeit)
- Zusätzliche Herausforderungen bei den Rahmenbedingungen (Aufmerksamkeitskonkurrenz, fragmentiertes Publikum, sinkende Werbeeinnahmen etc.)
- Fixkosten durch Redaktion, variable Kosten durch Zulieferer als First Copy Costs
- Unteilbarkeit der First Copy Costs
- Starke Fixkostendegression mit wachsendem Publikum
- Hohes Risiko durch hohe Floprate und den Umstand, dass die Produktionskosten Sunk Costs sind (wegen fehlender alternativer Verwertungsmöglichkeit)

- Zeitabhängigkeit des Güterwerts, Bereitstellungsgeschwindigkeit ist eine kritische Größe
- Zurückfallende Produktivitätsentwicklung ggü. besser industrialisierbaren Arbeitsabläufen

4.4 Klassische Strategien von Nachrichten produzierenden Medienunternehmen

Klassische Strategien von Medienunternehmen zum Umgang mit den Herausforderungen auf der Produktionsstufe sind die bürokratische Organisation der Produktion der Nachrichten, der Einsatz von Produktionsroutinen, die Formatierung von Nachrichtentypen, von Ressorts und Rubriken, die den Umgang mit dem Material (z. B. Blitznachrichten, Lokalnachrichten) bestimmten Konventionen unterwerfen, die routinisierte Nutzung standardisierter Nachrichtenquellen (z. B. Presseagenturen) als Lieferanten für Vorprodukte und die Etablierung strategischer Verhaltensrituale (z. B. Konzept der Objektivität, Bewertung von Material nach Nachrichtenwerten) (Kiefer und Steininger 2014, S. 229 ff.). Auch die Versionierung und Modularisierung von Inhalten sowie die Kombination und Neukombination dieser Module, ergänzt durch On-demand-Produktion zielgruppenspezifisch konfektionierter Angebote werden als klassische Strategien bei der Nachrichtenproduktion genannt. Dennoch sind in den letzten zwei Jahrzehnten, vor allem verbunden mit der wachsenden Aufmerksamkeitskonkurrenz durch andere Mediengattungen (Picard 2010, S. 365) und im Zusammenhang mit durch Wirtschaftskrisen verursachten Einnahmereduktionen bei den Werbebudgets (Bakker 2012, S. 2) immer neue Notwendigkeiten der Produktivitätssteigerung für Nachrichten produzierende Unternehmen entstanden, die von Bakker (2012, S. 2–5) zu drei Optionenbündeln zusammengefasst werden.

a) *Mitarbeiterbezogene* Optionen, zu denen er folgende Maßnahmen zählt:
   - Personal einsparen,
   - Mitarbeitern weniger für ihre Leistung bezahlen,
   - Mehrleistung von den Mitarbeitern verlangen,
   - Reguläre Mitarbeiter durch freie Mitarbeiter ersetzen,
   - Content outsourcen, am freien Markt (z. B. von freien Korrespondenten) einkaufen oder durch Off-Shore-Produktion (z. B. in Indien) ersetzen,
   - bestimmte Services (z. B. Internationales, Kultur) einschränken oder
   - (mehr) User-Generated Content einsetzen.

b) *Veränderungen beim Content* vornehmen, um ihn kostengünstiger zu machen z. B.
   - indem selbst oder anderweitig bereits publizierter Content wiederverwertet wird,
   - mehr syndizierter Content oder Content von Nachrichtenagenturen verwendet wird,
   - mehr PR-Material oder Pressemitteilungen von denjenigen Akteuren (Unternehmen, Organisationen, Personen) genutzt wird, die so etwas anbieten (Hierzu ist

auch der sogenannte Branded Content zu zählen, der in den letzten Jahren stärkeres Wachstum erfährt.[6]),
- indem man Stock-Fotos verwendet, auch von Flickr und Wikipedia,
- Material einsetzt, das man online „findet", überarbeitet, zitiert, verlinkt, übersetzt, kombiniert, anreichert oder durch eigene Recherchen ergänzt.

c) *Technologieoptionen*, d. h. Technologie einzusetzen, um Mitarbeiter zu ersetzen, Content herzustellen und den Leserkreis auszudehnen. Hierzu gehören
- reine Aggregation, meist automatisiert, indem automatisierte Abfragen bei Nachrichtenanbietern aktuelle Überschriften, Teasertexte oder Artikelteile gruppiert nach thematischen Bereichen (Deutschland, Sport, Digitales etc.) anzeigen und auf den originalen Artikel verweisen (vgl. news.google.de, techmeme.com für aktuelle Technologienachrichten),
- kuratierte Nachrichten, wobei meist automatisierte Aggregation mit menschlicher Auswahlarbeit, aber z. T. auch Übersetzung oder Reformulierung kombiniert wird,
- Material aus Social Media (z. B. Twitter) oder (RSS)Feeds (z. B. Tagesschau, Bild, heise) einsetzen,
- Ansätze, Content automatisiert zu erstellen.

Diese letztgenannte technologische Teiloption der automatisierten Contenterstellung ist diejenige, die im Zusammenhang dieses auf Produktion (und nicht *Bündelung/Aggregation* oder *Distribution*) fokussierten Kapitels interessiert. Dies obwohl Bakker im Jahr 2012 (S. 8) noch hauptsächlich die Aggregationsvariante (z. B. news.google) als „lebensfähiges Geschäftsmodell für Nachrichtenunternehmen" diskutierte und Picard (2014, S. 503) im Jahr 2014 den Veränderungsschwerpunkt noch in der Distributionsphase sah:

> The companies are becoming more focused on distribution rather than gathering and producing news. They are increasingly relying on news and commentary available through syndication, content provided by the public, and linkages to other news providers.

Die Distributionsphase werde ich in Kap. 6 thematisieren.

4.5 Die Technologieoption algorithmisch produzierter Nachrichteninhalte

Andreas Gräfe hat Anfang des Jahres 2016 für das Tow Center for Digital Journalism an der Columbia University in New York einen „Guide to Automated Journalism" zusammengestellt, der auf eigenen Recherchen und Interviews mit Experten beruht und den aktuellen Status quo des Forschungsfeldes beleuchten soll (Gräfe 2016).

---

[6]Ich hatte dieses Phänomen in Abschn. 3.7 bereits unter dem Begriff des „Sponsored Editorial Content" eingeführt. „Branded content—often funded by corporations—is already appearing to support audio-visual productions of documentary and public affairs content and it can be expected to migrate increasingly to digital journalism" (Picard 2014).

Er beschreibt das Feld der automatisierten Contentproduktion für Nachrichtenmedien als am Übergang von der Entwicklungs- und Experimentalphase zur Marktphase befindlich, mit einer zweistelligen Zahl an Softwarelösungen herstellender Unternehmen und führenden Medienunternehmen, die diese Lösungen für die Produktion von Content bereits einsetzen. Im Herbst 2015 zählte Dörr (2015a) elf *Anbieter* entsprechender Softwareprodukte in den Ländern USA, Deutschland, Frankreich, Vereinigtes Königreich und China. In Deutschland werden fünf Anbieter, Aexea/AX Semantics (Stuttgart), texton (Meckenheim), 2txt (Berlin), Retresco (Berlin) und Textomatic (Dortmund) identifiziert. Ihre Angebote sind teilweise *mehrsprachig* (bis zu zwölf Sprachen) und ihre *Kunden* reichen von Nachrichtenagenturen (Associated Press) über Online-Portale (Yahoo, Fussifreunde.com) hin zu Zeitungen und Zeitschriften (Forbes, Le Monde, Weserkurier). *Thematisch* reichen ihre Produkte von der Sport- über die Wetter- zur Wirtschafts- und Finanzberichterstattung. Die Abb. 4.2 aus dem Jahr 2015 (Dörr 2015a, Anhang, Tab. 3) fasst Marktinformationen auf der Anbieter-, Produkt- und Anwenderseite übersichtlich zusammen.

4.6 Funktionsweise der Algorithmen und Workflow der automatisierten Herstellung von Nachrichtencontent

Gegenwärtig genutzte und angebotene Softwarelösungen reichen von einfachen Programmen, die Zahlen aus Datenbanken auslesen, um sie in vorformulierte Berichte einzufügen bis hin zu Programmen, die Datensätze analysieren und daraus neue Erkenntnisse gewinnen können, die diese dann unter Einsatz von Natural Language Processing Software in überzeugende Artikel oder Berichte umwandeln (Gräfe 2016, S. 4). Die erstgenannten, hinsichtlich ihrer Funktionsweise einfachen Programme wurden schon 1970 genutzt.

> A computer program was written which put the forecast produced by these equations into worded form (…) The element deemed most important is put first; otherwise the order of the elements depends somewhat on the forecasts themselves (…) The computer program (…) contains about 80 phrases and sentences which are used to compose the message. Numerical values of the forecasts are inserted, along with necessary commas, periods and connectives. Different headings are used on random basis to provide variety (Glahn 1970, S. 1126 ff.).

Das Ergebnis dieses Prozesses sah dann im Fall von Wettervorhersagen aus wie das Beispiel in Abb. 4.3 und konnte sowohl als Text ausgegeben wie auch als telefonische Ansage abgerufen werden.

Ähnlich funktionierten auch erste im Journalismus eingesetzte Softwarelösungen wie diejenige, die die Kriminalberichte der Los Angeles Times seit dem Jahr 2010 automatisiert produziert (Abb. 4.4) und dabei auf verfügbare juristische Daten über Tötungsdelikte (Datum, Ort, Zeit, Ethnizität, Alter, Zuständigkeit und örtliches Umfeld) zugreift, welche von den Behörden (Coroners Office) zur Verfügung gestellt werden (Gräfe 2016, S. 7). Diese Form der Verarbeitung von Daten in vorgefertigte Templates wird auch *Template-Driven Natural Language Generation* genannt (Cito Research o. J., S. 7).

4.6 Funktionsweise der Algorithmen und Workflow …

Table 3 Market of service providers of NLG with focus on journalism

Company	Country	Legal Form	Founding Year	Launch NLG Software	External Funding	Employees	Languages (To date)	Topics covered for journalistic use	Journalistic Products	Journalistic Clients
Automated Insights	USA	Inc., subsidiary of Stats LLC	2007	2007, branded as Wordsmith 2014	About $10.8 Million from 11 investors before being acquired by Vista Equity Partners	About 40	(1) ENG	– Finance – Sports	– Corporate earnings stories (AP) – NCAA College sports (AP) (in dev.) – Yahoo Sports Fantasy Football	– Associated Press (USA) – Yahoo! (USA)
Narrative Science	USA	Inc.	2010	2011 Quill	About $32.4 Million from 7 investors	About 80	(1) ENG	– Finance – Sports	– Earnings estimates of stock market companies (Forbes) – Sports statistics (e.g. basketball, American football, softball, baseball) (launched)	– Forbes (USA) – Big Ten Network (USA) – Game Changer (USA) – 5-10 signed contracts with US media (not public)
Aexea	GER	GmbH	2001	2009 AX Semantics	no	About 42	(12) ENG, GER, FR, ESP, NL, DNK, SWE, NOR, IT, IDN, PRT, CH	– Sports – Entertainment – Finance – Weather	– Match announcements for all European Soccer Leagues (in German), American Football – Stock exchange reports – Celebrity football news (in German)	– 5 media clients (non-disclosure agreement) + Sports-Information-Service (SID) (GER)
Text-On	GER	GmbH	2013	2014 Text-On	no	About 6, not payed	(1) GER	– Finance	– Pilot-project in the financial sector (in dev.; Berliner Morgenpost) – Share price descriptions	– Berliner Morgenpost (GER) – Finanzen100.de (GER)
2txt NLG	GER	UG	2013	2013 2txt	no	About 5	(1) GER	– Finance – Sports	– Football product (in dev.) – Share price descriptions (in dev.)	– Beginning of negotiations
Retresco	GER	GmbH	2008	2013 Rtr text engine	no	About 27	(1) GER	– Sports	– Preliminary reports of football games in lower German leagues (Kreisklasse)	– FussiFreunde (GER) – Neue Osnabrücker Zeitung – WeserKurier – Radio Hamburg – FussiFreunde – Rheinflussball – GoekickInfo – Fubanews.org
Textomatic	GER	AG	2015	2015 Textomatic	no	About 5	(6) GER, ENG, ESP, NL, FR, ITA	– Sport – Finance – Travelling – Weather	– Football – Stock exchange reports – Travel advices – Personalized weather reports	– 2 media clients (Handelsblatt and 1 regional newspaper)
Syllabs	FR	LLC	2006	2012 DataZcontent	no	About 11	(3) ENG, FR, ESP	– Politics	– Project on departmental elections 2015 in France	– Le Monde (FR)
Labsense	FR	SAS	2011	2013 Scribt	Less than $565.000	About 6	(3) FR, ENG, GER	– Economy	– Project on local news in France (in dev.)	– Beginning of negotiations
Arria	GB	PLC	2011	2012 Arria NLG Engine	About $36 Million from shares	About 50	(1) ENG	– Weather	– Weather report module for two regions in Europe (UK and Germany)	– MeteoGroup (UK)
Tencent	CHN	Ltd.	1998	2015 Dreamwriter	No information	No information	(1) CHN	– Finance	– CPI report on China's growth	– No information

Abb. 4.2 Dienstleister im Bereich Natural Language Generation mit journalistischem Fokus. (Quelle: Dörr 2015a, Anhang, Tab. 3)

```
GOOD MORNING. THE TECHNIQUES DEVELOPMENT LABORATORY BRINGS YOU THE LATEST
FORECAST FOR WASHINGTON, D. C. AND VICINITY. MOSTLY SUNNY THIS MORNING WITH A
FEW MORE CLOUDS THIS AFTERNOON. SOMEWHAT WARMER TODAY, MAXIMUM TEMPERATURE 47
DEGREES. NORTHWESTERLY WINDS OF 5 MPH THIS MORNING BECOMING LIGHT AND VARIABLE
BY AFTERNOON. ONLY 2 PERCENT PROBABILITY OF PRECIPITATION TODAY.
```

Abb. 4.3 Automatisierte Wettervorhersage aus den 1970er Jahren. (Quelle: Glahn 1970 S. 1127)

Das 2010 in Chicago gegründete US-amerikanische Technologieunternehmen Narrative Science bietet einen kontinuierlich verbesserten Algorithmus, der zunächst aus Baseballspielen stammende Daten analysierte und in automatisch generierte Texte umwandeln konnte. Dieser Algorithmus mit dem Namen Quill wurde über einen längeren Zeitraum hinweg darin trainiert, komplexe Daten wie Zahlen, Tabellen, Diagramme, Statistiken in leicht verständliche Texte umzuwandeln (Levy 2012).

Dabei ist die Textgenerierung zu verstehen als „…automatically producing human (natural) language from a computational representation of Information" (Dörr 2015b, S. 5, nach Reiter und Dale).

Gräfe beschreibt die Prozessschritte (2016, S. 5, ergänzt von mir, C. Z.) wie folgt:

1. **Datensammlung:** Sammlung vorhandener aktueller und historischer Daten (auch Kontextdaten) aus vordefinierten Quellen und/oder Data Mining. Daten werden auch aus sozialen Netzwerken und aus Apps, Twitter-Posts und Firmendaten entnommen.
2. **Identifikation interessanter Aspekte** (sogenannter Insights) in den Daten durch statistische Analyse (Sonderfälle/Ausreißer, Trends, Korrelationen) und in Bezug auf das Thema vordefinierte Regeln (z. B. bzgl. der Sportart, über die berichtet wird).
3. **Klassifizierung und Priorisierung** der identifizierten Erkenntnisse in Bezug darauf, wie aktuell und berichtenswert sie sind (d. h. Relevanzzuweisung, vgl. Dörr 2015b, S. 8).
4. **Storygenerierung,** indem die berichtenswerten Inhalte nach in vorher festgelegten Regeln arrangiert und einem vorgefertigtem Style Guide[7] zu einem Text (ein sogenanntes Narrativ) formuliert werden.
5. **Publikation** (automatisch oder nach redaktioneller Kontrolle) über ein Content Management System[8]

Hinsichtlich des Schritts 1 stellt der Algorithmus Quill von Narrative Science insofern eine Besonderheit dar, als er im Zusammenhang mit der Generierung von Sportnachrichten zu niedrigklassigen Ligen auch mit der eigens erstellten iPhone-App GameChanger

---

[7]Um die automatisch generierten Prosatexte verarbeiten zu können, werden geübte Journalisten eingesetzt, auch „Meta-Writer" genannt, welche ein Template-Set für das System und das jeweilige dazugehörige Regelwerk verfassen.

[8]Dieser letzte Schritt zählt strikt genommen nicht zur Produktionsphase, wird aber hier aufgeführt, da er den Generierungsprozess durch den Dienstleister abschließt.

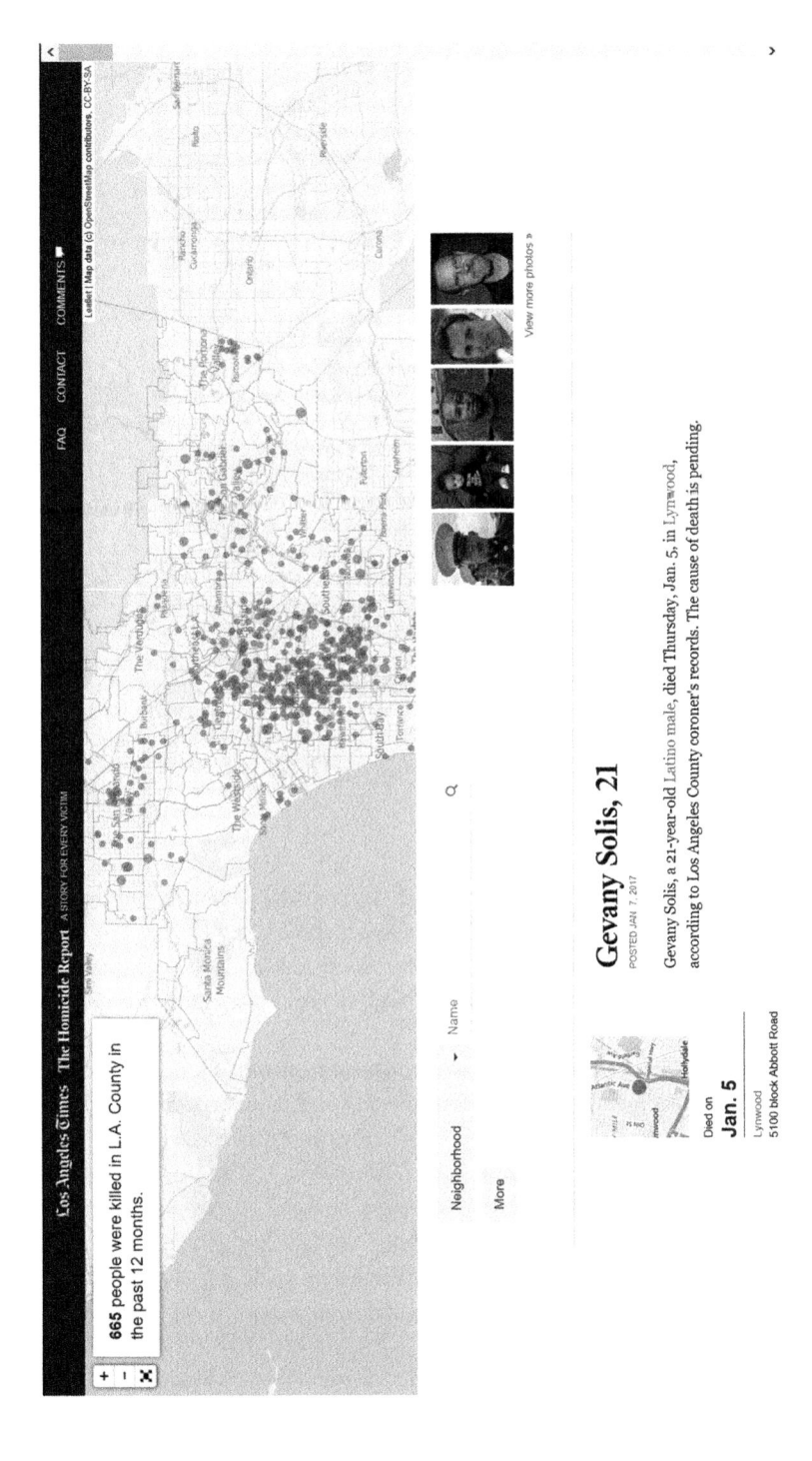

4.6 Funktionsweise der Algorithmen und Workflow … 99

Abb. 4.4 LA Times Homicide Report. (Quelle: http://homicide.latimes.com/, Abruf 09.01.2017)

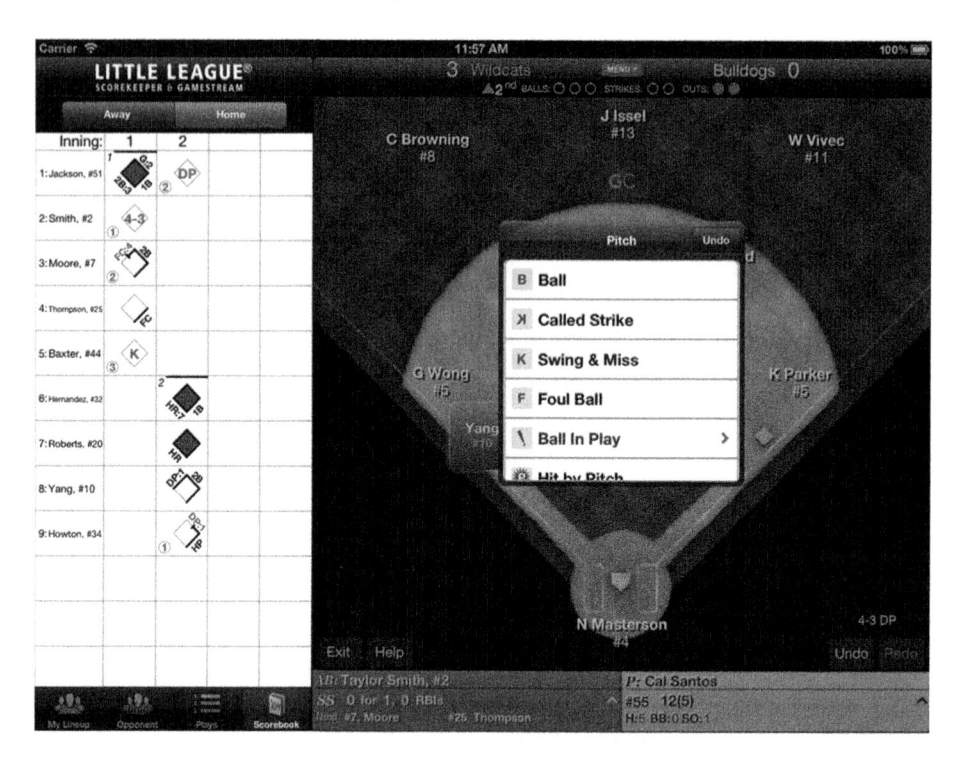

Abb. 4.5 GameChanger Baseball and Softball App. Screen Shot iPad. (Quelle: http://ipad.qualityindex.com/apps/416.582/little-league-baseball-and-softball-scorekeeper-and-gamestream-powered-by-gamechanger, Abruf 09.01.2017)

eingesetzt wird (vgl. Abb. 4.5). Diese App wird von jeweilig beim Sportereignis Anwesenden (Zuschauer, Trainer, Vereinsangehörige, sogenannte „Scorekeeper") genutzt, um manuell während der Spiele in diesen Amateur-Sport-Ligen Daten aufzunehmen, die dann vom System automatisiert in den Phasen zwei und drei in zu publizierende Spielberichten verarbeitet werden.

Die Konstrukteure der zugrunde liegenden Software entwickelten dafür eine Anzahl von Regeln, die die eingegebenen Daten interpretieren und in den gegebenen Kontext einbetten (z. B. dass das Team mit der höchsten Zahl an „Runs" das Baseballspiel gewinnt).

Nachfolgendes Beispiel eines Spielberichts (Abb. 4.6, 4.7, 4.8, 4.9 und 4.10), der mit dem Konkurrenzprodukt Wordsmith des Anbieters Automated Insights erstellt wurde, verdeutlicht die Arbeitsweise bei der Umwandlung von Daten in einen Spielbericht. (Die erklärenden Texte zu den Beispielen in den Abbildungen habe ich zum großen Teil aus dem Orginaltext von BBC.com übernommen und zum besseren Verständnis aus dem Englischen übersetzt.).

Jeder Bericht startet als Datensammlung, die während des Spiels erfolgt ist, dargestellt als Tabellen, Abbildungen, Listen, die nur für Experten verarbeitbar sind. Das System bekommt einen sekundengenauen Bericht, wer was wann getan hat.

4.6 Funktionsweise der Algorithmen und Workflow ...

> Short headline: UNC beats Louisville 72-71 on late Paige basket
> Long headline: Led by a Paige game-winner, North Carolina defeats Louisville 72-71
> CHAPEL HILL, N.C. Marcus Paige scored with nine seconds remaining in the game to give North Carolina a 72-71 lead over Louisville. The Heels held on to win by that same score following a missed 3-pointer by Wayne Blackshear and an unsuccessful second-chance attempt by Terry Rozier.

Abb. 4.6 Beispiel Basketball Spielbericht des Teams der University of North Carolina (UNC). (Quelle: http://www.bbc.com/news/technology-34204052, Abruf 10.01.2017)

> The Paige basket capped off a 13-point comeback for the Tar Heels, who trailed 63-50 after a Blackshear 3-pointer with 8:43 left in the game. UNC finished the game on a 22-8 run to secure the victory. After a basket by Brice Johnson gave North Carolina a 70-69 lead with 39 seconds left, Rozier responded with a hoop to give Louisville a one-point advantage with 26 seconds remaining.

Abb. 4.7 Basketball Spielbericht 5. (Quelle: http://www.bbc.com/news/technology-34204052, Abruf 10.01.2017)

> The streaky second half followed a back-and-forth first 20 minutes that featured four lead changes and five ties, including at 34 points entering the half.
>
> Kennedy Meeks led a balanced North Carolina attack with 13 points. Brice Johnson (11 points), J.P. Tokoto (10) and Paige (10) were also double-digit scorers for the Heels. Justin Jackson chipped in with eight points, four assists and a season-high three blocked shots.

Abb. 4.8 Basketball Spielbericht 2. (Quelle: http://www.bbc.com/news/technology-34204052, Abruf 10.01.2017)

> For the Cardinals, Rozier led the way with 25 points, five assists and three steals. Chris Jones added 19 points on 8-for-12 shooting, as well as five assists and four rebounds.
>
> The reserves for North Carolina outscored their Louisville counterparts 20-0, with Nate Britt providing eight points off the bench. The Tar Heels also controlled the offensive glass, grabbing 17 offensive rebounds (OR% of 44.7) versus only nine for the Cardinals (OR% of 28.1).

Abb. 4.9 Basketball Spielbericht 3. (Quelle: http://www.bbc.com/news/technology-34204052, Abruf 10.01.2017)

> It marked the first league loss of the season for Louisville, which dropped to 14-2 overall and 2-1 in the ACC. With the win, North Carolina climbed into a conference tie with the Cardinals at 2-1, improving to 12-4 in all games.

Abb. 4.10 Basketball Spielbericht 4. (Quelle: http://www.bbc.com/news/technology-34204052, Abruf 10.01.2017)

Die Software durchsucht die Datensammlung, um sog. „Insights" zu entdecken. Dies sind Fakten, die z. B. Fragen beantworten wie: Wer hat gewonnen? Wie hoch? Warum? Im Beispiel (Abb. 4.7) hat die Software das Konzept eines Comeback verstanden und als von Interesse für den Leser identifiziert, ebenso wie den Umstand, dass die entscheidenden Punkte erst kurz vor Ende erzielt wurden (Abb. 4.6, 4.7).

Um den Artikel natürlich wirken zu lassen, muss der Jargon der Berichterstattung berücksichtigt sein, Vokabular und Stil werden an das Genre (Sport, Finanzberichterstattung) angepasst (vgl. Abb. 4.9), wie auch an den Berichtsstil des auftraggebenden Nachrichtenunternehmens.

Die Struktur des Artikels wird von Wordsmith anhand eines virtuellen Baums generiert. Jeder Zweig stellt einen möglichen Weg dar, die Story zu erzählen. Indem die Software die Daten vergleicht, entscheidet sie, wo entlang sie an jeder Verästelung geht. In Abb. 4.10 hervorgehobener Satz wurde integriert, weil die Software erkannte, dass die Reservisten besonders gut punkteten. In Abb. 4.10 wird der größere Zusammenhang mit der Saison und der Ligatabelle hergestellt.

Narrative Science bezeichnet sein heute eingesetztes Verfahren als *Advanced* Natural Language Generation, es wird in vier Schritten bis hin zum Bericht, dem „Narrativ" beschrieben:

1. Definition des Kommunikationsziels durch den Auftraggeber,
2. Ableitung der zu generierenden Informationen,
3. Bestimmung der Analysemethode und dann
4. Analyse der zugrunde liegenden Daten.

Cito Research (o. J.) macht dieses Vorgehen am Beispiel der Analyse von Quartals-Erträgen für den Vorstand eines Unternehmens deutlich:

1. Das *Ziel* des Narrativs ist die Darstellung, ob die Gewinne wachsen oder sinken.
2. Die zu generierenden *Information* ist der Vergleich der Quartalsgewinne.
3. Die zu wählende *Analysemethode* besteht in einem Zeitreihenvergleich und
4. die zu berücksichtigenden *Daten* sind die Gewinnsummen der jeweiligen Quartale (Cito Research o. J, S. 6).

Narrative Science weist explizit darauf hin, dass seine Berichte nicht aus vorgeschriebenen Templates bestehen, sondern individuell komponierte Berichte sind, „(…) capable of identifying correlations you did not expect" (Carlson 2014, S. 12).

4.7 Generalisierte Eigenschaften des Automated Journalism

Dörr (2015b, S. 7) beschreibt das allgemeine Funktionsmodell der automatisierten Nachrichtenproduktion in Anlehnung an das in Abschn. 2.5 zitierte allgemeine Modell von Just und Latzer (2016) ebenso anschaulich als Input-Throughput-Output-Modell, in dem aus einer bestimmten (digitalisierten) Datenbasis (M1) aufgrund spezifisch definierter Auswahlparameter aus vordefinierten Quellen eine bestimmte Datenart und -menge selektiert wird, nach festgelegten Relevanzkriterien priorisiert, strukturiert und bearbeitet wird, um dann in einen Nachrichtentext mit definierter Eigenschaft prozessiert zu werden. Die Prozesse können mehrfach, als Feedback-Schleifen durchlaufen werden (siehe Abb. 4.11).

Bereits in Abschn. 2.7 hatte ich auf die absichtsvolle Gestaltung von Algorithmen als Medientechnologien verwiesen. „Algorithms are human creations. Rather the point here is that the human role in content creation is migrating from a direct to an indirect role" (Napoli 2014, S. 3). Dörr beschreibt die Arbeitsteilung zwischen den Akteuren im Konzeptions- und Gestaltungsprozess:

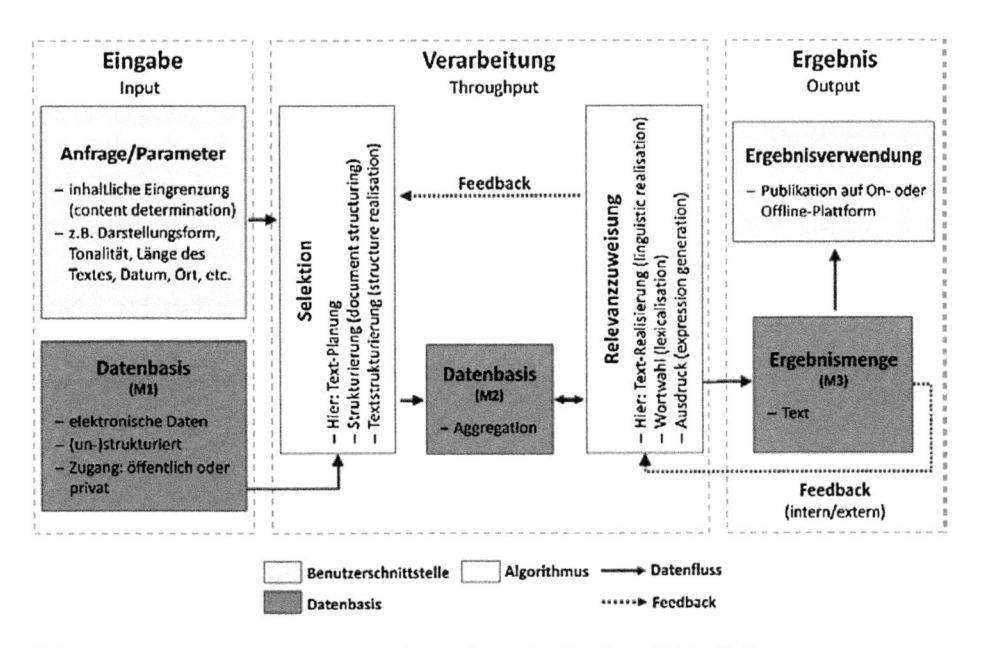

Abb. 4.11 E-V-E-Modell Algorithmic Journalism. (Quelle: Dörr 2015a, S. 7)

Dabei arbeiten (…) sowohl Texter, Journalisten, als auch Computerlinguisten im Produktionsprozess eng zusammen. Texter schreiben Satzbausteine und Beispieltexte je nach gewünschter Tonalität und gewünschtem Inhalt, die anschließend durch Computerlinguisten nach semantischen Logiken angepasst und in Programmcode übersetzt werden. Diese Anpassungen müssen für jedes gewünschte Produkt, für jede Textart durchgeführt werden. So entsteht im Lauf der Zeit ein Regelwerk unterschiedlicher Satzkonstruktionen und Formulierungen (Dörr 2015b, S. 9).

Unter Bezug auf die im Abschn. 2.4 zum Interaktivitätsbegriff zitierten Quiring und Schweiger (2006) kann man hier sehr gut den Bedeutungsaustausch zwischen den inhaltlichen und technischen Entwicklern und dem Rezipienten nachvollziehen. Es ist leicht erkennbar, wie stark und in welcher Art dieser Bedeutungsaustausch dabei von der kommerziellen Absicht des erzeugenden Medienunternehmens geformt wird.

Die charakteristischen Eigenschaften der alltagspraktisch schon eingesetzten Softwarelösungen werden darin gesehen, dass sie „(…) most useful in generating routine news stories for repetitive topics for which clean, accurate, and structured data are available" (Gräfe 2016, S. 1) sind. Zunehmend werden allerdings auch anderweitig verfügbare Daten (z. B. aus Social Media wie Twitter) als Datenquellen berücksichtigt. Dabei sind die Softwarelösungen dem Einsatz nach flexibel, „[They] Can use the same data to tell stories in multiple languages and from different angles, thus personalizing them to an individual reader's preferences" (Gräfe 2016, S. 2).

Darüber hinaus haben diese Lösungen „(…)the potential to generate news on demand by creating stories in response to user's questions about the data" (Gräfe 2016, S. 2).

> **Charakteristika automatisiert erstellten Nachrichtencontents**
> - Routinenachrichten
> - Anpassbar
> - Ergebnis kann in verschiedenen Sprachen ausgegeben werden
> - Kann über ein Ereignis aus verschiedenen Perspektiven berichten
> - Kann customised/personalisiert werden und unzählige Varianten anbieten (z. B. SEO-optimiert)
> - Die Inhalte sind sehr schnell produzierbar, sobald die Software angepasst worden ist.
> - On-Demand-Produktion von Inhalten möglich (Interaktivität)

Dörr (2015b, S. 8) beschreibt die Begrenzungen der automatisiert erstellten Nachrichten wie folgt:

> Eine selbstständige journalistische Einordnung oder Reflexion, z.B. zu politischen Themen, stellt den Algorithmus (noch) vor unüberwindbare Herausforderungen. Was nicht im Vorfeld inhaltlich als Regelwerk im Programmcode definiert wurde, kann auch nicht als Ergebnis abgebildet werden. Der Output steht also größtenteils bereits fest. Je länger und inhaltlich komplexer ein Text sein soll, desto schwieriger sind demnach auch Programmierung und Darstellung.

4.8 Algorithmisch unterstützte Lösungsversuche der ökonomischen Bezugsprobleme der Contentproduktion

Modularisierung und Neukombination von bereits einmal produzierten Inhalten zählen zu den klassischen Strategien von Medienunternehmen:

> New media objects are rarely created completely from scratch; usually they are assembled from ready-made parts. (…) The practice of putting together a media object from already existing commercially distributed media elements existed with old media, but new media technology further standardized it and made it much easier to perform (…) Pulling elements from databases and libraries becomes the default; creating them from scratch becomes the exception (Manovich 2001, S. 130; zit. in Kiefer und Steininger 2014, S. 210, 211).

Diese durch Digitalisierung, Transcodierung und Modularisierung ermöglichte Art der Nutzung von Medieninhalten zur Produktion neuer Inhalte *als neue Modulkombinationen* wird für die Nachrichtenproduktion nun in industriellem Umfang durch die in den vorstehenden Abschnitten beschriebenen *Techniken der Neukreation* ergänzt.

Kommerzielle Nachrichtenorganisationen sind den Zielen der *Produktion und Maximierung von Profiten* verpflichtet. Diese Rahmenbedingung profitorientierter Gütererstellung ist wie beschrieben gepaart mit einer *zurückfallenden Produktivitätsentwicklung* sowie den zusätzlichen *Herausforderungen einbrechender Werbeeinnahmen* und einer zunehmenden *Fragmentierung des Publikums,* dessen Aufmerksamkeit (tägliche Mediennutzungsdauer) sich nur begrenzt (z. B. durch Parallelnutzung von Medienanwendungen) vermehren lässt.

„Key drivers are ever-increasing availability of data, as well as news organizations' aim to both cut costs and increase the quantity of news" (Gräfe 2016, S. 2)[9]. In dieser Situation des Zusammentreffens von *technologisch neu entstehenden Möglichkeiten* im Zusammenhang mit den klassischen und neuen *ökonomischen* Herausforderungen bei der Produktion von Mediencontent ist die *Ersetzung geistiger menschlicher Arbeitskraft* bei der genuinen Neuproduktion von Nachrichteninhalten anhand der „Maschinisierung" von immaterieller Arbeit (Kiefer und Steininger 2014, S. 211), also durch ihre Ersetzung durch Kapital in Form von Algorithmen eine problemlösende Option.

---

[9]Der Anbieter Textomatik präsentiert auf seiner Website beispielsweise folgende Modellrechnung: „Angenommen, der Durchschnittsaufwand für die Erstellung eines Textes durch einen menschlichen Redakteur liegt bei 5 € pro Text und angenommen für die initiale Aufbereitung für das Text-Composing fallen 15.000 € an und für das Generieren eines Textes würde eine Gebühr von 0,50 € erhoben. Dann würde sich nach den ersten 3000 Texten = 15.000 € Intialaufwand/5 € Text eine Ersparnis von einem Faktor 10 ergeben, da danach jeder weitere Text nur noch 50 Cent kosten würde. 10.000 generierte Texte würden 15.000 + 10.000 * 0,5 = 20.000 € Kosten, also 2 €/Text. 100.000 generierte Texte würden 15.000 + 100.000 * 0,5 = 65.000 € kosten, also 0,65 €/Text Nach 10.000 Texten wären bereits 10.000 * 5 − 20.000 = 30.000 € eingespart. Nach 100.000 Texten beträgt die Ersparnis sogar 100.000 * 5 − 65.000 = 435.000 €." (Quelle: http://www.textomatic.net/Roboter-Journalismus/Unique-Text/index.html, Abruf 16.01.2017).

Algorithmen des Automated Journalism setzen also an den *Erstellungskosten der Nachrichteninhalte* an, indem sie Contentprodukte entwickeln, die sie den Nachrichtenorganisationen als Dienstleistungssubstitute für Teile ihrer Redaktion (bislang diejenigen Anteile, die mit Routineberichterstattung befasst sind) anbietet.

> Wordsmith arbeitet für einen Bruchteil der Kosten, braucht keinen Urlaub, wird nie krank und verbessert seinen Schreibstil dank künstlicher Intelligenz ständig. Eine Milliarde Texte schreibt er im Jahr. Das ist mehr als alle Journalisten der Welt zusammen fertigbringen (Schmidt 2016, S. 101).

Diese Kostenreduktion gilt nicht nur in Bezug auf die *fixen und unteilbaren* Kosten einer fest angestellten Redaktion, sondern ebenfalls im Hinblick auf (relativ) hohe *variable Kosten* für Honorare freier Zulieferer. „Billiger ist der Algorithmus auch noch: 20.000 Texte schreibt er für 1000 EUR" (Schmidt 2016, S. 101).

Damit wird das (relativ) große *Risiko der Produktion* von Medieninhalten, die ungewollt kein großes Publikum finden, stark reduziert und es wird zusätzlich die Produktion für den long tail kleiner Publika[10] (Nischennachrichten, vgl. Little League) möglich. Der *Wettbewerbsvorteil* der anbietenden Medienunternehmen besteht darin, dass sonst keiner über diese Events berichtet, da es sich ökonomisch nicht lohnt. Sogar eine personalisierte Inhaltsproduktion könnte damit ökonomisch sinnvoll sein. Quill oder Wordsmith lassen sich sehr konkret und spezifisch auf Kundenwünsche (der Nachrichtenorganisation) zuschneiden. Medienökonomisch gesehen ist aber die Generierung rezipientenspezifischer Medieninhalte von noch größerer Bedeutung, weil nicht mehr allein in der Zusammenstellung der Nachrichten aus Modulen, sondern auch in Bezug auf die *Tonalität,* den *Blickwinkel* und die *spezifischen Vorlieben* des Rezipienten ausgerichtete Endprodukte ausgeliefert werden können, was als Wettbewerbsvorteil beim Rezipienten auf der Basis differenzierten Medienangebots (vgl. Abschn. 1.6 Wettbewerbsstrategien) gelten kann.

Aufgrund der Tatsache, dass die automatisierte Produktion enorme *Geschwindigkeitsgewinne* in der Bereitstellung der benötigten Inhalte ermöglicht, entstehen bessere Möglichkeiten, mit der Zeitabhängigkeit des ökonomischen Wertes der Nachrichten (Aktualität) umzugehen und Inhalte – abhängig davon, ob sie noch manuell redigiert werden müssen – fast in Echtzeit zu generieren. Der Geschäftsführer des Anbieters Aexea bemerkt dazu im Interview:

> Texten war bis dato immer in enger Abhängigkeit mit dem Faktor Zeit verbunden, was sowohl die Schnelligkeit, als auch die Möglichkeiten beziehungsweise das Volumen der Texte begrenzt hat. Mit unserer Software lösen wir uns vom Faktor Zeit und Volumen (Steinweg 2016).

---

[10] Der Begriff des Long Tail bedeutet, dass durch die sehr niedrigen Kosten der Lagerung, Auslieferung und Bezahlung digitaler Güter der Verkauf von Produkten mit kleinen Zielgruppen (Nischenprodukte) ökonomisch sinnvoll sein kann und in der Summe nun nennenswerte Gewinne bei den Anbietern ermöglicht.

Die Automatisierung des Erstellungsprozesses wurde z. T. durch die nachrichtenproduzierenden Unternehmen selbst (vgl. oben, LA Times) angestoßen, nun aber von darauf *spezialisierten Dienstleistern* übernommen, die die ansehnlichen Entwicklungskosten der Produktion von Softwarelösungen übernehmen, sich dabei aber als neue *Akteure in der Wertschöpfungskette* der Contentproduktion installieren. Dabei verstehen sie sich aber nicht als journalistische Unternehmen, sondern als Technologiedienstleister. Durch Mehrfachverwendung kann der Algorithmus für verschiedene Kunden kundenindividuell wiederverwendet werden. Dies ermöglicht es, die initial hohen Erstellungskosten auf eine Anzahl von Kunden umzulegen. Dabei werden hohe Ausgaben für die First Copy des Algorithmus als Investition in künftige technologische Rationalisierungsgewinnmöglichkeiten verstanden.

Dies geschieht unter Zuhilfenahme von Journalisten als „Metawriter", die Templates und Regeln formulieren, welche dann als in Code geronnene Regelanweisungen vergegenständlicht werden. „Ansonsten verhält sich der Algorithmus aber wie ein guter Volontär: Je mehr die erfahrenen Redakteure ihm beibringen, desto besser wird er. Und er hat einen Vorteil: Er macht jeden Fehler nur einmal" (Schmidt 2016, S. 101). „You can't compete if you don't automate" (Gräfe 2016, S. 6).

Auch die Strategie der Markterweiterung, also die Erzeugung und Abschöpfung von *Verbundvorteilen*, greift hier. Algorithmen, die einmal zu einem bestimmten Themenkomplex (z. B. Baseball) entwickelt wurden, können wiederverwertet bzw. wiederverkauft werden – z. B. für verschiedene Sportligen, aber auch über die Ressorts hinweg (z. B. Quill für Finanzberichterstattung) angewendet werden.

Dabei sind die Anbieter ebenso mit der Etablierung *kostenloser Zulieferprozesse von Vorprodukten* befasst, indem sie auf öffentlich verfügbare Daten (Erdbebendaten, Wetterinformationen, Daten zu Tötungsdelikten) zugreifen, User Generated Content (über GameChanger) oder anderweitig verfügbare Social-Media-Inhalte (z. B. aus Twitter) nutzen, die (zum Teil) durch die Interaktionsmöglichkeiten öffentlicher bidirektionaler Medienkommunikation entstehen.

Hinzu kommt, dass die Popularitäts-Performance von Texten, quasi in Echtzeit (d. h. in Sekundenbruchteilen) gemessen und optimiert werden kann und Erkenntnisse aus sogenannten A/B-Testings innerhalb weniger Stunden auf eine Vielzahl von Produkttexten übertragen werden können. Auch die Möglichkeit, Texte automatisch in aktuell bis zu zwölf Sprachen zu generieren, eröffnet völlig neue Perspektiven im Sinne der Internationalisierung und Marktausweitung (Economies of Scale).

4.9 Antworten auf die eingangs gestellten Grundfragen

Auf Basis der Diskussion in den vorstehenden Abschnitten dieses Kapitels lassen sich also nachfolgende Antworten auf die eingangs formulierten Fragen geben:

Zu 1. Schreibprogramme übernehmen unbeliebte Routinearbeiten von Journalisten, ersetzen damit aber auch teilweise Journalistenstellen.

> Automated journalism will likely replace journalists who merely cover routine topics, but will also generate new jobs within the development of news-generating algorithms (Gräfe 2016, S. 2).

Zu 2. Dies wird bei einer speziellen Art von Artikeln der Fall sein, investigative, inhaltlich komplexe Texte im meinungsbildenden Bereich werden davon eher nicht betroffen sein.

> Algorithms cannot ask questions, explain new phenomena, or establish causality and are thus limited in their ability to observe society and to fulfill journalistic task, such as orientation and public opinion formation (Gräfe 2016, S. 2).

Zu 3. Es wird bei bestimmten Arten von Inhalten, z. B. aus der routinisierten Wetter-, Börsen- oder Sportberichterstattung nicht mehr möglich sein, automatisiert erstellte von durch Journalisten erstellte Inhalten zu unterscheiden.

Zu 4. Abhängig von dem jeweilig gewählten Qualitätskriterium (z. B. Kohärenz, Informationsgehalt, Glaubwürdigkeit, Objektivität etc.) werden Qualitätsunterschiede wahrgenommen. Zum Teil bewerten Rezipienten aber sogar den automatisiert erstellten Content qualitativ höher als durch Menschen erstellte Inhalte (vgl. Clerwall 2014).

Zu 5. Die Schaffung einer echten künstlichen Intelligenz mit eigenem Bewusstsein ist zunächst nicht zu erwarten. Mittel- bis langfristige gesellschaftliche Folgen werden bislang nur in Umrissen diskutiert. Der zu erwartende weitere Anstieg der verfügbaren Menge an Content und die Möglichkeiten der Personalisierung von Content lassen eine weitergehende Fragmentierung bei der öffentlichen Meinungsbildung erwarten (Gräfe 2016, S. 3). Probleme können hinsichtlich Transparenz bezüglich der Autoren und der Verfahren der Contentproduktion entstehen, ebenso hinsichtlich der beteiligten Zielstellungen (z. B. Berichterstattung vs. werblich vermarktbare Aufmerksamkeitsgenerierung oder PR/sponsored editorial content).

Zu 6. Aus Sicht der Produktanbieter sind die Produkte bereits einsatzfähig und werden in der Praxis bereits eingesetzt. Man kann hier davon sprechen, dass sich die Produkte in der frühen Marktphase befinden. Dies ist vor allem in der automatischen Generierung von Finanz- und Sportberichten der Fall. Aus Sicht von Medienunternehmen und Rezipienten ist festzustellen, dass noch keine flächendeckende Verbreitung im alltäglichen Journalismus stattfindet. Hier kann man noch von einer Experimentalphase in Bezug auf den Produkteinsatz sprechen (Gräfe 2016, S. 12).

Zu 7. Ökonomisch gesehen ist die Produktion von Nachrichtencontent dann sinnvoll, wenn dadurch ein Mehrwert erzielt wird, der einen Gewinnüberschuss für das Nachrichtenunternehmen erwirtschaften hilft. Die Anschaffung entsprechender Software bzw. Inanspruchnahme der Dienstleistungen von Unternehmen wie Automated Insights, Aexea oder Retresco sind entsprechend eine Investition des Medienunternehmens, die unter Maßgabe mittelfristiger Erwirtschaftung eines Mehrwerts beurteilt wird.

Zu 8. In einem Interview beantwortet der Geschäftsführer S. R. Alkan des Unternehmens Aexea, welches die Software AX Semantics anbietet, die Frage nach den Auswirkungen auf den Journalismus, die Journalisten sowie journalistische Inhalte wie folgt:

> Streng genommen gibt es den Roboterjournalismus bisher nur eingeschränkt – sofern man Journalismus als investigative, kommentierende und meinungsbildende Tätigkeit definiert. Automatisiert erstellte Texte werden derzeit vor allem als Gebrauchstexte im E-Commerce oder als Servicenachrichten verwendet: als Wetter- oder Verkehrsmeldungen, Sportberichte, Börsennachrichten oder Promi-News. (…) Schon jetzt gehen wir davon aus, dass wir ca. 50% der Inhalte aus Tageszeitungen automatisieren können. Das Feuilleton werden wir aber wohl eher kaum mit automatisierten Texten bestücken, in den Ressorts Wirtschaft, Finanzen, Sport sowie im Regional- und Lokalteil wird man diese aber ganz sicher vorfinden (…) Unsere Software ist aktuell und auch in absehbarer Zukunft nicht in der Lage, auf individuelle Interviewfragen einzugehen beziehungsweise diese überhaupt zu interpretieren und in hinreichender Qualität zu beantworten. In dieser Frage findet sich auch ganz klar die Grenze zum Journalismus wieder. Klammern wir die Frage der technischen Machbarkeit aus, steht der Aufwand und Nutzen auch aus rein wirtschaftlicher Sicht nicht in einem gesunden Verhältnis (Steinweg 2016).

4.10 Weitere Fragen zu diesem Kapitel

1. Was unterscheidet den Begriff Computational Journalism vom Begriff Automated (Algorithmic) Journalism?
2. Was gehört nach Neuberger zur journalistischen Arbeitspraxis?
3. Wie lässt sich nach dem Zitat von Picard (2010, S. 366) Journalismus von Nachrichtenproduktion abgrenzen? Ist automatisierte Nachrichtenproduktion Journalismus?
4. Worin besteht bislang das ökonomische Hauptproblem bei der Rationalisierung wissensintensiver menschlicher Arbeit?
5. Wie manifestiert sich das in der Kostenstruktur von Abonnementzeitungen in Deutschland?
6. Mit welchen Haupttaktiken versucht man das Problem traditionell nach Piet Bakker (2012) anzugehen?
7. Wie und woran setzen die Firmen an, die Text-Roboter-Software produzieren?
8. Was sind die entstehenden Vorteile? Welchen Möglichkeitsüberschuss bieten algorithmisch erzeugte Kontexte aus Sicht von Zielgruppen/Vermarktung?
9. Welche Probleme fallen dabei an und wie geht man damit um?
10. Was sind die gesellschaftlichen Folgen (vgl. noch einmal Gillespies sechs Dimensionen[11])?

---

[11]Vgl. Abschn. 2.6: Patterns of Inclusion, Cycles of Anticipation, Evaluation of Relevance, Promise of algorithmic Objectivity, Entanglement with Practice, Production of calculated Publics.

4.11 Algorithmic authority vs. editorial authority

Die schon im Kap. 2 aufgegriffene Diskussion über den gesellschaftlichen Einsatz und die soziokulturellen Folgen von Algorithmen versucht, die Differenzen zwischen einer seltenen und einer breiten Verwendung von Algorithmen in gesellschaftlichen Kommunikationsprozessen im Diskurs über die Begriffe „logic" oder „authority" klarer zu fassen.

> (…)applications to automatically generate news narratives fundamentally alter the authority relation, which requires conceptualizing what kind of authority automated journalism possesses (Carlson 2014, S. 11).

Es wird in dieser Diskussion dann vereinfachend eine algorithmische Logik von einer editoriellen Logik unterschieden. Matt Carlson (2014, S. 12) identifiziert folgende Argumente vonseiten von Herstellern und Befürwortern, die darauf hinweisen, mithilfe algorithmischer Logik typische Mängel menschlicher Wissensarbeit vermeiden oder minimieren zu können und damit

- höhere Präzision, Akkuratesse und Sachlichkeit,
- größere Effizienz beim Auffinden von Mustern oder Trends in Daten, dem Aufspüren von aktuellen Neuigkeiten,
- bessere Möglichkeiten beim Verfolgen (Tracken) von Spuren,
- mehr Interaktion mit Lesern sowie insgesamt
- den besseren Umgang mit hoher Komplexität von Daten und Fakten in analytischen Prozessen zu ermöglichen.

Der editoriellen Logik dagegen wird aus Sicht ihrer Befürworter, darunter viele Journalisten, grundsätzlich ein größeres Maß an Tiefe zugesprochen. Dies käme allerdings tendenziell weniger oder gar nicht in Texten der Sport- und Anlegerberichterstattung zum Tragen, sondern wäre erst erkennbar, wenn Nachrichtentexte über das reine Berichten von leicht abbildbaren Fakten hinausgingen. Dann wiederum könne editorielle Autorität „(…) not be emulated by algorithmic writing" (Carlson 2014, S. 13). Vielmehr sei in solchen Texten ein qualitativer Unterschied erkennbar, der zurückzuführen sei auf

- die normative Verpflichtung von Journalisten auf Objektivität,
- auf menschliche Eigenschaften wie Vorstellungsvermögen, Kreativität, Humor und durch kritisches Denken, die schlecht mathematisch abbildbar wären und
- auf die Fähigkeit, im Storytelling menschlich, emphatisch oder emotional zu agieren.

Carlson (2014) zitiert dazu wie folgt einen Professor für computerunterstütztes Schreiben:

> You know what there isn't an algorithm for? Humanity. (…) Great Journalism, I believe, reflects us as human beings: flawed, complicated, emotional. It is precisely the things that can't be defined in a programming language that makes us human (Carlson 2014, S. 13).

Dies zeige sich z. B. darin, dass kein menschengemachter – anders als algorithmisch erzeugte Artikel – genau gleich reproduzierbar wäre. Insofern wird des Öfteren darauf verwiesen, dass die beiden genannten Logiken sich jeweils für bestimmte Zusammenhänge als geeigneter oder weniger geeignet erweisen können. Auf dieser Basis ließe sich dementsprechend eine eigene Perspektive auf „journalistische Autorität in automatisierten Nachrichten" begründen.

> By removing humans, the authority of automated news becomes that of a thinking machine, capable of objectively sorting through data.[12] (…) Editorial Knowledge logics stress the expertise of subjective actors accumulating authority through their institutionalization. (Carlson 2014, S. 12 f., Fußnote von C. Z.)

Eine Abwägung in Medienunternehmen über den Einsatz von Textrobotern wird an vielen Stellen aufgrund der oben skizzierten ökonomischen Zusammenhänge dennoch oft im Ergebnis die Substitution menschlicher Arbeit durch Algorithmen zur Folge haben.

Literatur

Bakker, P. (2012) Aggregation, Content Farms and Huffinization – The rise of low-pay and no-pay journalism. In: Journalism Practice, Vol. 6, S. 627–637.
BDZV (2016) Die deutschen Zeitungen in Daten und Zahlen 2016.
Beyer, A. und Carl, P. (2008) Einführung in die Medienökonomie. Konstanz: UVK.
Burkhardt, S. (2009) Praktischer Journalismus. München: Oldenbourg.
Carlsen, Matt (2014) The Robotic Reporter – Automated journalism and the redefinition of labor, compositional forms, and journalistic authority. in: Digital Journalism 11.11. 2014.
CITO Research (o. J.) The Automated Analyst: Transforming Data into Stories with Advanced Natural Language Generation. Ohne Ort. https://www.narrativescience.com/automated-analyst, Abruf 7.1.2017.
Diakopoulos, N., Koliska, M. (2016) Algorithmic Transparency in the News Media. in: Digital Journalism.
Dörr, K.N. (2015a) Mapping the Field of Algorithmic Journalism. Digital Journalism 3. Nov. 2015.
Dörr, K.N. (2015b) Algorithmic Journalism, Einordnung und Konsequenzen. In: DFJV (Hrsg.) (2015) Journalistische Genres, Konstanz: UVK.
Gläser, M. (2014) Medienmanagement, 3. Aufl., München: Vahlen Verlag.
Glahn, H.R. (1970) Computer produced worded forecasts. In: Bulletin American Meteorological Society, Vol. 51, No. 12, December 1970.
Gräfe, Andreas (2016) Guide to Automated Journalism, Tow Center for Digital Jounalism, January 2016, https://www.cjr.org/tow_center_reports/guide_to_automated_journalism.php, Abruf 15.5.2017.
Just, N. und Latzer, M. (2016) Governance by Algorithms: Reality Construction by Algorithmic Selection, On the Internet, Accepted Manuscript forthcoming in: Media, Culture and Society, http://www.mediachange.ch/media/pdf/publications/Just_Latzer2016_Governance_by_Algorithms_Reality_Construction.pdf Abruf 10.1.2017.

---

[12]Wie wir oben bei Gillespie gesehen haben, ist dieses gerne benutzte Argument algorithmischer Objektivität bei der Generierung von Wissen allerdings nicht ohne Weiteres haltbar.

Kiefer, M.L. und Steininger, C. (2014). Medienökonomik: Einführung in eine ökonomische Theorie der Medien (3. Aufl.). München, Wien: Oldenbourg.

Kuls, N. (2015) Schreibroboter stoßen in die Wall Street vor. In: Faz Finazen. 18.7.2015. http://www.faz.net/aktuell/finanzen/software-narrative-science-schreibroboter-stossen-in-die-wallstreet-vor-13708421.html, Abruf 13.1.2017.

Lafrance, A. (2016) A Computer Tried (and Failed) to Write this Article. The Atlantic, Jun 8, 2016, https://www.theatlantic.com/technology/archive/2016/06/story-by-a-h, Abruf: 16.10.2016.

Levy, S. (2012) Can an Algorithm write a better News Story than a human Reporter in: Wired Magazine 24.04.2012. https://www.wired.com/2012/04/can-an-algorithm-write-a-better-news-story-than-a-human-reporter/ Abruf 9.1.2017.

Lohr, S. (2016) Start-Up Lesson from the Once-Again Hot Field of A.I. in: The New York Times, 28.2.2016. http://nyti.ms/214Akiu Abruf 16.1.2017.

Napoli, P.M. (2014) On Automation in Media Industries: Integrating Algorithmic Media Production into Media Industries Scholarship, in: Media Industries, Vol 1 No. 1, ISN 2373-9037.

NDR (2015) Mensch oder Maschine? Machen Sie den Test! http://www.ndr.de/nachrichten/netzwelt/Mensch-oder-Maschine-Machen-Sie-Test,roboterjournalismus102.html, Abruf 12.11.2017

Neuberger, C. und Kapern, P. (2013) *Grundlagen des Journalismus.* Wiesbaden: Springer VS.

New York Times (2015) Did a Human or computer write this? 7. March 2015. http://www.nytimes.com/interactive/2015/03/08/opinion/sunday/algorithm-human-quiz.html?_r=0 Abruf 9.1.2017.

Picard, R.G. (2010) The future of the news industry. in: Curran, J. (Hrsg.) (2010) *Media and Society.* London: Bloomsbury Academic, S. 365–379.

Picard, R.G. (2014) Twilight or New Dawn of Journalism?, JournalismStudies, 15:5, 500–510.

Quiring, O. und Schweiger, W. (2006): Interaktivität – ten years after, Medien und Kommunikationswissenschaft, 54 Jg. 1/2006, Nomos Verlag.

Rogers, A. (2016) We asked a Robot to write an Obit for AI Pioneer Marvin Minsky. Wired, 26.1.2016, https://www.wired.com/2016/01/we-asked-a-robot-to-write-an-obit-for-...2, Abruf 17.10.2017.

Ruß-Mohl, S. (2016) Journalismus – das Lehr- und Handbuch. 3. Aufl. Frankfurt a. M.: Frankfurter Allgemeine Buch.

Schmidt, H. (2016) Schreib das auf, Blechkiste. In: Focus 1/2016, S. 99–101.

Steinweg, L. (2016) Interview mit S.R. Alkan, Quelle: http://www.techtag.de/it-und-hightech/roboterjournalismus-interview-saim-rolf-alkan/ Abruf 13.12.2016.

Wirtz, B.W. (2016) Medien- und Internetmanagement, 9. Aufl., Wiesbaden: Springer Gabler.

Wöhe, G., Döring, U., und Brösel, G. (2016). Einführung in die allgemeine Betriebswirtschaftslehre, 26. Aufl., München: Oldenbourg.

Zydorek, C. (2017) Einführung in die Medienwirtschaftslehre, Wiesbaden: SpringerGabler.

5 Die Erstellung personalisierter Contentprogramme durch Empfehlungssysteme

> **Zusammenfassung**
>
> Die zunehmend genutzten Möglichkeiten des interaktiven Abrufs von Inhalten von Videostreaming-Angeboten wie Netflix verändern für Nutzer und Anbieter die Bedingungen ihrer Kooperation. Anbieter müssen nun in Interaktion mit entscheidungssouveränen Usern ein jeweilig nutzerindividuelles Programm zusammenstellen. Diese anspruchsvolle Programmierungslösung muss einerseits geeignet sein, das mit den neuen Auswahlmöglichkeiten entstandene Optionenproblem der User zu lösen. Andererseits müssen sie den ökonomischen Zielen der Anbieter (Publikumsattraktivität des Programms, Kundenbindung, Wettbewerbsvorteile, Gewinnerzielung) dienen. Empfehlungssysteme leisten dies, indem sie reichhaltige aus der Nutzer-System-Interaktion gewonnene Informationen dabei einsetzen, algorithmisch kalkulierte Aussagen über den angenommenen Nutzen der verschiedenen Optionen in einer für den User einfachen Weise zu generieren. Diese müssen dem Nutzer so präsentiert werden, dass er daraus relativ aufwandsarm das eigene Programm zusammenstellt, das seinen Interessen sowie den Interessen des Inhaltsanbieters möglichst gut entspricht.

5.1 Einleitung

Ricci et al. (2015, S. 18) nennen fünf Domänen, in denen heutzutage schon in hohem Maß Empfehlungssysteme eingesetzt werden: Entertainment (hier z. B. Video, Audio, Games), Content (z. B. News, Learning), E-Commerce (hier z. B.: Handel mit Mediengütern), Services, Social Media (z. B. Social Media Content). Vier davon sind im Medienbereich angesiedelt, was die Frage aufwirft, welche technischen und ökonomischen Rahmenbedingungen dazu beitragen, dass gerade hier Empfehlungen eine wichtige Rolle spielen, da doch „[e]xecutives in nearly every industry are looking for ways to reap value from analytics" (Bain Insights 2014).

Die Distribution von Medieninhalten hat sich in den vergangenen Jahren stetig auf digitale Netze verschoben.

> In 2012, for the first time ever, Americans watched more movies legally delivered via the Internet than on physical formats like Blue-Ray Discs or DVDs. The shift signified more than a simple switch in formats; it also marked a difference in how much information the providers of online programming can gather about our viewing habits (Leonard 2013).

Medieninhalte, die interaktiv abgerufen werden, weisen also bessere Bedingungen für datengestützte Analyse der Abnehmerwünsche auf als Sachgüter und Güter, die über physische Distributionskanäle vertrieben werden. „Every song listened to, every minute of video viewed, every online page that is clicked contributes to the mountains of data that tell them what audiences want" (Bain Insights 2014). Dieser Ansatz wird als Chance für Medienunternehmen gesehen, die Rezipientenbedürfnisse im Mediensektor besser als je zuvor beim Contentangebot berücksichtigen zu können. „[I]t seems reasonable to view the gathering and use of big data in the media sector as the latest step in the historical process of the rationalization of audience understanding" (Napoli 2016, S. 2).

Dabei versucht man, gleichzeitig einem Problem zu begegnen, das aus dem stetig wachsenden Contentangebot resultiert: Die Zusammenstellung des Sortiments- oder Programmbündels für den Rezipienten kann aufgrund der großen Menge verfügbarer Produktoptionen beim Abruf über digitale Netze nicht mehr dem Kunden allein überlassen werden, denn dieser ist mit dieser Optionenanzahl überlastet:

> The explosive growth and variety of information available on the web and the rapid introduction of new e-business services (selling products, product comparison, auctions, etc.) frequently overwhelmed users, leading them to make poor decisions. The availability of choices, instead of producing a benefit, started to decrease users' well-being. It was understood that while choice is good, more choice is not always better. Indeed, choice, with its implications of freedom, autonomy, and self-determination can become excessive, and ultimately create a sense that freedom may come to be regarded as a kind of misery-inducing tyranny (Ricci et al 2015, S. 2).

Dies hat auf die Anbieter von Medieninhalten enorme negative Auswirkungen, die im Sinne der grundsätzlichen Ziele der Medienunternehmen zu lösen sind. Dazu werden Empfehlungssysteme eingesetzt:

> Recommender Systems (RSs) are software tools and techniques that provide suggestions for items that are most likely of interest to a particular user (…) An RS normally focuses on a specific type of item (e.g., CDs or news) and, accordingly its design, its graphical user interface, and the core recommendation technique used to generate the recommendations are all customized to provide useful and effective suggestions for that specific type of item. RSs are primarily directed toward individuals who lack the sufficient personal experience or competence in order to evaluate the potentially overwhelming number of alternative items that a website, for example, may offer (Ricci et al. 2015, S. 1).

Die Diskussion dieses Kapitels bezieht sich auf den Einsatz von Empfehlungssystemen in der Wertschöpfungsstufe der Contentbündelung bei Mediengütern. Die Verteilplattform für Videoinhalte Netflix erscheint als geeignetes Beispiel, die Rahmenbedingungen sowie gegenwärtigen Veränderungen und Herausforderungen bei der Zusammenstellung eines „Programms von Medieninhalten" für das Publikum bzw. den individuellen Rezipienten zu analysieren, denn „Netflix is at the forefront of this sea change, a pioneer straddling the intersection, where big data and entertainment media intersect" (Leonard 2013).

5.2 Die Wertschöpfungsstufe der Contentbündelung

Wie in Kap. 1 gesehen, differenziert man die Wertschöpfung bei Medieninhalten in fünf Produktionsstufen, Initiierung/Konzeption, Herstellung, Bündelung (Packaging), Distribution und Rezeption. Nachdem Inhalte beschafft oder produziert sind, stehen sie noch nicht als fertige, konsumierbare Endprodukte zur Verfügung, sondern die produzierten Module (z. B. Songs bei Musikalben, Beiträge bei Zeitungen, Zeitschriften und TV-Programmen) müssen erst zum konsumierbaren Endprodukt zusammengefügt werden.

> Durch Reproduktion zu (…) First Copies inhaltlicher Module, stehen sie für die weitere Produktion zur Verfügung. Der nächste Schritt ist die Bündelung der First Module Copies zu einem kompletten Leistungsangebot, der First Product Copy (…) in einer Unterscheidung von Kruse (1996) könnte man die Produktion von First Module Copies auch als Inputebene bezeichnen, den Prozess der Bündelung der Module Copies zu einer First Product Copy als publizistische Ebene der Medienproduktion und die Vervielfältigung des Masterpiece und Distribution der Kopien als Distributionsebene (Kiefer und Steininger 2014, S. 170).

Bei der Bündelung geht es also um das Zusammenfügen von vorgefertigten Bestandteilen zu vermarktungsfähigen (End)Produkten, da Medienprodukte oft „(…) nicht als isolierte Leistungen, sondern im Kontext eines größeren Produktzusammenhangs vermarktet werden, (…) einem eng ineinander verflochtenem Produkt-Ensemble" (Gläser 2014, S. 152). So wie traditionell der einzelne Nachrichtenartikel als Teil einer Product Copy der Tageszeitung vermarktet wurde, war der Musiktitel Teil eines Tonträgers (Vinyl-Album, CD) und die Einzelsendung ein Teil eines TV-Programms. Unternehmen, die sich auf den Bündelungsprozess[1] fokussieren, sind Zeitungs-, Zeitschriften-, Buchverlage, Radio- und Fernsehsender, Musiklabels, Musikverlage, Content-Aggregatoren sowie Internet Service Provider (Zydorek 2017, S. 81).

Ein TV-Programm als Contentbündel wird definiert als

> (…) planvolle und zeitlich geordnete Folge von Darbietungen eines Veranstalters, die (…) über einen im Voraus bestimmten Kanal verbreitet wird. Ein Rundfunkprogramm ist also das sendungsübergreifende Sortiment eines Veranstalters, ökonomisch vergleichbar etwa dem Produktsortiment eines Supermarktes oder eines Pressekiosks, es ist kein abgegrenztes Gut im ökonomischen Sinne (Heinrich 1999, S. 115).

---

[1]Bei Rimscha und Siegert (2015) heißt dieser Stufe „Konfektionierung".

Als ökonomische Eigenschaften nennt Heinrich (1999, S. 120) folgende: Das TV-Programm ist

- ein immaterielles Gut, eine Art Dienstleistung, die lagerfähig ist, d. h. in entsprechenden Medien gespeichert werden kann,
- in der Regel ein Verbundprodukt aus (verschiedenen, nichtwerblichen und werblichen) Inhalten,
- überwiegend ein Konsumgut,
- (marketingtheoretisch) ein Massenprodukt und ein Fertigerzeugnis, das auf dem Konsumgütermarkt an Haushalte bzw. an Personen geliefert wird,
- ein Gut, für das in der Regel keine eindeutige Input-Output-Relation und keine Preis-Absatz-Funktion existiert (vgl. dazu Zydorek 2017, Kap. 5).

Brösel (2006) beschreibt einen Fernsehsender als Programmbündler:

> [D]as gesendete Fernsehprogramm [ist; C. Z.] als Synthese von einzelnen Programmbestandteilen und anderen Produktionsfaktoren das Produkt eines Fernsehanbieters (…) Als dominierendes Formalziel (…) privater Anbieterformen gilt die Erwirtschaftung angemessener Gewinne für die Gesellschafter (…) Unter Programmplanung (…) wird die Bestimmung der inhaltlichen und zeitlichen Konzeption einer für die Rezipienten bestimmten Kombination einzelner Rundfunksendungen und Programmbestandteile verstanden (Brösel 2006, S. 621 f., 624).

Dies geschieht unter verschiedenen Restriktionen, wie Finanzen, verfügbare Sendezeit, Ausstattung mit Programmbestandteilen und Technik.

> Die Sendungen und anderen Programmbestandteile müssen so auf die Sendezeit verteilt werden, dass das erreichbare Niveau der Zielerfüllung maximiert wird (Brösel 2006, S. 624 f., Hervorhebungen weggelassen).

5.3 Medienökonomische Bezugsprobleme in der Bündelungsstufe der Wertschöpfungskette

Beim Zusammenfügen der vorgefertigten Bestandteile (Module Copies) zu vermarktungsfähigen (End)Produkten (First Product Copies) sind aus ökonomischer Sicht verschiedene Rahmenbedingungen und Herausforderungen zu berücksichtigen. Dabei ist von Bedeutung, dass der Prozess des Zusammenstellens von First Product Copies als unter publizistischen und ökonomischen Kriterien *besondere Herausforderung* gilt, die vom beteiligten Personal und den dafür verantwortlichen Mitarbeitern Kreativität, Erfahrung, Intuition und Geschick sowie pragmatischen Umgang mit Entscheidungskomplexität erfordert. Für TV-Programmveranstalter gilt:

> Während die Erzeugung von Rezipientenkontakten für die werbetreibende Wirtschaft als Sachziel werbefinanzierter Sender anzusehen ist, steht dagegen bei entgeltfinanzierten Rundfunkanbietern

5.3 Medienökonomische Bezugsprobleme in der Bündelungsstufe ...

die Bereitstellung und *Übermittlung attraktiver Programme* an die Zuschauer als Sach- oder Leistungsziel im Vordergrund (Brösel 2006, S. 622).

Die ökonomischen Kriterien orientieren sich also vor allem an dem Konzept der Erzeugung von *Publikumsattraktivität* (Einschaltquote, Page Impressions/Visits, Sehdauer, etc.), einerseits im Hinblick auf die Größe des Publikums als Attraktivitätsmaßzahl, andererseits aber – im Fall werbe(mit)finanzierte Medien – als direkt umrechenbare ökonomische Größe (nämlich Werbeeinnahmen). Da es zu einer *starken Fixkostendegression*[2] mit wachsendem Publikum kommt, ist Publikumsattraktivität für das Medienunternehmen ein zentrales Erfolgskriterium. Der Publikumsattraktivität auf der einen Seite steht die *Investition* für die in das Programm aufzunehmenden Sendungen als zu *minimierende* Größe entgegen.

Um eine effiziente Ressourcenallokation zu gewährleisten, ist es deshalb erforderlich, die Investitionsentscheidungen in die Programmobjekte sowie die Programmplanung miteinander zu verknüpfen (Brösel 2006, S. 621).

Hier kommt der schon oben angesprochene Umstand zum Tragen, dass keine eindeutigen Input-Output-Relationen und keine Preis-Absatz-Funktion für TV-Programme existiert. Daraus „(…) resultiert eine erhebliche Unsicherheit in der Kalkulation von Preisen, Produktionsmengen und Produktqualitäten" (Heinrich 1999, S. 120).

Es wird in diesem Kontext erneut auf die *prinzipielle Unsicherheit der Nachfrage* durch das Publikum im Zusammenhang mit *unklaren oder schlecht bestimmbaren Qualitätsmerkmalen des Mediengutes* (Kiefer und Steininger 2014, S. 188 ff.) hingewiesen. Das Problem der Produktion eines möglichst großen Publikums vor dem Hintergrund einer steigenden Anzahl von Medienkanälen verschärft das Problem der *Knappheit des benötigten externen Produktionsfaktors* Aufmerksamkeit (Kiefer und Steininger 2014, S. 186 ff.).

Dem Kauf vorausgehen muss also in der Regel die Bereitschaft, die für die Dienstleistung Kinofilm benötigten externen Produktionsfaktoren: Zeit, Präsenz, Aufmerksamkeit als Kinobesucher tatsächlich in den Produktionsprozess der Dienstleistung einzubringen, um die Endproduktion zu ermöglichen. Zentrales Anliegen aller am Leistungsversprechen ‚Kinofilm' als Anbieter Beteiligten muss es also sein, diese Bereitschaft zur ‚Mitarbeit' des Abnehmers zu wecken[3] (Kiefer und Steininger 2014, S. 187).

Dies gilt genauso auch für TV- und Videostreaming-Angebote.

Die grundsätzlichen *unklaren, für den Rezipienten schlecht bestimmbaren Qualitätsmerkmale des Mediengutes* sind, wie ich schon in Abschn. 2.3 und 3.2 dargelegt habe, in der Komplexität des Medienproduktes, den verschiedenen Perspektiven der Produktbewertung,

---

[2] „Nur bei der Rundfunkproduktion gibt es ausschließlich fixe Kosten. Die Kosten der Programmveranstaltung, mengenmäßig gemessen als Kontaktzeit × Zahl der Rezipienten, gemessen also als Reichweite, sind unabhängig von der Produktionsmenge" (Heinrich 1999, S. 121).

[3] Vgl. zum Konzept der Mediendienstleistung und der Notwendigkeit des externen Produktionsfaktors Zydorek (2017, Abschn. 12.4).

unterschiedlichen Qualitätsmaßstäben, dem Unterschied des Ergebnisses der Einbringung des externen Produktionsfaktors sowie den Informationseigenschaften der Mediengüter als Erfahrungs- oder Vertrauensgüter und der Zeit- und Ortsabhängigkeit des Güterwertes begründet.

Das Problem der unklaren Qualität des Mediengutes resultiert im konkreten Fall des Streamingangebots aus:

- der *Komplexität* der Zusammenstellung des konkreten (individuellen) Programmangebots aus den insgesamt verfügbaren Inhalten des Anbieters.
- der *Perspektive* des Streaminganbieters, der seine Ziele in Relation zu den Zielen und Perspektiven des Rezipienten definieren und formulieren muss.
- *verschiedenen Qualitätsmaßstäben,* die je nach Rezipient und Beobachter variieren, wenn sie unterschiedliche Nutzen aus dem Rezeptionsprozess ziehen, etwa Unterhaltung, Information oder Wissensvermittlung, Identifikation oder soziale Nutzen (z. B. bei gemeinsamen Rezeptionserlebnissen oder Kommunikation mit anderen über Programminhalte).
- dem *Unterschied des Ergebnisses der Einbringung des externen Produktionsfaktors* bei jedem einzelnen Rezipienten aufgrund seiner Erwartungen vor und dem Erfüllungsgrad dieser Erwartungen beim Rezeptionserlebnis.
- den *Informationseigenschaften des Mediengutes,* das der Rezipient als Erfahrungsgut erst nach dem Rezeptionsprozess abschließend hinsichtlich seiner Qualität beurteilen kann.
- der *Zeitabhängigkeit und Ortsabhängigkeit* der Rezeption als Bestimmungsgröße des Wertes.

> Während die meisten Konsumgüter zu beliebiger Zeit, an beliebigen Orten, in beliebiger Menge konsumiert werden können (…) sind beim Rundfunk Zeitpunkt Zeitdauer und Konsumgeschwindigkeit und speziell beim Fernsehen auch der Konsumort und in Grenzen auch die Konsummenge vorgegeben. Es macht wenig Sinn, einen Film nur zu einem Drittel anzusehen oder eine Talkshow nur zu Hälfte. In diesem Sinne ist Rundfunk nicht so beliebig teilbar und substituierbar, wie das in der Ökonomie als üblich angenommen wird (Heinrich 1999, S. 133).

Daraus resultiert (für das Medienunternehmen) eine Unklarheit über die Erfolgskriterien, nach denen First Module Copies und First Product Copies gestaltet sein sollten, um auf diese Weise den unmittelbar damit verbundenen praktischen Unternehmenszielen des Medienunternehmens, nämlich Gewinn, Risikominimierung und Sicherheit, Wachstum, Wettbewerbsfähigkeit, Einschaltquote/Auflage, sowie Kundenbindung/Kundenzufriedenheit[4] und dann am Ende oben genanntem Gewinnziel am besten zu entsprechen.

---

[4]Im Grundlagenband hatte ich anschließend an eine empirische Studie von Geschäftsberichten und eine Managementbefragung von Eisenbeis (2007) die spezifischen Ziele des Medienunternehmens herausgearbeitet: Neben den beiden Hauptzielen Gewinn und Qualität waren dies Deckungsbeitrag, Einschaltquote/Auflage, Erschließung neuer Märkte, Kundenbindung/Kundenzufriedenheit, Risikominimierung/Sicherheit/Sicherung des Unternehmensbestands, Umsatz, Wachstum sowie Wettbewerbsfähigkeit (vgl. Zydorek 2017, Abschn. 10.3 und 10.4).

> **Medienökonomische Bezugsprobleme auf der Bündelungsstufe**
> - Programmgestaltung ist eine komplexe Herausforderung
> - Hintergrund ist das Formalziel der Erwirtschaftung angemessener Gewinne
> - Sachziel ist die Übermittlung eines publikumsattraktiven Programms
> - Dabei sind die Programm- und sonstigen Kosten zu minimieren
> - Starke Fixkostendegression bei Programmangeboten
> - Publikumsattraktivität steht in Konkurrenz verschiedener Inhaltsanbieter, was zur Knappheit des externen Produktionsfaktors Aufmerksamkeit führt
> - Die Nachfrage nach Inhalten ist prinzipiell unsicher
> - Unklare Qualitätsmerkmale des Produkts
> - Unklare Erfolgsfaktoren für die Product Copy
> - Zeitabhängigkeit und Ortsabhängigkeit des Wertes
> - Sunk Costs bei wenig erfolgreichen oder nicht erfolgreichen Programminhalten
> - Kundenzufriedenheit, die zu Kundenbindung führt, ist schlecht beobachtbar und kann nicht individuell und in Echtzeit erhöht werden.

5.4 Klassische Strategien von Medienunternehmen im Umgang mit den Problemen der Bündelungsstufe

Die Vervielfältigung der Medienangebote und Distributionskanäle in den letzten Jahren führte zu einer immer weiteren Fragmentierung des Zielpublikums (audience fragmentation). Da das maximale Aufmerksamkeitsvolumen des Rezipienten aber nur begrenzt vermehrbar ist, muss man dabei letztlich von einem Nullsummenspiel ausgehen (Heinrich 1999, S. 134), bei dem ein konkreter Content eine immer geringere Summe an Aufmerksamkeit auf sich ziehen kann. Umso wichtiger wurde es, eine vor dem Zielhintergrund des Medienunternehmens möglichst optimale Version des Programms auszustrahlen. „Zwischen den Sendern herrscht ein reiner Qualitätswettbewerb. Es geht ausschließlich darum, die Zuschauerwünsche möglichst gut zu erfüllen" (Karstens und Schütte 2010, S. 85). In diesem Zusammenhang werden eine *klare Positionierung* des Senders und ein *eindeutiges Image* notwendig, um in das „relevant set" des potenziellen Zuschauers zu kommen[5]. Die konkrete Auswahl des Zuschauers innerhalb des „relevant set" erfolgt dann am ehesten aufgrund der konkreten Sendungen (Karstens und Schütte 2010, S. 85).

Dies führte in der TV-Programmplanung zu speziellen Formen der *Aufmerksamkeitserzeugung*, um Kunden zu gewinnen sowie auch zu speziellen *Kundenbindungsanstrengung*,

---

[5]Also diejenigen Sender, die überhaupt für den Rezipienten infrage stehen, früher die Tastaturbelegung 1–9 auf der TV-Fernbedienung.

um die Abwanderung einmal gewonnener Rezipienten zu erschweren oder zu verhindern (vgl. Zydorek 2017, Abschn. 10.4.5):

Die Taktik des *Stripping* bedeutet die tägliche Programmierung der gleichen Sendeform auf dem gleichen Sendeplatz, um das Programm für den Zuschauer planbar und berechenbar zu machen. Gleichförmige zeitliche Programmschemata dienen zur Orientierung des Rezipienten (Brösel 2006, S. 626) sowie zur Einbettung des Programms in die eigene Zeitstrukturierung. Die Erzeugung von *Audience Flow* setzt auf die Bildung von Sendestrecken, die mehrere Programmplätze umfassen und die einmal erreichten Zuschauer möglichst ohne Verluste von einer Sendung zur nächsten zu leiten, z. B. durch *Blocking* (mehrere Sendungen gleichen Typs und Inhalts hintereinander platzieren), *Lead-in* (eine starke Sendung vor ein neues oder schwaches Programm positionieren) oder *Lead-off* (der Versuch, durch eine starke Sendung zu Beginn der Prime Time ein hohes Publikum für die ganze Prime Time zu gewinnen), Hammocking (zwei starke Sendungen um eine Schwache herum) oder Sandwiching (eine starke Sendung zwischen zwei schwächeren) (vgl. Karstens und Schütte 2010, S. 136 ff.; Zydorek 2017, S. 142; Koch-Gombert 2010 S. 184 ff.).

Traditionell werden auch an der Konkurrenz orientierte Wettbewerbsstrategien wie *Counterprogramming* (Kontrastierung des Programms der Wettbewerber durch Angebot für eine andere Zielgruppe) oder *Blunting* (ähnliches Programm für dieselbe Zielgruppe wie Wettbewerber) jeweilig zielorientiert genutzt (Karstens und Schütte 2010, S. 138 ff.). Das *Labeling* hingegen, also die markenartige Auszeichnung von Sendeplätzen (z. B. ProSieben Mystery) oder Sendungsarten (z. B. Sat.1 Filmfilm – deutsche Filme dienstags um 20.15 Uhr) wird eingesetzt, um es den Zuschauern zu ermöglichen, mit diesen Marken bestimmte Inhalte, Programmqualitäten oder Arten der Bedürfnisbefriedigung zu verbinden. Potenzielle Zuschauer können so ihre Aufmerksamkeit entsprechend ausrichten. Das Angebot von Themen- und Programmschwerpunkten oder Thementagen (z. B. ProSieben Tolerance Day) kann ebenfalls aufmerksamkeitserzeugend und handlungsleitend bei Rezipienten wirken (Karstens und Schütte 2010, S. 138 f.).

Die ursprüngliche Funktion des Bündelns und Verpackens von Module Copies zu einer Product Copy, also ein massentaugliches Produkt für den typischen Rezipienten massenmedial verbreiteter Medieninhalte herzustellen, wird durch die eingangs erwähnten veränderten technischen Bedingungen der Produktion, Bündelung und Distribution von Medieninhalten seit geraumer Zeit grundsätzlich infrage gestellt. Der Zwang zur Herstellung einer massentauglichen Product Copy wird aufgehoben, der Download einzelner Titel von Musikalben, der Abruf einzelner Video- oder Audiosendungen oder einzelner journalistischer oder künstlerischer Texte wird möglich. Dadurch entstehen nicht nur neue Möglichkeiten, sondern auch neue Anforderungen an die Gestaltung von Produktbündeln für Medienunternehmen: zielgruppengemäße oder sogar *personalisierte* Medienangebote auf der Ebene der Product Copy anzubieten.

Zunehmend werden dann auch die Programmbestandteile als *Module* verstanden, welche kombiniert und gebündelt, wieder entbündelt und *neu kombiniert* werden können. Statt das fertige (Tages-, Wochen- etc.) Programm als eine fertige Blaupause eines fixen Produktes zu behandeln wird dieses Programm nun als eine *Version* eines Gutes verstanden, die neben anderen (potenziellen) Versionen steht. Diese Versionen können zunächst nach (Ausstrahlungs-)*Zeit* und *Ausstrahlungsregion,* aber auch gemäß unterschiedlichen *Zielgruppen* und unterschiedlicher *Zahlungsbereitschaften* neu kombiniert werden (Heinrich 1999, S. 123 f.)[6]

Ist dieser gedankliche Schritt vollzogen, ist die Idee, die jeweiligen Programmbestandteile hinsichtlich ihres *Beitrages zur Zielerfüllung* des Programms aus Rezipienten- und Anbietersicht (siehe vorstehender Abschn. 5.3) zu bewerten und im Hinblick darauf zu optimieren, naheliegend.

5.5 Algorithmisch gebündeltes Medienangebot als Lösung des Optionenproblems beim Streaming

Durch die Auflösung eines fixen Programms kann sich der Rezipient nun prinzipiell ein eigenes Programm und so seine eigene Product Copy für eine von ihm gewählte Rezeptionszeit und einen Rezeptionsort zusammenstellen. Der jetzt entscheidungssouveräne Rezipient ist nun durch die Vielfalt der Inhaltoptionen und die Komplexität einer eigenständigen Programmerstellung aus den verfügbaren Angeboten überfordert. Daraus resultiert dann auch ein Problem für die Anbieter: Das Problem des Programms und der Programmierung taucht nun als Recommender Problem wieder auf:

> Internet TV is about choice: what to watch, when to watch, and where to watch (…) humans are surprisingly bad in choosing between many options, quickly getting overwhelmed and chosing 'none of the above' or making poor choices (…) customer research suggests that a typical Netflix member loses interest after perhaps 60 to 90 seconds of choosing, having viewed 10 to 20 titles (perhaps 3 in detail) on one or two screens. The user either finds something of interest or the risk of the user abandoning our service increases substantially. The recommender problem is to make sure that on those two screens each member in our device pool will find something compelling to view, and will understand why it might be of interest (Gomes-Uribe und Hunt 2015, S. 13.2).
>
> (…) the goal of the recommender system is to present a number of attractive items for a person to choose from (…), is to come up with a personalized set of recommendations. These results can be serviced directly from lists that we have previously computed or they can be generated on the fly by online algorithms (Amatriain und Basilico 2015, S. 393, 407).

---

[6]„Allerdings sind nicht alle Programme bzw. Sendungen in gleicher Weise geeignet, mehrfach verwendet zu werden. Am besten sind Programme, deren *Nachfrage weder zeitlich noch regional limitiert* ist. Dies gilt vor allem für Sendungen mit Spielfilmcharakter, die häufig global verwertet werden und deren Wert nicht an eine strikte *Aktualität* gebunden ist" (Heinrich 1999, S. 124).

Als Anbieter versucht man dabei, durch den kundenindividuellen Zuschnitt der Empfehlung einen Alleinstellungs- oder Differenzierungsvorteil (vgl. Abschn. Wettbewerbsvorteile in Abschn. 1.6) beim Kunden zu erreichen.

> Netflix has been developing its slate of original programming by feeding its enormous trove of audience behaviour and ratings data into a predictive algorithm that then identifies the type of original programming most likely to succeed (Napoli 2014, S. 349).

Dies kann aber nur gelingen, wenn konkurrierende Anbieter, hier z. B. Amazon, Maxdome, Sky Ticket, verschiedene Sender-Mediatheken, YouTube und Vimeo dies nicht in der selben Perfektion leisten können wie Netflix (vgl. erneut: Differenzierungsvorteil im Konzept der Wettbewerbsstrategien). Reed Hastings, CEO von Netflix, schränkt diese Anforderung im Interview (SZ 19.01.2016, S. 20) aber ein:

> Wir kämpfen um die Freizeit der Nutzer und wir müssen sie nicht komplett gewinnen. Wir müssen nur so viel gewinnen, dass die Leute kein Problem damit haben, pro Monat 10 Euro für unser Angebot auszugeben.

Als dauerhaftes Erfolgskriterium wird die Kundenbindung an das eigene System gesehen. „However, we ultimately trust user retention as our overall evaluation criteria" (Amatriain und Basilico 2015, S. 400). Kundenbindung bedeutet im Fall von Netflix, dass das Abonnement nicht gekündigt wird.

5.6 Funktionsweise der Algorithmen und Workflow der automatisierten Bündelung von Medieninhalten in Videostreaming-Angeboten

Das ursprüngliche Empfehlungssystem von Netflix war auf das Distributionsmodell des Postversandes von DVDs ausgerichtet. Entsprechend war es zunächst ein eindimensionales Modell der Vorhersage der Bewertung (vgl. Abb. 5.1, hier „Rating") des Videos

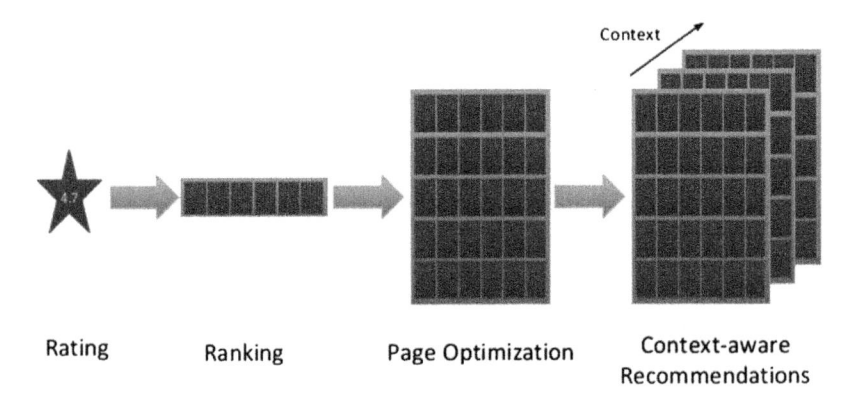

Abb. 5.1 Evolution der Empfehlungssysteme. (Quelle: Amatriain und Mobasher 2014, S. 9 http://www.slideshare.net/xamat/kdd-2014-tutorial-the-recommender-problem-revisited)

durch den potenziellen Rezipienten nach einem Fünf-Sterne-Bewertungsmodell. Von dort aus wurde es, mit Veränderung des Geschäftsmodells hin zu einer internationalen Video-Streaming-Plattform ab dem Jahr 2007 und den kontinuierlichen Verbesserungen hin zu einem komplexen Bewertungssystem auf der gesamten Startseite des Nutzers mit verschiedenen Bezugsgrößen entwickelt. Aus der Bewertung von Einzelvideos mit Sternen entstand zunächst ein personalisiertes Ranking von Videos in Form einer Reihe mit absteigenden prognostizierten Nutzenwerten für den User (Abb. 5.1, hier „Ranking"). Daraus wurde dann in der dritten Entwicklungsstufe („Page optimization") das heutige Netflix-Empfehlungssystem, das aus einer Anzahl verschiedener Algorithmen besteht, die das nutzerindividuelle Programmangebot bestimmen und deren Kalkulationsergebnis auf der jeweiligen Startseite des Endgerätes (TV, Browser, Smartphone oder Tablet) in einer Anzahl von (meist 40) Reihen (rows) angezeigt wird. Jede Reihe hat einen Namen, der den inneren Zusammenhang der Videoauswahl dieser Reihe repräsentieren soll (z. B. Top 10, Feel-Good-Family Features, Because you watched, Trending now, etc.). Die Reihen bestehen aus bis zu 75 Videoempfehlungen und in den Reihen befinden sich typischerweise Empfehlungen, die ein einzelner Algorithmus erzeugt hat. Durch dieses Empfehlungssystem werden ca. 80 % der gestreamten Programmstunden generiert (Gomez-Uribe und Hunt 2015, Abschn. 13.5).

Zusätzlich wird nun in der vierten Evolutionsstufe auch der situative Kontext der Nutzer bzw. die unterschiedlichen Nutzer desselben Haushalts[7] berücksichtigt (Abb. 5.1, „Context-aware Recommendations").

5.6.1 Personalisierung

Die Personalisierung ist im Empfehlungssystem von Netflix repräsentiert in der Art,

- wie eine Row generiert wird,
- der Auswahl der Rows,
- welche Videos in einer Row sind,
- wie die Videos in der Row angeordnet werden,
- wie die Reihen auf der individuellen Page des Rezipienten angeordnet sind (vgl. Amatriain und Basilico 2015, S. 391) sowie
- welcher Nutzungskontext dabei zu berücksichtigen ist.

Jede einzelne Reihe repräsentiert drei Aspekte der Personalisierung: das Genre der Reihe, die Videos in der Reihe sowie das Ranking der Videos in der Reihe. Hinzu kommt

---

[7]Das Recommender Problem wird dadurch verkompliziert, dass bei Netflix eigentlich oft keine individuelle Personalisierung gefragt ist, sondern Gruppen-Personalisierung (Group Personalisation), da ein Account oft von einem Haushalt mit mehreren Mitgliedern geteilt wird. Dies wird dadurch berücksichtigt, dass die Algorithmen von Netflix nicht nur nach Akkuratesse, sondern auch Diversität selektieren (Amatriain und Basilico 2015, S. 391).

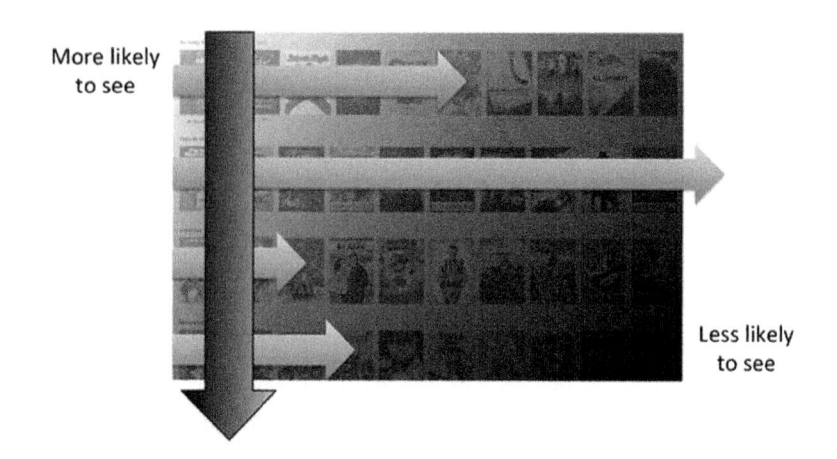

Abb. 5.2 Aufmerksamkeitsverteilung des Users. (Quelle: Amatriain und Basilico 2015, S. 397)

das Nutzerverhalten des Individuums im Hinblick auf seine Aufmerksamkeits- und Auswahlgewohnheiten, z. B. von oben links nach unten rechts weniger aufmerksam zu sein. (vgl. Abb. 5.2).

5.6.2 Dateninput: Nutzer-, Nutzung-, Inhalts- und Kontextdaten

> RSs are information processing systems that actively gather various kinds of data in order to build their recommendations. Data is primarily about the items to suggest and the users who will receive these recommendations (Ricci et al. 2015, S. 8).

Das Empfehlungssystem von Netflix geht hinsichtlich der genutzten Datenkategorien darüber hinaus. Neben Nutzer- und Transaktions-/Nutzungsdaten werden Inhaltsdaten (die Items) und Kontextdaten verschiedenster Art in die Empfehlungen einbezogen (vgl. zu nachfolgenden Ausführungen Amatriain und Basilico 2015; insbesondere S. 398 f.).

Nutzerdaten „In order to personalize the recommendations and the human-computer interaction, RSs exploit a range of information about the users" (Ricci et al. 2015, S. 9). „The availability of high volumes of high quality user data allows for us to use some approaches that would have been unthinkable in the past" (Amatriain und Basilico 2015, S. 398). Es werden demografische Daten, Sprachwahlpräferenzen, Endgerät, Nutzungsort sowie Zeit und Zeitdauer berücksichtigt. Explizite Auskünfte über Geschmack und Präferenzen erhält Netflix aus der Präferenzabfrage bei der Registrierung des Users.

Nutzungs-/Transaktionsdaten Grundsätzlich nutzen Empfehlungssysteme Daten aus jeder einzelnen Transaktion, die „(…)as a recorded interaction between the user and the RS" (Ricci 2015, S. 9) definiert ist. Netflix registriert „play events" (im Jahr 2013 bereits 50 Mio. Play Events pro Tag) die darüber Auskunft geben, was Nutzer wann für wie lange auf welchem Endgerät sehen. Ein Event ist eine „(…) discrete action that could be logged, recorded and analysed" (Leonard 2013). Diese Interaktionsdaten/Play Data sind z. B. Video-Ratings durch die Nutzer, von Nutzern vorgemerkte Videos, Suchanfragen, Präsentationsdaten wie der Umgang mit Empfehlungen sowie Events wie Scrolls, Mouseovers, Clicks, Dauer der Pageviews bei Empfehlungen.

Inhaltsdaten/Objektdaten (Item data) Zunächst sind hier naheliegende aus den Interaktionen resultierende Metriken wie Aktualität (Novelty/Freshness) und Popularität der Items (in Bezug auf verschiedene Zeitintervalle, Regionen und andere Filtergrößen), Rezensionen durch User sowie manuell ergänzte Daten (Associated Tag Data) wie Stimmung (Mood), Qualitätseigenschaften (Qualities, z. B. von Kritikern gelobt, besondere visuelle Effekte) und Handlung (Storyline, z. B. Zeitreise, sprechende Tiere) zu nennen. Außerdem werden als Metadaten der Items Zusammenfassung, Genre, Schauspieler, Regisseure, Untertitel, Altersfreigabe etc. einbezogen. Netflix' Ansatz geht aber noch deutlich darüber hinaus:

> Using large teams of people specially trained to watch movies, Netflix deconstructed Hollywood. They paid people to watch films and tag them with all kind of metadata. This process is so sophisticated and precise that taggers receive a 36-page training document that teaches them how to rate movies on their sexually suggestive content, goriness, romance levels, and even narrative elements like plot conclusiveness (…) They even rate the moral status of characters. (…)Many values (…) go from 1 to 5. So, every movie gets a romance rating, not just the ones labeled 'romantic' in the personalized genres. Every movie's ending is rated from happy to sad, passing through ambiguous. Every plot is tagged. Lead characters' jobs are tagged. Movie locations are tagged. Everything. Everyone (Madrigal 2014).

Napoli weist diesem Ansatz besondere Bedeutung zu, da eine inhaltsbezogene Selektion besonders auf ein Angebot von Produkten, die aus Content bestehen, abgestimmt erscheint.

> It is worth emphasizing in the case of Netflix that its gathering and use of large data sets has extended beyond the audience data that accumulates each time a viewer watches and rates content. Indeed, one of the less discussed aspects of Netflix's evolution is that the company's analytics and decision making now also rely upon granular content analysis of all video content in the Netflix library (…) Each piece of content is coded across dozens of variables, allowing the company to segment its content offerings into over 75000 'microgenres' on the basis of content characteristics alone. It is this additional layer of big data gathering and analytics that brought a level of analytical and predictive precision that could not be achieved by analysing only audience consumption and ratings data (…) The key point here is that big data in the media sector is not just an audience-centric phenomenon: it can be content-centric as well (Napoli 2016, S. 1).

Kontextdaten (external data) Hinzu kommen Daten zu Kinokassenumsätzen (box office data), Kritikerrezensionen sowie Daten aus Vernetzung und Interaktionen der Nutzer in Social Media (social data, social network connections und interactions).

> On the topic of friends we recently released our Facebook connect feature (…) with knowing about your friends not only gives us another signal to use in our personalization algorithms, but it also allows for different rows that rely mostly on your social circle to generate recommendations (Amatriain und Basilico 2012).

5.6.3 Die „Netflix Personalization Experience"

Netflix beschreibt Elemente oder Kriterien, die die Personalization Experience des Nutzers verbessern soll (siehe zum Folgenden Amatriain und Basilico 2012):

- Freshness, also Aktualität
- Popularity, also Orientierung am Massengeschmack der User
- Awareness als Signal gegenüber dem Rezipienten, dass ein permanenter Anpassungsprozess an seine Vorlieben stattfindet
- Explanations[8], also eine nachvollziehbare Erklärung, warum ein spezifischer Film empfohlen wird, „(…) because it matches the information we have from you: you explicit taste preferences and ratings, you viewing history, or even your friends recommendations" (Amatriain und Basilico 2012).
- Transparency, also Offenlegung der hinter den Erklärungen stehende Kriterien der Empfehlung. „Explanations can serve multiple aims, out which one is transparency: aiming to expose the reasoning and data behind a recommendation" (Tintaref und Masthoff 2015, 10.1).
- Social, dass also die im vorstehenden Abschn. 5.6.2 schon angesprochenen sozialen Aspekte der Empfehlungen, eine Bedeutung für den Auswahlprozess haben können.
- Diversity, also Abbildung der realen Nutzungssituation. Hiermit will man die Tatsache dass mehrere Mitglieder eines Haushaltes einen Account nutzen sowie verschiedene Interessen und Stimmungen eines einzelnen Users berücksichtigen.
- Similarity ist ein allgemeines Element, dass sowohl auf Filme wie auch Nutzer bezogen sein kann und verschiedenste Dimensionen betreffen kann (z. B. Metadaten, Ratings, Nutzerdaten)

5.6.4 Algorithmen

Es werden bei Netflix eine Anzahl verschiedener Algorithmen angewendet, z. B.

- der Personalized Video Ranker, der eine personalisierte Auswahl kombiniert mit Popularität und Viewing Trends aus dem Gesamtkatalog oder aus gefilterten (z. B. genrespezifischen) Untermengen des Gesamtkatalogs ausgibt.
- der Top-N Video Ranker, der eine personalisierte Auswahl aus den hoch gerankten Teil des Katalogs kombiniert mit Popularität von Videos und Viewing Trends verschiedener Zeiträume (Tag bis Jahr) ermittelt.

---

[8] „(…) an explanation can be an item description that helps the user to understand the qualities of the item well enough to decide whether it is relevant to them or not. (…). Explanations can also serve other aims such as helping to inspire user trust and loyalty, increase satisfaction, make it quicker and easier for users to find what they want, and persuade them to try or purchase a recommended item" (Tintaref und Masthoff 2015, 10.1).

- der Trending Now Ranker, der Personalisierung mit kurzzeitigen (Minuten bis Tage) Sehtrends kombiniert.
- der Continue Watching Ranker, der teilweise schon angesehene Inhalte und Episodeninhalten von Serien anzeigt.
- der Video-Video Similarity Algorithm, der Empfehlung von Videos aufgrund von nach Ähnlichkeiten mit bereits gesehenen Videos gerankten Optionen ermittelt.
- der Page Generation Algorithm, der die Reihen nach Relevanz und Diversität aussucht und vertikal untereinander anordnet. Dieser Ansatz soll verschiedenen Stimmungen und die Nutzung durch verschiedene Haushaltsmitglieder berücksichtigen.
- der Evidence Selection Algorithm, der für die Nutzerentscheidung wichtige Informationen (Sternebewertung, gewonnene Preise, Besetzung, Inhaltsübersicht etc.) aussucht, die dann auf dem Screen zusätzlich (oben links) ausgegeben werden. Zur Auswahl gehört auch das zugehörige Bild, das aus einer Anzahl verschiedener Optionen ausgewählt wird.
- Algorithmen in der Suche (Search). Die Suche generiert ca. 20 % der gestreamten Programmstunden und benutzt andere Algorithmen, um bei fehlgeschlagenen Suchen sinnvolle alternative Angebote zu formulieren und zu teilweisen oder unvollständigen Angaben Angebote zu formulieren sowie aus Genre- oder Kategorieangaben (z. B. French Movies) Empfehlungen zu erzeugen (Gomez-Uribe und Hunt 2015, S. 13.2 ff.).

5.7 Generalisierte Eigenschaften der automatisierten Empfehlung

Die große Menge möglicher Rezeptionsalternativen medialer Inhalte überfordert deren potenzielle Rezipienten. Sie wählen schlechte Optionen oder brechen ihre Suchprozesse ab:

> In recent years, RSs have proven to be a valuable means of coping with the information overload problem (…) many media companies are now developing and deploying RSs as part of the services they provide to their subscribers (Ricci et al. 2015, S. 2).

Die Empfehlungen eines RS setzen an einer Einschätzung des individuellen Nutzens (Utility) der Items für einen User und einem entsprechendem Ranking der Item-Alternativen an.

> In order to implement its core function, identifying useful items for the user, a RS must predict that an item is worth recommending. In order to do this, the system must be able to predict the utility of some items, or at least compare the utility of some items, and then decide which items to recommend based on this comparison. The prediction step may not be explicit in the recommendation algorithm but we can still apply this unifying model to describe the general role of an RS (Ricci et al. 2015, S. 10).

Die allgemeinen Funktionen solchermaßen operierender Empfehlungssysteme können nach der Perspektive des Nutzers und des Anbieters differenziert betrachtet werden.

Aus der *Nutzerperspektive* lassen sich folgende Ziele der Nutzung von Empfehlungssystemen allgemein formulieren (Ricci et al. 2015, S. 6): Gute Items finden, alle guten Items finden, Hervorhebung geeigneter Items in einer Liste, Empfehlung einer Itemsequenz (z. B. TV-Serie), eines Bündels, Items grob recherchieren, ein glaubwürdiges Empfehlungssystem finden, das eigene Empfehlungsprofil (durch Dateneigabe) verbessern, anderen helfen oder sie beeinflussen (z. B. durch Bewertung) und sich selbst ausdrücken.

Aus der *Anbieter-* (Service-Provider-)Perspektive beschreiben Ricci et al. (2015, S. 5) die Ziele, die verfolgt werden, so: Steigerung des Absatzmenge der Items, die Diversität der verkauften Items erhöhen, Zufriedenheit der Nutzer steigern, besser verstehen, was die Nutzer wollen und die Erhöhung der Kundentreue.

Diese Funktionen sind immer im Hinblick auf die Domäne der Anwendung des jeweiligen Empfehlungssystems und den speziellen Kontext der Anwendung zu bewerten:

> The developer of an RS for a certain application domain should understand the specific facets of the domain, its requirements, application challenges and limitations. Only after analyzing these factors can one be able to select the optimal recommender algorithm and to design an effective human-computer interaction (Ricci et al. 2015, S. 18).

Nach Gomez-Uribe und Hunt (2015, S. 13.6) ergibt sich der Wert (Business Value) des Empfehlungssystems von *Netflix* dann, „(…) when a member starts a session and we help that member find something engaging within a few seconds, preventing abandonement of our service for an alternative entertainment option." Ziel des Einsatzes des Empfehlungssystems ist es also, in einer Konkurrenzsituation verschiedener Anbieter von Medieninhalten um die Aufmerksamkeit des Rezipienten (Abonnent oder Haushaltsmitglied des Abonnenten) durch ein gutes Auswahlangebot an Videos in einer bestimmten Situation (Kontext, Stimmung des Rezipienten) innerhalb einer *kurzen Zeitspanne* (60–90 s) eine möglichst treffende und im Konsum befriedigende Angebotsauswahl zu machen. Abschn. 1.3 zum Rezipientenverhalten hatte ich dies als Problem der Auswahl aus funktionalen Alternativen gekennzeichnet. Das Medienunternehmen hat die Auswahl so zu beeinflussen, dass auf vier Ebenen das eigene Angebot gegenüber den funktionalen Alternativen als überlegen in Bezug auf seinen Nutzen bewertet wird.

> The biggest challenge for Netflix is: if you're tired and it's the end of the day, you could read a book or a magazine, you could go on Facebook, watch linear TV, or watch Netflix. We want to make Netflix so engaging you keep choosing it (O'Reilly 2016).

Hierzu bieten die technischen Möglichkeiten der Videodistribution zunehmende Mehrwerte: Es werden aufgrund der *beobachtbaren und speicherbaren interaktiven Pull-Auswahlprozesse* des Rezipienten zwischen den Angebotsoptionen, der Beobachtbarkeit von „Events" auf der Nutzerseite durch Netflix detaillierte Informationen über *Geschmack, Vorlieben, Einschätzungen, das Nutzerverhalten, die Erwartungen und Erwartungserfüllung* etc. gewonnen. Die *Verhaltensähnlichkeiten* von Nutzern werden kalkulierbar.

Andererseits werden die *inhaltlichen Eigenschaften,* Ähnlichkeiten und Unterschiede der Produkte in vielen verschiedenen Dimensionen beschrieben, codiert und digital verarbeitbar gemacht, also eine (über die Bewertung anhand von Sternen sehr grobe) Zuordbarkeit von Produkten (die einzelnen Videos) zu Rezipienten, zu Nutzungssituationen etc. ergänzt durch eine weit feiner differenzierte, granulare Matrix von inhaltlichen (siehe oben) und sonstigen Eigenschaften der Produkte (Awards, Actors, Ratings, Synopsis), die es ermöglichen, Produktähnlichkeiten und -unterschiede viel detaillierter abzubilden unter anderem in (theoretisch) 76.000 Mikro-Genres, die sich aufgrund der detaillierten Inhaltsbeschreibungen ergeben (vgl. Madrigal 2014). Zusätzlich tragen Kontextdaten (Demografie, Region, Zeit, Referenzsprache etc.) zur Ein- und Zuordnung des individuellen Rezipienten bei. Darüber hinaus definiert Netflix verschiedene allgemeine Kriterien, nach denen die Produktauswahl erfolgt (freshness, similarity, diversity, popularity etc.), die als handlungsleitend für den Empfehlungsprozess sein sollen.

In der letzten, der vierten Entwicklungsstufe des Empfehlungssystems (vgl. Abb. 5.1) führt dies dazu, dass Produkte über ihre Eigenschaften in mehreren Dimensionen im Hinblick darauf *ausgewählt* und *hierarchisiert* werden können, inwiefern sie den sich *situativ* und *kontextuell* (auch was das Endgerät, den Rezeptionsort, aber auch die Stimmung des Rezipienten anbetrifft) ändernden Bedingungen möglichst gut entsprechen, um einen Produktmehrwert (Utility) für den *Rezipienten* (gegenüber Konkurrenzangeboten) zu haben.

Da das Empfehlungsergebnis noch nicht vollkommen präzise (d. h. eine genau treffende einzige Produktempfehlung für einen konkreten Rezipienten in einer Situation) sein kann, wird eine sehr große Anzahl von Selektionsangeboten gemacht (bis zu maximal 40 × 70 = 2800 Titel), die aber auf der Angebotswebseite von links nach rechts und von oben nach unten ihrer Wahrscheinlichkeit nach angeordnet sind, den Bedürfnissen des Rezipienten genau zu entsprechen.

5.8 Algorithmisch unterstützte Lösungsversuche der ökonomischen Bezugsprobleme der Contentbündelung

Die relativ weit fortgeschrittenen Ansätze von Netflix zielen darauf, die grundsätzlichen ökonomischen Probleme der Bündelungsstufe und des neu entstandenen Optionenproblems zu lösen. Dabei gab es zunächst im Jahr 2007 einen Wechsel des Wettbewerbsfeldes: Netflix sparte sich mit dem Übergang von der postalischen Distribution von DVDs einerseits variable Lagerkosten und Transaktionskosten[9] für den Versand und konnte sich stückweise – mit zunehmender Versorgung von Haushalten mit entsprechender technischer Infrastruktur – einen Wettbewerbsvorteil gegenüber stationären Videotheken und

---

[9] „Transaktionskosten sind Kosten des sozialen Austausches. Man bezeichnet Sie auch als ökonomisches Gegenstück zur Reibung, da sie z. B. als Kosten der Suche und Information, als Vereinbarungs-, Durchsetzungs- und Kontrollkosten bei Übertragung von Eigentumsrechten/Transaktionen anfallen und somit auf die eigentlichen Kosten des Eigentumsrechts zu addieren sind, wenn man dies erwerben will" (Zydorek 2017, S. 188).

anderen Versendern erarbeiten. Netflix wurde andererseits dadurch zunehmend vom Videoverleiher zum Programmgestalter für seine Abonnenten und geriet somit zunehmend zum Wettbewerber für klassische TV-Programmanbieter ohne den Restriktionen für klassische TV-Programme hinsichtlich (Ausstrahlungs-)Zeit und (Rezeptions-)Ort unterworfen zu sein. Wann die Videos rezipiert werden, ist heute völlig unbeschränkt und da die Videostreams auf multiplen, auch mobilen Endgeräten zu sehen sind, entfällt die örtliche Bindung heute fast vollständig.

Andere *Herausforderungen klassischer TV-Programme* blieben zunächst grundsätzlich bestehen: Eine traditionelle technische Beschränkung des massenmedialen Programmangebots für die Rezipienten bestand darin, dass ein *(relativ fixes) Contentbündel für das (Massen-)Publikum* erzeugt werden musste. Dies war notwendig, weil einerseits technische Beschränkungen die Herstellung *unterschiedlicher Produktbündel* (Product Copies) verhinderte (bzw. zu teuer machte und/oder zu viel Zeit kostete), andererseits das Wissen über einen *Zuschnitt der Inhalte für bestimmte Zielgruppen* nicht verfügbar war. Die unidirektionale Übertragung von Programmen (im analogen terrestrischen TV) machte außerdem *keine direkte Beobachtung des Rezeptionsprozesses* und *Echtzeitverarbeitung* der dabei gewonnenen Informationen möglich. Zudem gibt es Videoinhalte, bei denen die Erscheinungsfrequenz und Aktualitätsnotwendigkeit die Optimierung eines Zuschnitts aufgrund von Nutzerdaten verhindern (z. B. Nachrichten; bei Filmen und Serien ist dies anders). Die technischen Kapazitäten für eine (Echtzeit-)Messung und Verarbeitung solch großer Datenmengen waren nicht verfügbar. Dies entfällt bei Streamingplattformen.

> Unlike the traditional broadcast networks or cable companies, netflix doesn't have to rely on shoveling content out into the wild and finding out after the fact what audiences want or don't want. They believe they already know (Leonard 2013).

Diese verschiedenen einschränkenden Rahmenbedingungen massenhafter Programmausstrahlung werden durch RS lösbar, anhand eines – *nun kundenindividuellen – Programmgestaltungsprozesses* unter Nutzung von Big Data und Empfehlungsalgorithmen. Die *komplexe ökonomische und kreative Herausforderung der Programmgestaltung* wird nun nicht mehr am *Produkt Programm* gelöst, sondern anhand des *Produkts Empfehlungssystem* in Softwarealgorithmen materialisiert, also indirekt gelöst. Dieses System soll für Netflix hinsichtlich der Qualität der Empfehlungen einen *Wettbewerbsvorteil gegenüber anderen Inhaltsanbietern* ermöglichen, indem aus Sicht des Rezipienten ein qualitativ unterscheidbarer Empfehlungserfolg über den Produktnutzen erreicht wird. Die Probleme unklarer Qualitätsmerkmale der Module und der schlechten Einschätzbarkeit der Erfolgswahrscheinlichkeit eines Programms (als Product Copy) werden dabei von Netflix gelöst, indem der User sein Programm selbst zusammengestellt aus denjenigen Module Copies, die die größte Wahrscheinlichkeit eines größten Nutzens für den User haben. Der User selbst korrigiert dabei Netflix' Prognosefehler durch seinen eigenen Auswahlprozess. Eine Imitation erfolgreicher anderer „Programme" ist nicht mehr notwendig, ebenso sind klassische Maßnahmen wie Stripping, Blocking, Lead-in, Lead-off, Blunting etc. obsolet.

5.8 Algorithmisch unterstützte Lösungsversuche der ökonomischen ...

Das Sachziel des Programmgestalters, die *Übermittlung eines publikumsattraktiven Programms* wird also über die algorithmisch produzierten individualisierten Programme gelöst, indem man dem Nutzer immer ein passendes Angebot präsentiert, das einerseits seine spezifischen Vorlieben abbildet, andererseits ihm aber genug Selektionsraum gibt, sodass Ungenauigkeiten in der Empfehlung durch Selbstselektion und Suche aufgehoben werden können. Die neu entstandenen Such- und Informationskosten des Rezipienten bei der interaktiven Programmauswahl werden durch den Algorithmus gesenkt. Dazu ist, wie schon anhand des Schemas der Algorithmische Selektion von Just und Latzer (2016, S. 4, vgl. Abb. 2.2) zu sehen war und ich unter Abschn. 3.6 expliziert habe, also dreierlei nötig:

- Daten aus einem organisierten Datenpool, bei Netflix der unter Abschn. 5.6.2 beschriebene Dateninput an Inhaltsdaten
- Nutzeranfragen inkl. ihrer kontextuellen Charakteristiken, unter Abschn. 5.6.2 als Nutzer- und Nutzungsdaten bezeichnet
- die unter Abschn. 5.6.4 beschriebene algorithmische Verarbeitung anhand von Selektions- und relevanzzuweisenden Algorithmen, die nach den dort besprochenen Kriterien des Konzepts der Netflix Personalization Experience selektieren und Relevanz zuweisen.

Auf der Beschaffungsseite der Programme werden die Kosten konstant – also unabhängig von den Nutzerzahlen gehalten:

> Netflix pays a flat fee to content providers. It pays money for a documentary regardless of whether every single subscriber watches it, or nobody watches it, so there's no incentive for the algorithm to favor one title over another unless it's something that individual user is likely to enjoy (O'Reilly 2016).

Die *Erlöse* sind zu steigern, indem man aufgrund der niedrigen Transaktionskosten nun auch Nischeninteressen von Usern bedienen kann. *Sunk Costs* in nicht genutzte oder wenig genutzte Programmbestandteile werden vermieden oder zumindest stark gesenkt:

> Personalisation enables us to find an audience even for relatively niche videos that would not make sense for broadcast TV models, because their audiences would be too small to support significant advertising revenue, or to occupy a broadcast or cable channel time slot (Gomez-Uribe und Hunt 2015, S. 13.6).
> (…) recommender systems can democratize access to long-tail products, services, and information, because machines have a much better ability to learn from vastly bigger data pools than expert humans, thus can make useful predictions (Gomez-Uribe und Hunt 2015, S. 13.16).

Netflix reklamiert zudem, dass die Zielgenauigkeit seines Angebotes zur Senkung konkreter Marketingkosten führt:

> Netflix also believes it can save big on marketing costs because Netflix's recommendation engine will do all the heavy lifting. Already, Netflix claims that 75 percent of its subscribers

are influenced by what Netflix suggests to subscribers that they will like. "We don't have to spend millions to get people to tune into this," Steve Swasey, Netflix's V.P. of corporate communications, told GigaOm last March. "Through our algorithms we can determine who might be interested in Kevin Spacey or political drama and say to them, 'You might want to watch this'" (Leonard 2013).

5.9 Andere Anwendungsbereiche von Empfehlungssystemen in den Medien

Die Anwendungsbereiche von Empfehlungssystemen sind auch innerhalb des Mediensektors breit, man findet sie z. B. bei Nachrichten, im Musiksektor, bei Edutainment und in den Social Media:

> News is also an area that companies have applied recommendation approaches to personalize and focus on the interests of a user. For example google news was powered by some kind of recommendations for news articles from the beginning (…) Yahoo! has also invested in personalizing news and other web content (…) For news recommendation, some of the key challenges are freshness, where relevant articles may have a very limited time span, and diversity, where there can be a large number of articles about the same topic (Amatriain und Basilico 2015, S. 386 f.).

Im Bereich der Musikstreamingdienste werden Empfehlungssysteme ebenso unverzichtbar, so z. B. bei Pandora und ihrem Music Genome Project, bei Apple iTunes und Spotify, welches sogar Audiosignal-Analyse zur Personalisierung benutzt.

In den Social Media werden Empfehlungssysteme eingesetzt, z. B. bei Twitter (Who to follow) LinkedIn (um die Wahrscheinlichkeit eines Jobwechsels von Usern zu ermitteln), Google, Yahoo! sowie bei Onlinedating-Websites (Amatriain und Basilico 2015, S. 387). Die jeweiligen Ansätze der Medienteilindustrien werden dabei den jeweiligen Herausforderungen und Besonderheiten des Anwendungsbereiches angepasst (vgl. Amatriain und Basilico 2015, S. 388).

Der Empfehlungsalgorithmus von Netflix kann nach dem im Abschn. 1.7 vorgestellten Konzept als Kernressource des Unternehmens bezeichnet werden, da die dort formulierten Kriterien auf ihn zutreffen.

5.10 Fragen zu diesem Kapitel

1. Was ist die Funktion der Bündelung im traditionellen Angebotsmodell von Medienunternehmen, z. B. TV-Anbieter?
2. Wodurch entstehen dabei anspruchsvolle Herausforderungen und welche sind das?
3. Was kann man dabei falsch machen und welche ökonomischen Folgen haben diese Fehler?
4. Was sind die Gründe für die Veränderung dieser Situation und was sind die Folgen für Rezipienten und Medienanbieter?

5. Was ist der Ansatz von Empfehlungssystemen bzgl. der Relation zwischen Item und User? Was ist das konkrete Ergebnis, das das RS produziert und in welchen Hinsichten ist dieses personalisiert?
6. Welche Arten von Daten werden dabei verwendet und woher kommen diese?
7. Was ist mit dem Begriff „Personalisation Experience" genau gemeint?
8. Was sind die Hauptfunktionen von Netflix' RS aus Nutzersicht und aus der Sicht des Medienanbieters?
9. Welche ökonomischen Bezugsprobleme löst Netflix auf welche Weise?

Literatur

Amatriain, X. und Basilico, J. (2012) Netflix Recommendations: Beyond the 5 Stars, Part 1, http://techblog.netflix.com/2012/04/netflix-recommendations-beyond-5-stars.html, Abruf 20.1.2017.

Amatriain, X. und Mobasher, B. (2014) The Recommender System Revisited. Präsentation für die Knowledge Management and Data Mining Conference 2014 http://www.slideshare.net/xamat/kdd-2014-tutorial-the-recommender-problem-revisited, Abruff 20.1.2017.

Amatriain, X. und Basilico, J. (2015) Recommender Systems in Industry: A Netflix Case Study. In: Ricci, F., Rokach, L., Shapira, B. (2015) Recommender Systems Handbook. New York und Heidelberg: Springer.

Bain Insights (2014) Big Data: Media's Blockbuster Business Tool in Forbes, Sep.18, 2014, http://www.forbes.com/sites/baininsights/2014/09/18/big-data-medias-blockbuster-business-tool/#542e516368f4 Abruf 23.1.2017.

Brösel, G. (2006) Programmplanung – Steuerung und Gestaltung des Programms von Fernsehanbietern in Scholz, C. (2006) Handbuch Medienmanagement. Springer: Berlin und Heidelberg.

Eisenbeis, U. (2007). Ziele, Zielsysteme und Zielkonfigurationen von Medienunternehmen: Ein Beitrag zur Realtheorie der Medienunternehmen. München: Hampp.

Gläser, M. (2014) Medienmanagement, 3. Aufl., München: Vahlen Verlag.

Gomez-Uribe, C.A., Hunt, N. (2015) The Netflix Recommender System: Algorithms, Business Value and Innovation. in: ACM Transactions on Management Information Systems, Vo.6. No.4. Article 13, Publication date: December 2015.

Heinrich, J. (1999) Medienökonomie, Bd. 2, Hörfunk und Fernsehen, Opladen und Wiesbaden, Westdeutscher Verlag.

Just, N. und Latzer, M. (2016) Governance by Algorithms: Reality Construction by Algorithmic Selection, On the Internet, Accepted Manuscript forthcoming in: Media, Culture and Society, http://www.mediachange.ch/media/pdf/publications/Just_Latzer2016_Governance_by_Algorithms_Reality_Construction.pdf Abruf 10.1.2017.

Karsten, E. und Schulte, J. (2010) Praxishandbuch Fernsehen, 2. Aufl., Wiesbaden: VS Verlag.

Kiefer, M.L. und Steininger, C. (2014). Medienökonomik: Einführung in eine ökonomische Theorie der Medien (3.Aufl.). München, Wien: Oldenbourg.

Koch-Gombert, D. (2010) Aufgaben und Strategien der Programmplanung im klassischen Free-TV in: Lantzsch, K. /Altmeppen, K.-D./Will, A. (2010)(Hrsg.) Handbuch Unterhaltungsproduktion, VS Verlag, Wiesbaden, S. 180–194.

Leonard, A. (2013) How Netflix is turning viewers into puppets, Feb 1, 2013 01:45 PM +0100. http://www.salon.com/2013/02/01/how_netflix_is_turning_viewers_into_puppets/Friday, Zugriff 15.1.2017.

Madrigal, A. C. (2014) How Netflix Reverse Engineered Hollywood. In: The Atlantic, http://www.theatlantic.com/technology/archive/2014/01/how-netflix-reverse-engineered-hollywood/282679/, Abruf 23.1.2017.

Napoli, P.M. (2014) Automated Media: An Institutional Theory Perspective on Algorithmic Media Production and Consumption. In: Communication Theory 24 (2014), S. 340–360.

Napoli, P.M. (2016) Special Issue Introduction: Biga Data and Media Management. In: International Journal on Media Management, 2016 Vol.18 No.1, S. 1–7.

O'Reilly, L. (2016) Netflix lifted the lid on how the algorithm that recommends you titles to watch really works. In Business Insider Deutschland, 26.2.2016, http://www.businessinsider.de/how-the-netflix-recommendation-algorithm-works-2016-2?r=US&IR=T Zugriff 27.1.2017.

Ricci, F., Rokach, L. und Shapira, B. (2015) Recommender Systems: Introduction and Challenges in: F. Ricci et al. (Hrsg.) (2015) Recommender Systems Handbook, 2. Aufl. New York: Springer Science.

Rimscha, B.v. und Siegert, G. (2015) Medienökonomie, Wiesbaden: Springer VS.

Tintaref, N., Masthoff, J. (2015) Explaining Recommendations: Design and Evaluation in: Ricci, F., Rokach, L., Shapira, B. (2015) Recommender Systems Handbook. New York und Heidelberg: Springer S. 335–383.

Zydorek, C. (2017) Einführung in die Medienwirtschaftslehre, 2. Aufl., Wiesbaden: SpringerGabler.

Newsbots als Distributionstechnologien für Nachrichteninhalte

6

> **Zusammenfassung**
>
> Aus einer Vielzahl heute im Netz eingesetzter Bots eignen sich einige besonders für die Distribution von Nachrichten durch Medienunternehmen. Diese Newsbots sind Algorithmen zur automatischen Publikation/Weiterleitung von neuen und relevanten Nachrichteninhalten, die diese über unterschiedliche Distributionspattformen und -methoden (Suchmaschinen, Soziale Netzwerke, Messenger-Plattformen, Apps) dem Rezipienten zuleiten. Der Fokus liegt dabei weltweit gegenwärtig auf den sozialen Netzwerken wie Facebook, Twitter, Reddit, YouTube, Instagram und Snapchat als Distributionsweg. Eine Verlagerungstendenz in Richtung der Messenger-Plattformen wie WhatsApp und Facebook Messenger sowie auf spezielle Apps wird gegenwärtig erkennbar. Was den Bot-Typ anbetrifft, geht der aktuelle Trend hin zu Conversational Newsbots, die Interaktion mit dem Rezipienten ermöglichen. Es werden verschiedene Conversational Newsbots untersucht und dargelegt, wie sie zur Lösung der ökonomischen Bezugsprobleme der Distributionsphase für Nachrichtencontent beitragen.

6.1 Newsbots, Chatbots, Social Bots und Nachrichtendistribution

Die wissenschaftliche und öffentliche Diskussion über Bots in der Informationsverbreitung im Web hat aufgrund des Einsatzes von Social Bots zur Beeinflussung von politischen Entscheidungen in den Jahren 2015 und 2016 stark zugenommen (vgl. Hegelich 2016; Bessi und Ferrara 2016; BR 2017; Woolley 2016; Moujahid 2017; Strout 2015). Bei der Rezeption dieser Diskussion wird deutlich, dass der Begriff des Bots, insbesondere der Begriff des Newsbots möglichst klar bestimmt werden sollte, da Bots als Instrumente der Automatisierung von Handlungen in Regelketten für beliebige Aspekte und in verschiedenen Phasen der Wertschöpfungskette der Nachrichten Verwendung finden können. Man findet dort

> (…) the use of news bots in various phases of content creation: identifying newsworthy events, in curating, analyzing data and even writing (Kollanyi 2016, S. 4933).

Da es in diesem Kapitel nur um die Nachrichten*distribution,* nicht um den Einsatz von Newsbots in anderen Stufen der Wertschöpfungskette von Inhalten geht, interessiert hier folglich nur die Teilmenge der Newsbots, die tatsächlich in Bezug auf die Phase der Distribution von Nachrichteninhalten eingesetzt werden (vgl. Pew Research Center 2016).

Diese so für die Zwecke dieses Kapitel spezifisch eingeschränkte Art von Newsbots kann von verschiedenen an der Nachrichten-Wertschöpfung beteiligten Akteuren eingesetzt werden: Von Inhaltsproduzenten (Medienunternehmen), Intermediatoren (z. B. Aggregatoren von bestimmten Inhalten), Rezipienten, die sich für spezifische Inhalte interessieren sowie auch von werbetreibenden Unternehmen, die bestimmte Inhalte mit kommerzieller Absicht promoten wollen.

Man findet sie auf Social-Media-Plattformen, deren Nutzung für die Rezeption von Nachrichten in den letzten Jahren enorm angestiegen ist. Für dieses Wachstum ist nicht der Anstieg der Nutzerzahlen der Plattformen verantwortlich, sondern die Zuwendung schon etablierter Nutzer zur Nachrichtenrezeption (vgl. Abb. 6.1).

Im Jahr 2017 rezipieren nach Angaben des Pew Research Centers zwei Drittel der Social-Media-Nutzer Nachrichten von diesen Plattformen (vgl. Abb. 6.2).

Die Abb. 6.3 zeigt die Plattformen, die von Usern bevorzugt zur Rezeption von Nachrichten eingesetzt werden. Bei Facebook, Twitter und Reddit sind die Anteile derjenigen Nutzer, die die Plattform für Nachrichteninhalte nutzen, besonders hoch.

> These changes can be tied to many factors including personal behavior, increased activity by news organizations, as well as changes in the platform's filtering algorithms or content structures (Pew Research Center 2015, S. 5).

Auf Social-Media-Plattformen werden unter anderem Newsbots zur Distribution von Inhalten eingesetzt.

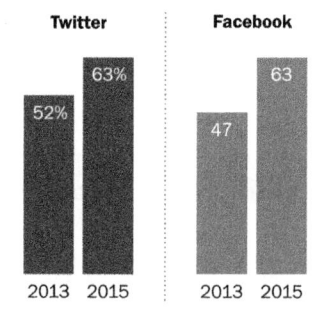

Abb. 6.1 Nachrichtennutzung auf Twitter und Facebook. (Quelle: Pew Research Center 2015, S. 2)

Facebook and Twitter News Use is on the Rise
% of __ users who get news there

Twitter: 2013: 52%, 2015: 63%
Facebook: 2013: 47, 2015: 63

Abb. 6.2 Nachrichtennutzung auf Social Media. (Quelle: Pew Research Center 2017, S. 2)

In 2017, two-thirds of U.S. adults get news from social media

% of U.S. adults who get news from social media sites ...

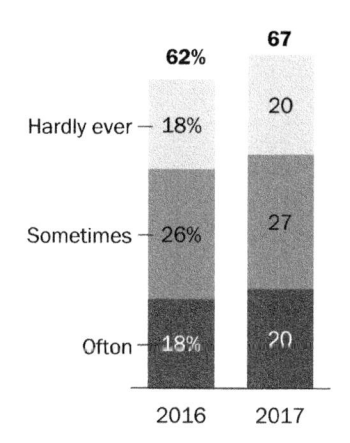

	2016	2017
Hardly ever	18%	20
Sometimes	26%	27
Often	18%	20
Total	**62%**	**67**

Die Newsbots sind automatisierte Accounts zur Weiterleitung von Nachrichteninhalten, „(…) automated accounts that participate in news and information dissemination" (Lokot und Diakopoulos 2015, S. 1).

Unter diesen Bots sind in der Alltagspraxis der Jahre bis 2016 solche relativ bedeutsam gewesen, die für die Verbreitung auf Social-Media-Plattformen sorgen, Facebook, YouTube und Twitter sind dabei die meist genutzten Plattformen (vgl. Pew Research Center 2017 für die USA).

Da es auf diesen Plattformen eine große Anzahl von Bots gibt, ist es für diese Untersuchung sinnvoll, diese Zahl auf Basis des Begriffs der News/Nachrichten einzuschränken. Lokot und Diakopoulos (2015) verstehen unter News neue, interessante und für Individuen oder Gemeinschaften relevante Informationen (Lokot und Diakopoulos 2015, S. 1). Entsprechend liefern also Newsbots neue, interessante und für Individuen oder Gemeinschaften relevante Informationen. Es sind darunter auch diejenigen Informationen zu fassen, die nicht von professionellen Medienorganisationen produziert werden sowie auch diejenigen, die Informationen nur – auch unverändert – weitergeben.[1]

---

[1] Die Abgrenzung der Newsbots zu Bots in der Wertschöpfungskette von Medieninhalten, die im Sinne der gesellschaftlichen Verbreitung von Nachrichteninhalten als schädlich und lästig (politische Manipulation und SPAM) oder gefährlich (Malware) zu betrachten sind, ist schwierig, weil es keine eindeutigen Übergänge gibt. Die Abgrenzung ist aber in einer Untersuchung, in der es wesentlich um die Möglichkeiten des Einsatzes unter ökonomischen Gesichtspunkten aus Sicht des Medienunternehmens geht, m. E. nicht notwendig.

Abb. 6.3 Nachrichtennutzung Sites. (Quelle: Pew Research Center 2017, S. 4)

% of each social media site's users who get news there

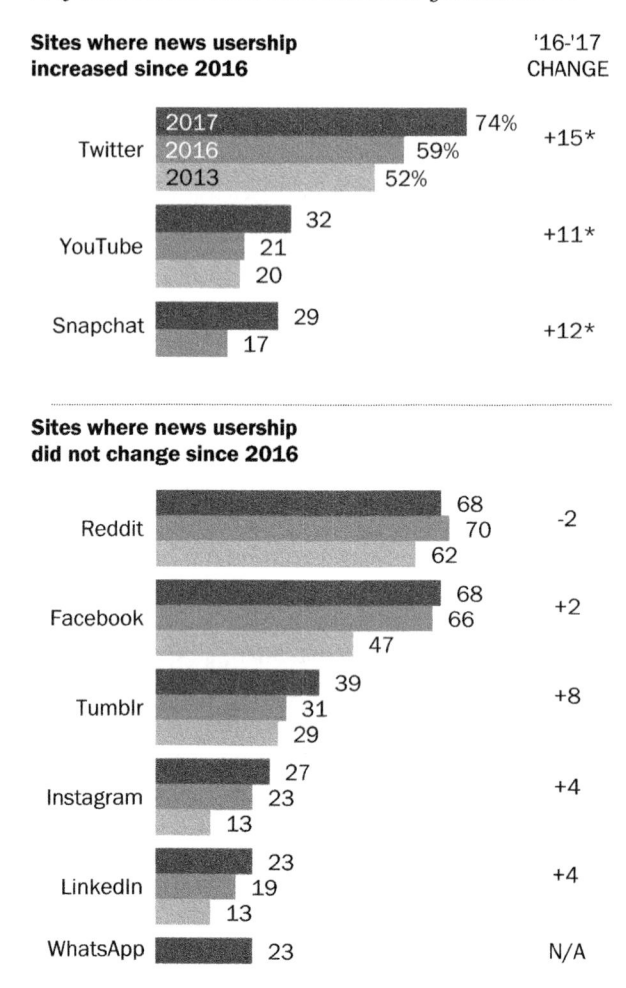

Sites where news usership increased since 2016

Site	2017	2016	2013	'16-'17 CHANGE
Twitter	74%	59%	52%	+15*
YouTube	32	21	20	+11*
Snapchat	29	17		+12*

Sites where news usership did not change since 2016

Site	2017	2016	2013	'16-'17 CHANGE
Reddit	68	70	62	-2
Facebook	68	66	47	+2
Tumblr	39	31	29	+8
Instagram	27	23	13	+4
LinkedIn	23	19	13	+4
WhatsApp		23		N/A

Newsbots unterstützen dabei zweiseitige Interaktion:

In the Context of interactivity and news publishing, however, the term 'bot' is normally used to refer to something that users can interact with. Examples include
- A bot that automatically publishes updates on a particular social media account when it receives new information from a feed (such as new articles)
- A bot which can supply article suggestions in respond to a query from a user
- A bot which attempts to provide answers to questions given by users (Bradshaw 2016, S. 310).

So fallen in diese Diskussion auch die sogenannten Social Bots:

Social bots have been defined variously as 'automated social actors' – software designed to act similarly to how humans might act in social spaces(…) Such bots have been observed across many social networks, like Twitter, Facebook, Reddit and Wikipedia, interacting with users or content in various ways (Lokot und Diakopoulos 2015, S. 2).

Social Bots have direct communication with human users on social media platforms and elsewhere in comments sections of online news sites, forums etc. (Woolley 2016, S. 1).

Weiterhin trifft man in dieser Diskussion auf den Begriff des Chatbots, da Newsbots z. T. heute vermehrt anhand von Frage-und-Antwort-Features mit dem Rezipienten operieren, wie z. B. der deutsche Newsbot RESI, das amerikanische Angebot von Quartz oder der Newsbot des finnischen Helsingin Sanomat (vgl. Anderson 2017). Auf Nachrichtendistribution fokussierte Chatbots, die Texteingabe, Spracheingabe oder auch Eingabe per Menü und Buttons ermöglichen, gehören also zu den hier betrachteten Distributionsinstrumenten. Sie stehen Mitte des Jahres 2017 sogar im Fokus der Entwicklungen von Lösungen von Medienunternehmen (z. B. ARD, CNN, BBC).

Zu ergänzen sind diejenigen Bots, die auf Kurznachrichtendiensten arbeiten und als Messenger Bots bezeichnet werden (vgl. Anderson 2017). Dann, wenn sie zumindest beschränkt[2] in der Distribution von Nachrichten aktiv sind, sind sie in der Diskussion dieses Kapitels zu berücksichtigen.

6.2 Die Wertschöpfungsstufe der Distribution

Die Wertschöpfungsstufe der Distribution umfasst im medienökonomischen Verständnis die Vervielfältigung der First Product Copy des Medienguts und die Verteilung der hergestellten Kopien dieses Master Piece an die Rezipienten. Diese Verteilung kann null-, ein- oder mehrstufig (Groß- und Einzelhandel) sein. Eine nullstufige, direkte Auslieferung des Contents vom Medienunternehmen ohne Handelsstufen hat mit dem Internet eine enorme Ausweitung erfahren. Auch neue Intermediäre wie z. B. Google, Facebook oder WhatsApp drängen seit einiger Zeit in das Geschäft mit der Nachrichtendistribution. Sie etablieren sich also als neue Akteure in der Nachrichtenwertschöpfungskette, die durch ihre Position an der Schnittstelle zum User gegenüber anderen Wertschöpfungspartnern eine enorme Bedeutung erlangen – weil sie über einen Großteil der dort durch Werbeeinnahmen erzielbaren Erlöse verfügen können. Zur Distributionsstufe gehört in der Grundform der Medienwertschöpfungskette einerseits die Vervielfältigung, d. h. die technische Produktion der Kopien der Urkopie durch Druck, Pressung von Medienträgern, die technische Übertragung für die Bereitstellung zum Abruf durch die Rezipienten einschließlich der dazu nötigen Infrastruktur und Übertragungskapazitäten. Andererseits ist die eigentliche Distribution, also die physikalische Auslieferung über

---

[2]Aufgrund der Tatsache, dass heutige Nachrichtenbots im Messengerbereich zur Refinanzierung durchaus auch werbliche und auf den Produkthandel bezogene Inhalte vermitteln, ist diese Einschränkung nötig.

Logistiker, Zwischenhandel, Verkaufsstellen oder Auslieferer sowie die technische Übertragung (Kabelnetz, Satellitennetz, terrestrische Übertragung) zum Rezipienten gemeint (vgl. Gläser 2014, S. 349 ff., 482 f.; Zydorek 2017, S. 81; Kiefer und Steininger 2014, S. 167 ff.). Zur ökonomischen Distribution werden auch die Aktivitäten zur Kontaktaufnahme und Kommunikation des Anbieters mit den (potenziellen) Rezipienten (Werbung, Verkaufsförderung, PR) gezählt (Gläser 2014, S. 351).

6.3 Medienökonomische Bezugsprobleme bei der Distribution von Nachrichten

Die wesentlichen ökonomischen Bezugsprobleme für die Distributionsstufe ergeben sich aus der Tatsache, dass Medienprodukte hohe Erstkopiekosten haben.

> Für die Kostenstruktur bei der Produktion von Mediengütern ist der Regelfall, dass sie von hohen absatzmengen-unabhängigen Kosten (also Fixkosten) der ersten hergestellten Fassung des Gutes geprägt ist. Der Grund dafür ist, dass als Grundlage der schließlich vervielfältigten und zum Rezipienten gebrachten Medienprodukte eine sogenannte Urkopie erstellt werden muss, deren Kosten unabhängig von der später verkauften Anzahl der weiteren Kopien dieses Medienprodukts ist (Zydorek 2017, S. 194 f.).

Die Kosten der Verbreitung sind dagegen je nach dem entsprechenden Medienträger zu einem wesentlichen Teil variable Kosten, also Kosten, die sich mit der produzierten Menge der Kopien verändert, weil in diese Kopien, z. B. bei der Zeitung, jeweilig Produktionsfaktoren wie Papier und Druckerschwärze eingehen. Dies gilt für physikalische Medienträger, bei elektronischen Medien kann der Anteil der variablen Kosten so weit absinken, dass er aus kommerzieller Sicht zu vernachlässigen ist.

Diese Situation der hohen fixen Erstkopiekosten und geringen variablen Kosten bedeutet, dass sich die auf den einzelnen Abnehmer des Medienguts bezogenen Gesamtkosten bei zunehmender Verbreitung des Gutes immer mehr absenken lassen. Besonders wenn die variablen Kosten der Produktion weiterer Kopien nahe Null sind, entfällt ein wichtiger Grund für die Beschränkung der Menge der produzierten Kopien. Dies bewirkt bei Mediengütern eine inhärente Fokussierung der Anbieter auf die Steigerung der Abnehmerzahl, soweit wie es möglich ist bzw. so weit, bis dann die Kosten für das Marketing und die Akquisition eines weiteren Abnehmers die zu erzielenden Mehreinnahmen überschreiten.

> Die andere Seite der hohen Urkopiekosten von Mediengütern stellt der Umstand dar, dass es eine starke Kostendegression (Sinken der Grenzkosten) mit zunehmender Anzahl verkaufter Produkte gibt, wenn geringe variable Kosten für jede weitere Kopie anfallen und die angefallenen First Copy Costs mit jeder weiteren verkauften Kopie besser verteilt werden können. Wenn man auch bei anderen Gütern die Menge des Absatzes als wichtig empfindet, so ist dieser Faktor durch die spezielle Kostenstruktur bei Mediengütern sehr ausgeprägt (Zydorek 2017, S. 195).

6.3 Medienökonomische Bezugsprobleme bei der ...

Im Nachrichtenbereich hatten die Anbieter von Printmedien früher ein zusätzliches Problem, das letztlich für alle Medieninhalte auf physikalischen Trägern galt, sowie verschärft für solche, deren Wert von der Aktualität des Inhalts abhängig ist, also insbesondere aktuelle Nachrichteninhalte:

> Ein besonderes Problem aufgrund der spezifischen Produktionsbedingungen für die Printmedien, das sich durch den technischen Wandel zunächst eher verschärft hatte (…) war, dass sie die gesamte erwartete Nachfragemenge auf Lager nehmen müssen(…). Während andere Industrien sich der zeitlichen Nachfrageentwicklung durch Veränderung der Kapazitätsauslastung anpassen können, mussten Medien (…) die Nachfrage vollständig antizipieren, mit dem Risiko, die gedruckten Exemplare nicht absetzen zu können (Kiefer und Steininger 2014, S. 214, ohne Hervorhebungen).

Werden die Mediengüter nicht direkt, also vom Rezipienten über den Einzelverkauf oder das Abonnement finanziert, sondern indirekt, durch Werbung refinanziert, gilt:

> (D)ie von sinkenden Stückkosten bei steigender Outputmenge über weite Strecken geprägte Kostenstruktur der Medienproduktion ist nicht nur auf dem Rezipienten-, sondern auch auf dem Werbemarkt wirksam. Auf der einen Seite kommt der Werbetreibende mit steigender Auflage/Reichweite des Mediums in den Genuss sinkender Durchschnittskosten für sein Werbemittel. Denn die Kosten für die Produktion von Anzeigen und Werbespots, die durchaus beachtlich sein können, sind wie die First-Copy-Kosten fixe Kosten (…). Auf der anderen Seite sinken die 1000-Kontakt-Preise (…) mit steigender Verbreitung, da die Medienunternehmen die Größenvorteile an die Werbungtreibenden weitgehend weitergeben (Kiefer und Steininger 2014, S. 184).

Tendenziell ist dabei davon auszugehen, dass die (Marketing-)Kosten zur Gewinnung eines weiteren Rezipienten mit Anwachsen der Rezipientenzahl zunehmend ansteigen, sodass es trotz der beschriebenen Kostensituation einen Punkt gibt, an dem sich die Hinzugewinnung weiterer Rezipienten für ein Medienprodukt nicht mehr lohnt, weil die durch die Vermarktung entstehenden Grenzkosten die durch den Verkauf der Inhalte und Werbeeinnahmen erzielten Gewinne übersteigen.

Diese allgemeinen Charakteristika haben auch im Internet Geltung:

> Die Kosten der First Copy sind auch im Internet hoch, die Verbreitungskosten hingegen sind nahe null. Es dauert, bis Gewinne erzielt werden, diese fallen aufgrund der ausgeprägten Skaleneffekte und der geringen variablen Kosten aber überproportional aus und werden durch auftretende Netzeffekte verstärkt (Kiefer und Steininger 2014, S. 184).

Mit der im Zitat angesprochenen Verstärkung der Skalenerträge durch Netzeffekte ist gemeint, dass sich die Absatzmenge aufgrund von Nutzungs- und Erreichbarkeitsvorteilen, die große Kommunikationsnetze (wie WhatsApp) gegenüber kleinen Netzen (z. B. Threema) aus Sicht der Nutzer haben, das Wachstum der großen Netze ab einem bestimmten Punkt, der sogenannten kritischen Masse, verstärkt.

6.4 Klassische Strategien von Medienunternehmen im Umgang mit den Problemen der Distribution

Grundsätzliche Bedingung der massenmedialen Verbreitung von Nachrichten ist die Möglichkeit, Informationen, die in früheren Zeiten mündlich berichtet oder ausgerufen wurden, auf einen technischen Medienträger zu bringen, der eine zeitliche und örtliche Anwesenheit von Sender und Empfänger beim Prozess der Weitergabe der Information überflüssig macht. Hiermit, also über die Auflösung der zeit-örtlichen Bindung der Kommunikation von Inhalten können große Potenziale der Steigerung der Effizienz der Verbreitung von Informationen freigesetzt werden, die sich durch die automatisierte Herstellung von Produktkopien mit verschiedenen jeweilig innovativen Druckverfahren weiter steigern lassen (vgl. Kiefer und Steininger 2014, S. 175 ff.). Dabei kann die Effizienzsteigerung über die Gesamtkosten der ausgelieferten Kopie des Medieninhalts pro erreichtem Rezipienten ausgedrückt werden.

> Massenmedien verfügen primär über eine hohe und – durch technischen Fortschritt wie besseres Know-How – weiter steigende distributive Produktivität. Medienunternehmen, insbesondere wenn sie erwerbswirtschaftlich organisiert sind, werden folglich versuchen, diese spezifische, nämlich distributive Produktivität voll auszuschöpfen (Kiefer und Steininger 2014, S. 176).

Das bedeutet, aufgrund oben besprochener Kostenstruktur (hohe fixe Erstkopiekosten für den Content in einer Product Copy eines Artikels oder einer Zeitungsausgabe) und der damit verbundenen starken Stückkostendegression mit anwachsendem Publikum, mit möglichst geringen (variablen) Distributionskosten pro Rezipient eine möglichst große Menge an (zahlenden oder Werbung konsumierenden) Rezipienten zu erreichen. Dabei spielen bei den variablen Kosten sowohl die eigentlichen Material-, Druck- und Distributionskosten (Logistikkosten, Kosten der technischen Übertragung) wie auch die Marketingkosten zur Gewinnung neuer Rezipienten eine Rolle. Die Industrialisierung der Kopieproduktion (z. B. Presswerke und Druckmaschinen) sowie der Auslieferung an den Kunden über Logistik, Handel und Übertragungsnetze trug wesentlich zur Senkung der Distributionskosten bei.

Wie schon in Abschn. 4.4 besprochen, gehört die Versionierung und Modularisierung von Inhalten sowie die Kombination und Neukombination dieser Module, ergänzt durch On-demand-Produktion für zielgruppenspezifisch konfektionierte Angebote zu den klassischen Strategien bei der Bündelung und Distribution der Inhalte. Dies wird durch die sogenannte Selbstselektion ergänzt, d. h. dass sich die Rezipienten die für sie neuen, interessanten, spannenden oder unterhaltenden Artikel aussuchen und sich damit versorgen. Die Ablösung des Nachrichteninhaltes vom Trägermedium Papier ermöglichte zusätzlich, die Inhalte variabel zu kombinieren und verschiedene Versionen nach regionalen Gesichtspunkten oder Interessengebieten differenziert zu distribuieren und so an die spezifischen Rezipientenbedürfnisse anzupassen (vgl. Kiefer und Steiniger 2014, S. 214). Dies ist bei Printprodukten zwar möglich (z. B. Regionalausgaben), aber teuer.

Dadurch wird ebenso eine Mehrfachverwertung von Inhalten, z. B. auf unterschiedlichen Märkten, für unterschiedliche Zielgruppen und in unterschiedlichen Formaten möglich. Auch eine Mehrfachverwendung von Inhalten in verschiedenen Produktbündeln (z. B. zusätzlich Archivdienste oder Content Syndication) sind Strategien, die Anzahl der Rezipienten einmal produzierter Nachrichten zu steigern.

> Dass diese Verwertungsketten auch bei Printmedien schon sehr komplexe Muster annehmen können, wird am Beispiel Frankfurter Allgemeine Zeitung deutlich(…) Die Verwertung der einmal geschaffenen medialen (redaktionellen) Inhalte erfolgt (Stand Juli 2003) in 15 zeitlich gestaffelten Verwertungsfenstern, wovon drei printbasiert sind, ein Speichermedium zum Einsatz kommt und die anderen die Möglichkeiten von Internet und Mobilfunk nutzen (Kiefer und Steininger 2014, S. 243).

Das in Abschn. 6.3 genannte Problem der Vorab-Produktion der gesamten Auflage konnte z. B. für die Buchproduktion abgemildert werden, indem technologisch bedingt der Druck von Teilauflagen, in letzter Zeit sogar On-Demand-Druck möglich wurde. Dies hatte für sehr aktuelle Medien wie die Tageszeitung keine Relevanz, dafür aber die Möglichkeit, ganz auf das Papier zu verzichten und die Inhalte elektronisch über das Internet auf PCs, E-Reader oder Smartphones zu verteilen.

6.5 Die Technologieoption algorithmisch gesteuerter Distribution durch Newsbots

Die Vielzahl der möglichen und mittlerweile auch in der Praxis eingesetzten Bots, also von Computer-Skripten, die dazu gestaltet sind, repetitive Aufgaben erfüllen, macht es nach der unter Abschn. 6.1 erfolgten begrifflichen Klärung zusätzlich erforderlich, eine sinnvolle Typologisierung zu finden, die es ermöglicht, solche Bot-Anwendungen zu identifizieren, die für Akteure in der Nachrichtenverbreitung im Kontext ihrer ökonomischen Rahmenbedingungen sinnvoll einsetzbar sind. In ihrer Untersuchung zur Typologisierung von Newsbots auf der Basis der Recherche und Analyse von 238 dieser Skripte auf Twitter identifizieren Lokot und Diakopoulos (2015) vier Kategorie-Dimensionen, die gleichermaßen die algorithmische Logik hinter den Bots sowie auch die redaktionellen Entscheidungen hinter ihnen widerspiegeln sollen (Lokot und Diakopoulos 2015, S. 6). Sie können zudem für meine Untersuchung wichtige Anhaltspunkte geben, da sie gleichzeitig Gestaltungsoptionen für Anbieter aufzeigen können.

Die vier Kriterien, die nach Lokot und Diakopoulos (2015) infrage stehende Anwendungen differenzieren, sind,

1. der Input bzw. die Quellen der Inhalte, also das, was ein Newsbot ausliest,
2. der inhaltliche Output, also das, was der Newsbot aus dem Input generiert,
3. die Art des Algorithmus, also wie er arbeitet und
4. die Zwecksetzung oder Funktion des Newsbots, also das, worauf er von seinen Erstellern ausgerichtet und gezielt wird (vgl. Lokot und Diakopoulos 2015, S. 6–11).

Innerhalb dieser vier Dimensionen lassen sich jeweilig verschiedene Ausprägungen von Newsbots unterscheiden (vgl. Lokot und Diakopoulos 2015, S. 6–11), deren Eignung für Medienunternehmen, die sich damit im Distributionsbereich betätigen wollen, unterschiedlich zu beurteilen ist:

Input und Quellen der Inhalte (Was ein Newsbot ausliest)
Das, was ein Bot anderswo entnimmt, um damit einen Output zu produzieren, lässt sich nach drei Unterdimensionen unterscheiden: Neben der *Anzahl der Quellen* (eine/mehrere/vielfache), dem *Typ der Inputquelle* (Website, Blog, Feed, Social-Media-Plattform, Hashtag, Datenbank, Archiv, Link) gibt es bei den untersuchten Bots Unterschiede bei der *Transparenz der Quellen* (explizit benannt bzw. evident durch konkreten Bezug auf die Quelle und ungenannt/unbestimmt/intransparent).

Aus Sicht von Medienunternehmen erscheint eine Mindestanzahl verschiedener Quellen Voraussetzung für ihre Tätigkeit zu sein. Die Art der Quellen ist nicht festgelegt, die Quellen sind allerdings im Hinblick auf Authentizität und Richtigkeit zu prüfen oder zu bewerten. Transparenz der Quellen erscheint aus publizistischer Sicht als notwendige Voraussetzung. Obwohl der Input aus editorieller Sicht bedeutsam ist, hat er allerdings wenig Relevanz für die ökonomische Optimierung der Wertschöpfungsstufe der Distribution und kann hier somit vernachlässigt werden.

Output des Newsbots (Was der Newsbot aus dem Input generiert)
Es werden vier verschiedene Outputtypen identifiziert:

Thematische Bots: Thematisch (engl. topical) bedeutet, dass Nachrichten aus einer oder mehreren Quellen zu einem bestimmten Thema aggregiert und ausgegeben werden.

Regionenspezifische Bots: Regionenspezifisch (engl. geospecific) bezeichnet solche Bots, die nach geografischen Bezugspunkten (z. B. lokal, regional, national) gefilterten Output anbieten.

Kommentierende Bots (Commentary Bots) erläutern Informationen, die von bestimmten oder verschiedenen Quellen kommen und fokussieren dabei hauptsächlich einen bestimmten Aspekt oder einen spezifischen Betrachtungswinkel. Lokot und Diakopoulos (2015, S. 9) nennen als Beispiel dafür den Twitterbot @dronestream, der alle durch verschiedenste Quellen publizierten Informationen zu US-amerikanischen Drohnenangriffen versammelt und listet.

Der Output-Typ der Niche Feeds deckt ein noch sehr viel spezifischeres inhaltliches Gebiet ab. Der Input wird im Hinblick auf einen sehr schmalen Interessens- oder Informationsbereich, wie z. B. MMORPG video game news oder anonymous wikipedia edits by IP adresses in the US Congress (@congressedits, siehe Abb. 6.4), gefiltert.

Aus Sicht von Medienunternehmen spiegelt die Gestaltungsdimension des Outputs wichtige editorielle Entscheidungen bezüglich des durch das Medienunternehmen zu generierenden Mehrwerts wider. Der Output hat aus dieser Sicht großen Einfluss auf die ökonomische Positionierung des Nachrichteninhaltes, auf die Differenzierung der Zielpublika sowie darauf, welcher Mehrwert für diese Zielgruppen generiert wird.

6.5 Die Technologieoption algorithmisch gesteuerter ...

Abb. 6.4 Niche Feed nach Lokot und Diakopoulos. (Quelle: https://twitter.com/congressedits?lang=de Abruf 26.07.2017)

Die Art des Algorithmus (Wie der Algorithmus arbeitet)
In Bezug auf die Arbeitsweise des Algorithmus werden die für Medienunternehmen relevanten Arten der Bearbeitung und Behandlung der Inhalte durch den Inhaltdistributor unterschieden.

Newsbots, die unverändert wiederveröffentlichen und so eine Brückenfunktion ausfüllen: Die einfachste Form des Newsbots ist die unveränderte Veröffentlichung (rebroadcast) eines externen Inhalts von einer einzelnen Quelle auf einer anderen Quelle, z. B. Twitter, also ein Brückentransfer (bridge dissemination) von einem anderen Medium.

Newsbots, die aggregieren und kuratieren[3] (aggregation/curation) sind Algorithmen, die Informationen von verschiedenen Quellen auf der Basis von Suchanfragen oder festgelegten Keywords oder durch die Voreinstellung bestimmter Quellen sammeln. Der Twitterbot @tchnws z. B. sammelt technologische Nachrichten aus 50 verschiedenen Quellen (vgl. Abb. 6.5).

Ein weiterer Typ von Newsbots bezeichnet diejenigen Algorithmen, die Informationen aus einer oder aus mehreren Quellen mit anderen Inhalten ergänzen (augmenting information) oder eine Interpretation der gelieferten Informationen hinzufügen.

Reacting/Responding Bots reagieren auf Informationen oder Daten, die sie finden oder die auf ihnen getweeted werden, z. B. wenn Ortsangaben darin sind (bei Wetterinformationen) oder bestimmte vorher definierte Keywords in ihnen vorkommen.

---

[3]Curation wird hier im Sinne von auswählen, sortieren, aufbereiten verstanden.

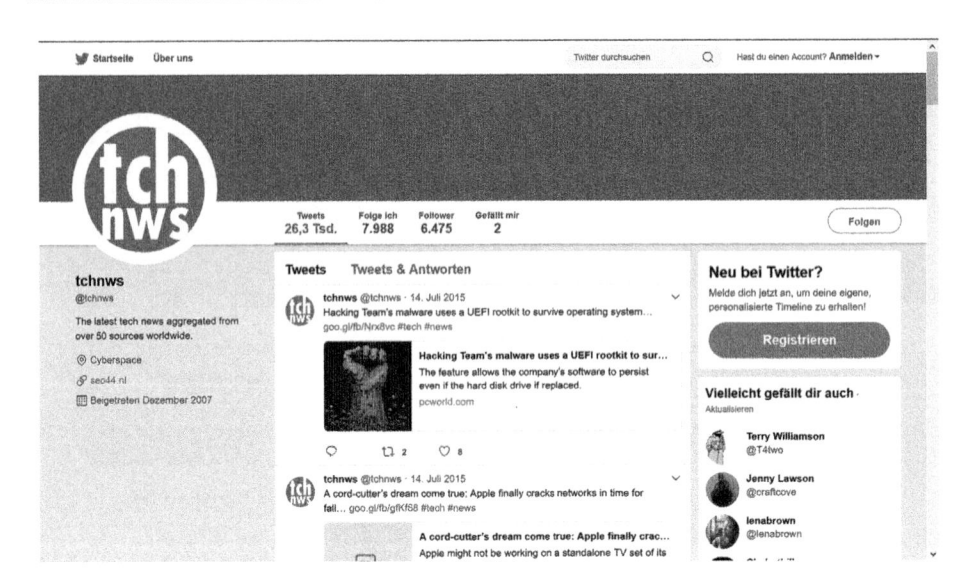

Abb. 6.5 Aggregation Bot nach Lokot und Diakopoulos. (Quelle: https://twitter.com/tchnws Abruf 26.07.2017)

Generating Bots erstellen neue Daten oder Informationen aus einer oder mehreren Eingabequellen und publizieren sie dann. Dies ist eine Funktion aus der zweiten Wertschöpfungsstufe, deswegen wird sie hier nicht weiter berücksichtigt.

Die Untersuchung von Lokot und Diakopoulos im Jahr 2015 erbringt im Ergebnis, dass in Bezug auf die Dimension Art des Algorithmus viele Newsbots den einfachen Ansatz des rebroadcast/bridging verfolgen, also den Content von bereits existierenden Nachrichtenplattformen in den Bereich der Social Media transferieren.

> Many website Twitter and Facebook accounts are actually updated by bots which automatically publish every time a new story appears on the publication's RSS-Feed (Bradshaw 2016, S. 311).

Eine Wertschöpfung entsteht dabei durch das Erreichen anderer/weiterer Rezipienten durch Transfer der Nachrichten an die Orte bzw. Schnittstellen, an denen sie von weiteren Rezipienten konsumiert werden können.

Daneben ist der Curation-/Aggregation-Ansatz prominent, der Inhalte verschiedener Quellen, z. B. verschiedener RSS Feeds, aggregiert/kuratiert.

> Others automatically retweet material matching a particular search (for example, updates with a particular hashtag or phrase, or stories matching a particular search term on google news) (Bradshaw 2016, S. 311).

Als weiterer dem Umfang nach bedeutsamer Ansatz wird in der genannten empirischen Untersuchung der Ansatz der Filterung nach Themen (Niche Bots) und regionalen Aspekten (geo-specific bots) relevant (Lokot und Diakopoulos 2015, S. 13).

Bei den Dimensionsausprägungen Curation/Aggregation, Niche und Geospecific Bots liegt die Wertschöpfung darin begründet, dass der User durch eine automatisierte interessenbezogene Festlegung abonnierbarer Quellen, Themen und Inhalte ebendiese Inhalte, Quellen, die Distributionswege und Kontaktpunkte mit den Inhalten selbst generell für einen selbst gewählten Zeitraum bestimmen kann.

Spätestens bei dieser dritten Dimension ist zu registrieren, dass die Untersuchung existierender Twitter-Bots eine Beschränkung auf unkomplizierte und wenig komplexe Mehrwertgenerierung durch Filterung, themenbezogene Aggregation oder Entdeckung (im Sinne von automatisierten Suchprozessen nach Informationen in großen Datenmengen) reflektiert. Das sinnbezogene Kombinieren und Hinzufügen von Inhalten sowie das Kommentieren, Interpretieren/Deuten als Kernprozesse journalistischer Arbeit werden in den bei Lokot und Diakopoulos besprochenen Newsbots nicht erkennbar. Für die Distribution spielt hierbei vor allem eine Rolle, dass durch diese Ansätze der potenzielle Rezipient an jedem Ort, zu jeder Zeit, bei jeder Gelegenheit und über möglichst ständig verfügbare Schnittstellen erreicht werden kann bzw. er die von ihm gewünschten Inhalte abrufen kann.

Zwecksetzung/Funktion des Newsbots (Worauf er gezielt ist)
Eine Hauptausprägung der von Lokot und Diakopoulos untersuchten Dimension Zwecksetzungen von Newsbots ist ihre Informationsfunktion für den Rezipienten. Daneben wird als Hauptfunktionen von Newsbots die schnelle Publikation von und der Hinweis auf Breaking News angeführt. Weitere in der Untersuchung genannte Kategorien sind die der Kritik und Meinungsbildung des Rezipienten, investigative Gründe (Entdeckung neuer oder versteckter Informationen), Zwecke der öffentlichen Rechenschaft, Unterhaltung und Dienstleistungen wie Informationen über Verkehr und Wetter.

In Bezug auf die Zwecksetzung ist aus Sicht der Kommunikationswissenschaften zunächst zwischen der Perspektive des Medienunternehmens und der des Rezipienten zu unterscheiden. In Bezug auf die Rezipientenperspektive habe ich im Abschn. 1.3 das sehr breite Spektrum der Bedürfnisse diskutiert, die durch Medieninhalte befriedigt werden können. Dies wäre, wie dort dargelegt wurde, an dieser Stelle in Bezug auf das Genre der Nachrichteninhalte über die bei Lokot und Diskopoulos genannten Bedürfnisse hinaus zu spezifizieren, um zu gestaltungsrelevanten Aussagen über Newsbots zu kommen.

Neben der Rezipientensicht ist aus der Perspektive des Medienunternehmens die kommerzielle Zielstellung von Newsbots zu berücksichtigen. Publizistische Ziele sind bei Medienunternehmen im Nachrichtenbereich meist vorhanden, aber keine Voraussetzung für das Inhaltsangebot.[4]

---

[4]Zu den Zielen von Medienunternehmen vgl. die empirische Studie von Eisenbeis 2007, auf die ich in Zydorek (2017, Kap. 10) bereits Bezug genommen habe.

Entsprechend wird in Medienunternehmen über den Einsatz technologischer Innovationen wie der Newsbots vor dem Hintergrund eines Mixes kommerzieller und publizistischer Ziele nachgedacht, diese

> (…)examine a range of examples of news organisations thinking 'beyond the article' in terms of both the content they produce and the commercial revenue that supports their journalism(…)both editorial and commercial journalism, because the current pressures on existing business models for news mean that the two need to go hand in hand for journalism to find a way forward (Anderson 2017, S. 6).

Hier werden also explizit die Technologieoptionen mit der Lösung der aktuellen ökonomischen und editoriellen Bezugsprobleme in Verbindung gebracht. Im Rahmen dieser kombinierten Zwecksetzungen publizistischer und kommerzieller Ziele mit den Nutzungsmotivationen von Rezipienten und den technischen Rahmenbedingungen hat sich in den letzten Jahren ein Entwicklungstrend hin zu sogenannten Conversational Newsbots ergeben, die die Nachrichten im Stil von Messenger-Diensten in kleinen Informationspaketen anbieten, welche bei Bedarf in Interaktion mit dem Rezipienten vertieft werden können.

> If 2015 was the year of automated journalism, 2016 is the year of bots. While Siri, Cortana, Alexa, and whatever Google will inevitably name their voice assistant, battle their way for a permanent place in our lives, it's clear that conversational bots are here to stay (Johri et al. 2016, S. 1).

6.6 Funktionsweise von aktuellen Conversational Newsbots

Für dieses Kapitel wurde Material zu folgenden aktuellen Newsbots bzw. diese selbst gesichtet:

- Der im Jahr 2016 in Deutschland gestartete Newsbot Resi (App) und
- Der Newsbot Novi der ARD (2017) im Facebook Messenger (facebook.com/getnovibot/)
- der CNN-Bot auf dem Facebook Messenger (Facebook.com/messages/t/cnn)
- der Guardian-Chatbot (Guardian 2017) auf dem Facebook Messenger (facebook.com/theguardian/)
- Der philippinische Newsbot Rappler (Anderson 2017, S. 12–14)
- Der US-amerikanische, im Jahr 2012 gestartete Newsbot Quartz (App) (Anderson 2017, S. 14 ff.)

Diese Bots funktionieren im Wesentlichen nach demselben Prinzip: Nach dem Einloggen (über den FB Messenger oder in die App) erscheint eine Begrüßung, eine Einladung zur Interaktion (vgl. Abb. 6.7) sowie eine Ankündigung, dass ausgesuchte Themen des Tages präsentiert werden („I'll send you a digest of trending stories once a day", vgl. Quartey 2016) oder es wird darauf hingewiesen, dass man einen Chat mit dem Bot beginnen kann (vgl. Abb. 6.6 CNN und 6.7 Novi).

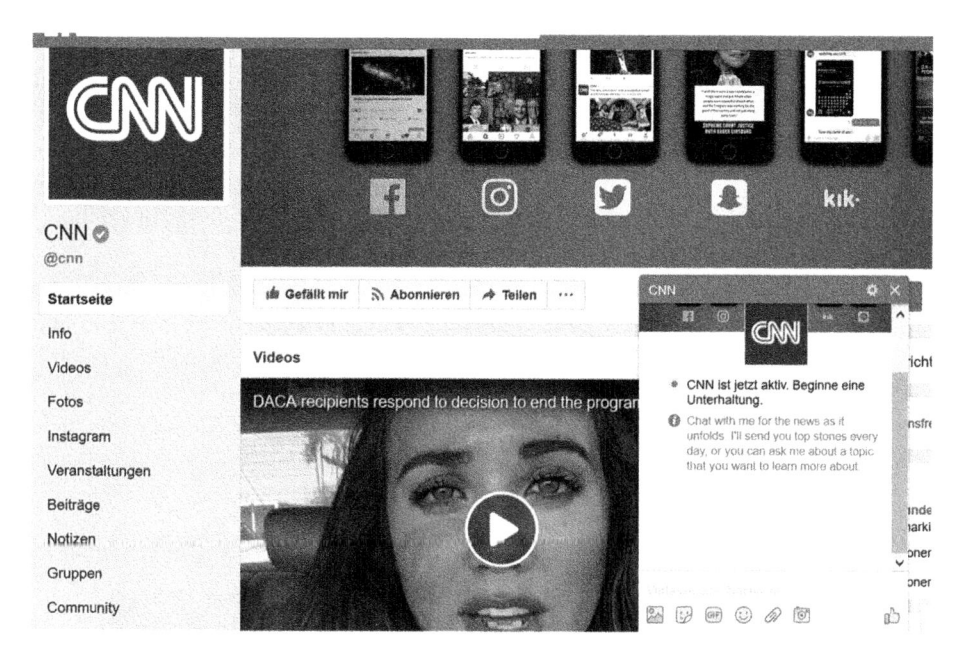

Abb. 6.6 Beispiel CNN-Bot. (Quelle: Facebook.com/messages/t/cnn Abruf 12.09.2017)

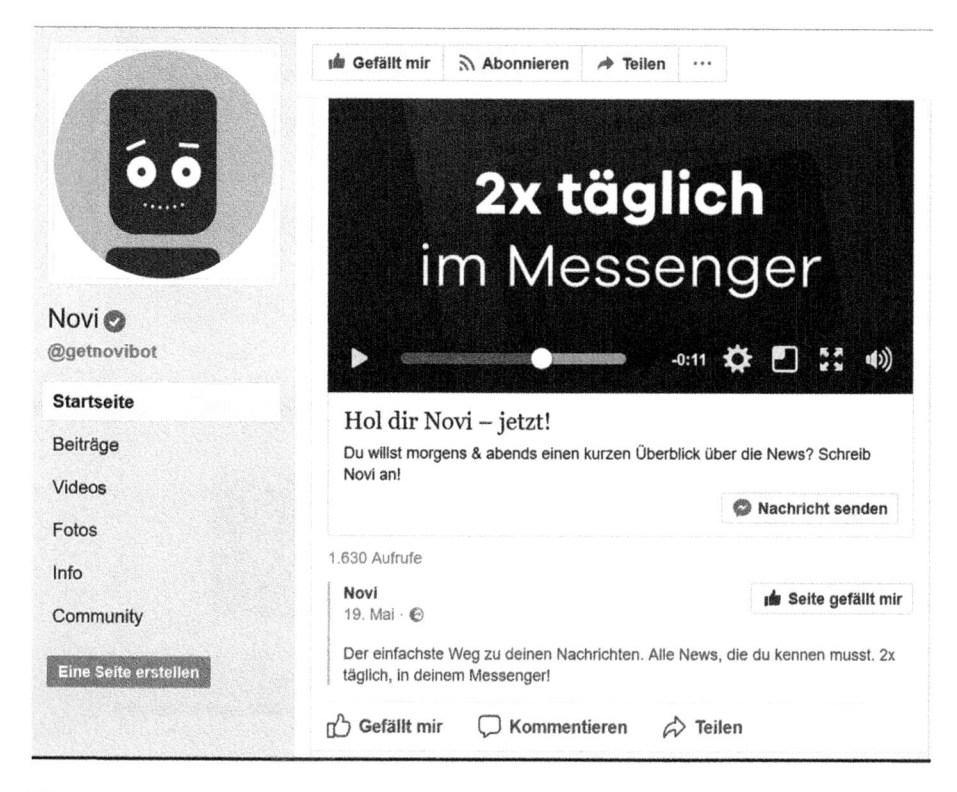

Abb. 6.7 Beispiel Novi Start. (Quelle: https://www.facebook.com/getnovibot/ Abruf 12.09.2017)

Beim Beginn eines Chats oder bei Abfrage von Informationen reagieren die Bots mit voreingestellten, limitierten Einblendungen, entweder können Buttons wie „Her mit den News", „Erzähl mir mehr" oder „Sag mir etwas zu…" angeklickt werden oder es wird auf Textanfragen mit Standardantworten geantwortet. Die Themenanzahl ist unterschiedlich groß, tendenziell bei den Ablegern der klassischen Nachrichtenmedien wie CNN, Guardian und BBC wesentlich breiter als bei Stand-alone-Anwendungen wie Resi.

Auch die Detailtiefe der über die entsprechenden Buttons abgefragten Informationen ist sehr unterschiedlich, für den Leser klassischer Zeitungen aber insgesamt sehr oberflächlich (vgl. Abb. 6.8). Gesendet werden meist kurze Texte im Stil und Umfang von Instant-Messenger-Botschaften, unterstützt durch kurze Videos, GIFs und Fotos sowie Hinweise und Links auf (anbietereigene oder fremde) Artikel oder Hintergrundberichte im Netz (vgl. Abb. 6.9).

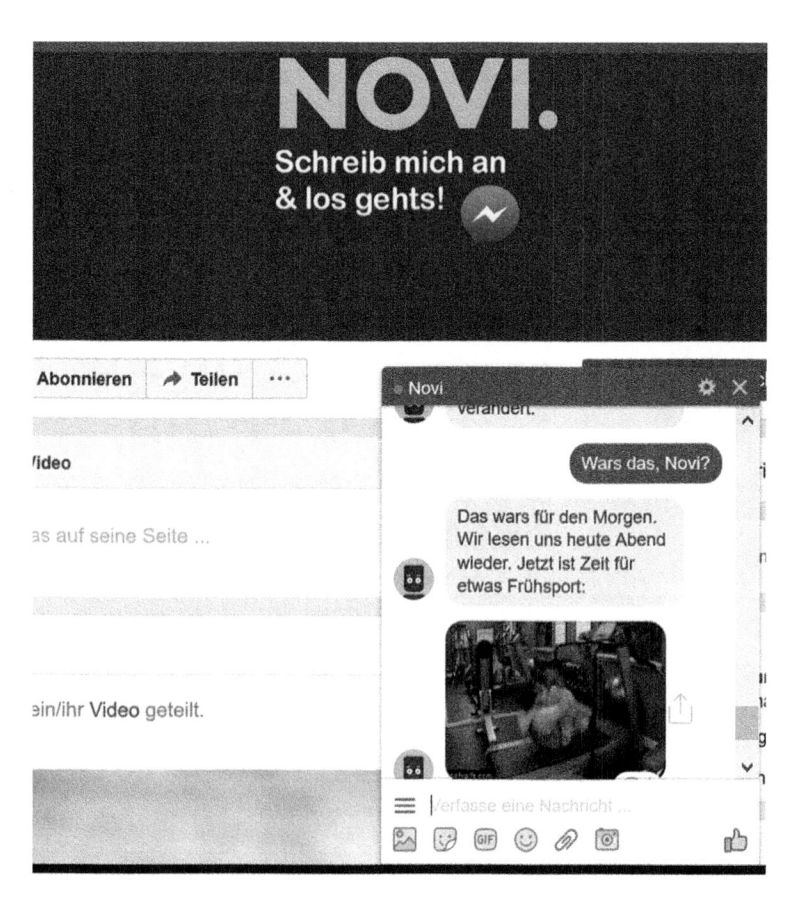

Abb. 6.8 Einschränkungen des Nachrichtenumfangs bei Novi

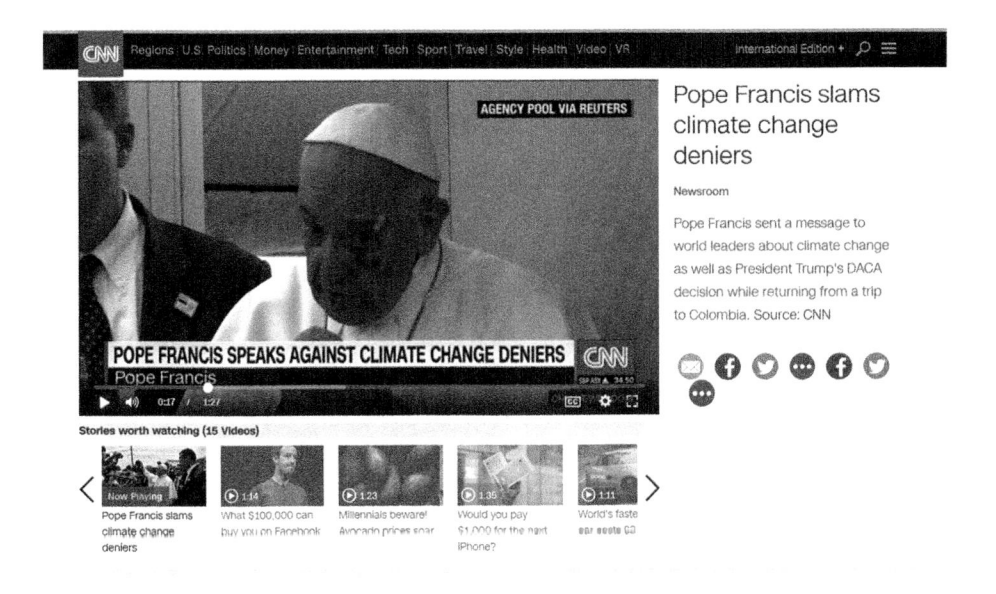

6.6 Funktionsweise von aktuellen Conversational Newsbots

Abb. 6.9 Beispiel externer Link auf eigenes Video bei CNN

Der jeweilige Ton der die Abfrage unterstützenden – und bemüht nach echter Interaktion klingenden – Rückfragen durch den Bot soll zielgruppenangepasst sein. So stellt Novi, der von der Tagesschau und dem NDR für das öffentlich-rechtliche Jugendangebot funk mit der Zielgruppe der 14–29-jährigen entwickelt worden ist, z. B. vermeintlich an den Jargon des Zielpublikums angepasste Rückfragen wie „Erzähl", „Was steht da drin?" oder „War's das, Novi?"

Anfragen nach bestimmten Themen oder Informationen kann der Algorithmus meist nicht verarbeiten und so werden meist voreingestellte Standardantworten gegeben, die keinen inhaltlichen Zusammenhang mit der Anfrage haben (vgl. Abb. 6.10, Novi und CNN).

Quartey fasst seine Erfahrung mit solchen Interaktionsversuchen so zusammen:

> I was a little surprised by the limited options, but after a while, I believe this is exactly one of the bot's strength. I agree with Faisal Khalid when he writes that 'Chatbots that try to do too much usually fail' (Quartley 2016).

Die fehlende Fähigkeit zu einer echten Interaktion wird dagegen auch aufseiten der Anbieter als zu überwindende Limitation gesehen:

> They are now working on how to make the bot a little more human, (…) hope to get to the point where a user would be able to ask a bot a question like 'What is happening in Mindanao?' And the bot would return a list of articles or things going on in that area (Anderson 2017, S. 13).

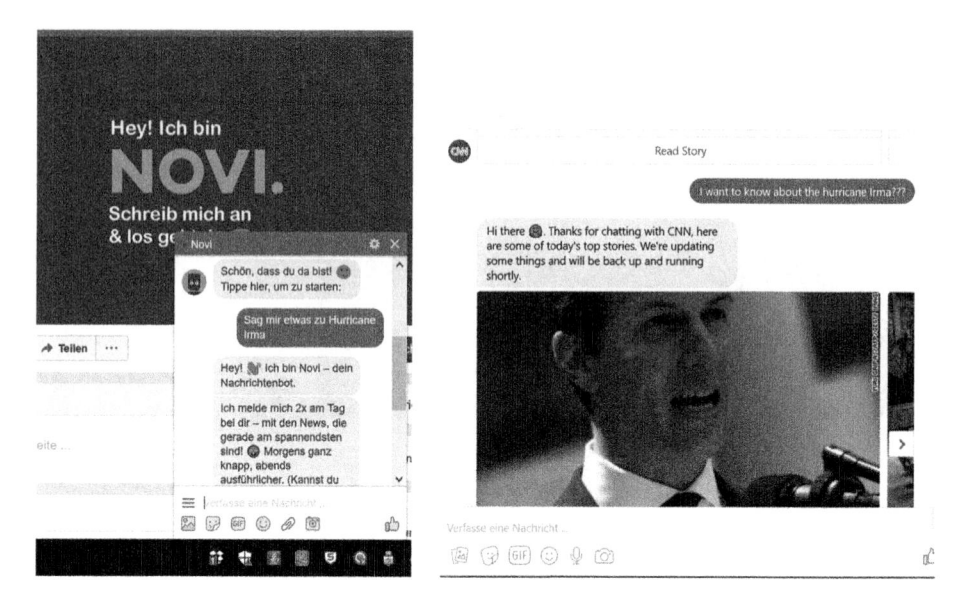

Abb. 6.10 Beispiel Infoabfrage Novi und CNN 12.09.2017

Hinsichtlich der Personalisierung von Inhalten sind die im folgenden Zitat angesprochenen Möglichkeiten im Standardbetrieb der untersuchten Newsbots noch bei Weitem nicht ausgeschöpft:

> As Jeff Lawson, CEO of Twilio, put it: 'Messaging is a great medium for content distribution because of the personal one-on-one nature of the channel(…) A great example of this is what *The New York Times* built during the Olympics,' Lawson added. Users could subscribe to *The New York Times* Olympics app and receive daily updates on the games – not from *The New York Times*, but from Sam at the news desk at *The New York Times*. *The New York Times* was able to create a personalized experience for its readers, largely due to the medium they selected – text messaging (Swanner 2016).

Vielmehr sind im Hinblick auf die Personalisierung von Inhalten in der aktuellen Praxis starke Einschränkungen festzustellen. Der Guardian-Chatbot auf dem Facebook Messenger ist hier schon etwas weiter als andere entwickelt und reagiert flexibler auf manuelle Eingaben des Rezipienten, was die Konfiguration des Angebots anbetrifft, z. B. Zeitpunkt des Briefings, Themen der Nachrichten (vgl. Abb. 6.11).

Dennoch sind auch bei fortgeschrittenen Angeboten die Möglichkeiten der Navigation und Contentauswahl noch beschränkt (vgl. Abb. 6.12).

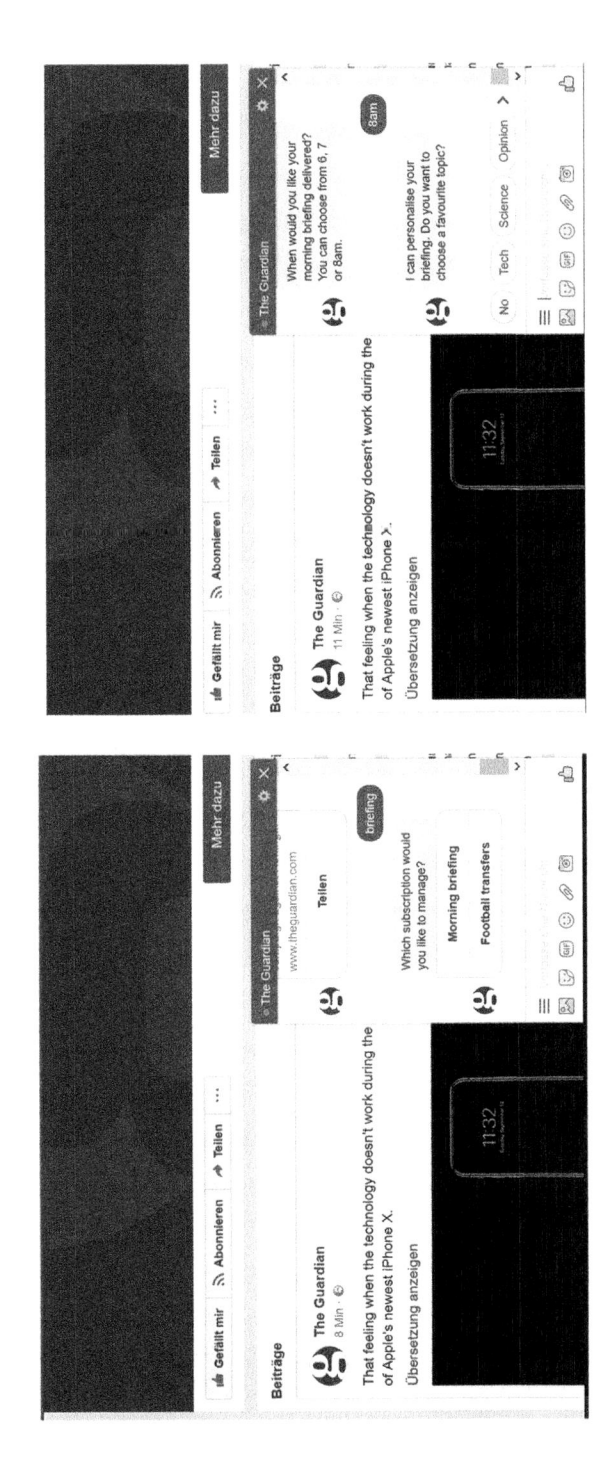

6.6 Funktionsweise von aktuellen Conversational Newsbots 153

Abb. 6.11 Personalisierung Guardian

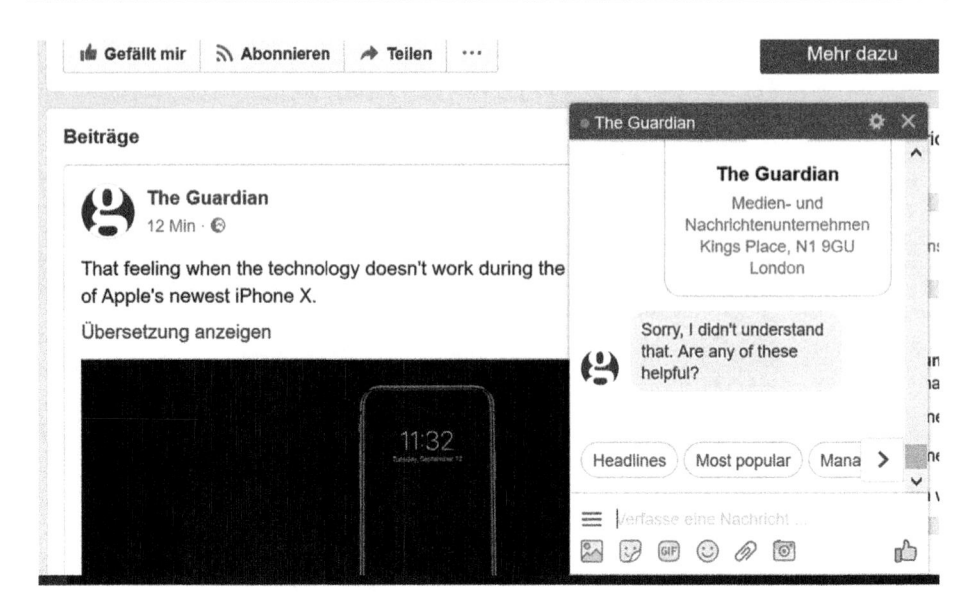

Abb. 6.12 Fehlversuch Interaktion

6.7 Algorithmisch unterstützte Lösungsversuche der ökonomischen Bezugsprobleme der Distribution

Grundsätzlich ist Lokot und Diakopoulos zuzustimmen, wenn sie schreiben:

> The use of news bots(…) presents an intriguing opportunity for news organizations and journalists as they adapt to work in a dynamic digital media environment. Our study demonstrates that news bots are already being used in many creative ways by media organizations and individuals(…).The study(…) helps reconceptualize how scholars might approach editorial processes and newsroom decision-making in light of how automation changes, enables, and becomes integrated into various functions and strategies in the newsroom (Lokot und Diakopouos 2015, S. 13).

Die Studie von Lokot und Diakopoulos bildet diese Möglichkeiten der Rekonzeptualisierung der editoriellen Prozesse und Entscheidungen aufgrund ihrer Beschränkung auf Twitterbots aber nur unvollständig ab, während wie oben gesehen, aktuelle Projekte von Nachrichtenunternehmen versuchen, das Potenzial von Conversational Newsbots für die Medienorganisationen auszuloten.

Unter Berücksichtigung der von Lokot und Diakopoulos identifizierten Beschreibungsdimensionen lässt sich der Ansatz der Conversational Newsbots wie in der Tab. 6.1 beschreiben. In der Diskussion zum Einsatz der Newsbots werden insgesamt nachfolgende strategische Gründe für die Aktivitäten von Medienunternehmen in diesem Bereich genannt:

Tab. 6.1 Charakteristika Conversational Newsbots

Input	
Anzahl der Quellen	Mehrere/viele/unbeschränkt viele
Typ der Inputquellen	Alle (Website, Blog, Feed, Social media Plattform, Hashtag, Datenbank, Archiv, Link, Agentur, etc.)
Transparenz der Quellen	Explizit benannt oder unmittelbar evident
Output	
Thematische Breite	Grundsätzlich universell, aber in der Anzahl der Themen stark beschränkt
Regionaler Bezug	Lokal bis global
Kommentierend/Nische	Jeder Aspekt oder Betrachtungswinkel möglich
Arbeitsweise	Aggregation/curation, commenting, augmenting Information, Reacting/Responding (als Alert)
Funktion	Information, Aktualität (breaking news), Unterhaltung, Meinungsbildung/Kritik, Entdeckung/Investigation, Dienstleistung
Voraussetzungen bei den Anbieterunternehmen	Personeller Aufwand, redaktionelle Arbeit, Zuschnitt der Nachrichten auf Messenger-Format und Mehrebenen-Interaktion, Verifikation, Qualitätskontrolle, prinzipiell personalisierbar (z. T. noch wenig Personalisierung)
Erzeugung von Aufmerksamkeit	Nachrichten auf Social Networks und in Messenger-Diensten, Integration in die Timeline des Users, Benachrichtigungen auf dem Lockscreen

Angebot am Point of Attention der User – Mobile Geräte, Messengeranwendungen

Die auf die Distribution bezogene Strategie von Nachrichtenunternehmen ist es, bei diesen Conversational Newsbots, ihren Content über Soziale Netzwerke, Messaging Plattformen und Apps zu verteilen (vgl. Anderson 2017, S. 5), also dort anzubieten, wo sich die Rezipienten zum Großteil ohnehin aufhalten und dort auch Nachrichten erwarten (vgl. erneut Abb. 6.1, 6.2 und 6.3). Dies berücksichtigt aktuell, dass

> (…) audiences are shifting from open social sharing platforms to more closed messaging platforms. Usage of the big four messaging platforms(…) overtook the big four social media platforms.(…) [P]ublishers are also trying to take advantage of another mobile trend, notifications, to build engagement with users(…) publishers (…) have pivoted their mobile strategy in an attempt to get into this notification stream (Anderson 2017, S. 12).

Konfiguration und Angebot der Nachrichteninhalte für spezifische Zielgruppen

> Niche and geospecific bots create new opportunities to serve the needs of new, smaller audience groups and to fulfill their desire to aggregate news and information around narrow domains cheaply and at minimal marginal costs(…) we expect that such bots could be strategically employed by media outlets or citizen journalists seeking to serve the information needs of micro-audiences (Lokot und Diakopoulos 2015, S. 13).

Die dahinterstehende ökonomische Absicht wurde unter dem Gliederungspunkt Abschn. 1.6 bereits dargestellt: Eine bessere Differenzierung des Produkts zu nur marginal erhöhten Kosten wird von den Anbieterunternehmen als Chance gesehen. Dabei ist es notwendig, die mit der Interaktivität und zusätzlichen Detaillierungsebenen des Nachrichtencontents verbundenen Wahlmöglichkeiten zu beschränken, da diese tendenziell die First-Copy-Kosten erhöhen.

Es existiert im Zusammenhang des zielgruppenspezifischen Inhaltsangebots aktuell sogar ein Ansatz, event- oder themenbezogene Newsbots (domain restricted newsbots) einzusetzen, um eine bessere inhaltliche Differenzierung zu erreichen.

> In its current state of maturity, artificial intelligence technologies tend to do much better in a domain restricted setting than in a general setting. This makes two-way conversational bots a great medium through which to communicate complex and vast datasets. We have found that our more successful ventures into bot-journalism have involved bots specific to domains such as the US elections or the 2016 olympic games. By focusing on a specific domain, journalists and engineers can put more effort towards building a system that has a depth of knowledge about a particular topic and can better anticipate all the different ways in which a user might want to learn about that topic to provide a relevant and engaging answer to their inquiry (Johri et al. 2016, S. 2).

Ausweitung des Publikums durch ubiquitäre Distribution über Verteilschnittstellen
Die Vergrößerung der Rezipientengruppe bestimmter Nachrichten, der Rezipienten eines spezifischen Distributionsweges und des Gesamtpublikums einer Nachrichten produzierenden Medienorganisation über alle ihre Distributionswege hinweg ist aufgrund der Kostencharakteristik der Produktion von Nachrichten angezeigt. Bei der Verteilung durch Newsbots kann man den Einsatz eines *Distributors* realisieren, der den verschiedenen Distributionswegen Verteilschnittstellen zur Verfügung stellt (Johri et al. 2016, S. 4).

> The final piece of the bot is distributing the generated text into our various channels (…) Distribution to one-way channels is straightforward. The distributor acts as a wrapper around the various APIs such as Twitter, Slack, Wordpress, etc. (…) For two-way channels, the distributor is an API that can be hit by Alexa or Facebook Messenger. Two-way communication can be more complicated because each channel may have different features that it supports. For example Facebook messenger, shown in Figure 3 (vgl. Abb. 6.13; C.Z.), will hit the API with the user's input as an atomic request, while other text-based platforms will support a user session with a user's previous interactions as well. Voice-based distribution platforms introduce additional complications (…) because they take on the difficult task of speech recognition within the platform and provide results in a structure specific to the platform (Johri et al. 2016, S. 4).

Johri et al. (2016, S. 4) stellen dies schematisch am Beispiel des Newsbots Heliograph der Washington Post dar (Abb. 6.13).

Abb. 6.13 Schema Distributor bei Heliograph. (Quelle: Johri et al. 2016, S. 3, Ausschnitt)

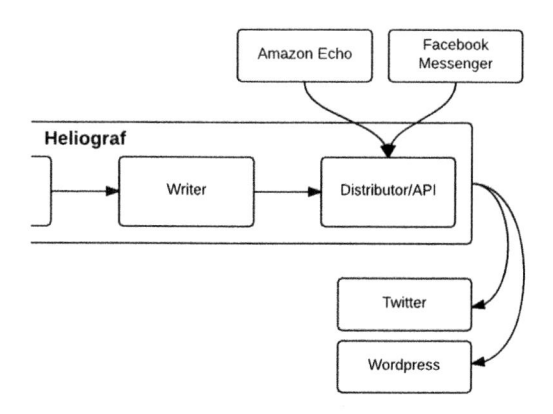

Erhöhung der Publikumskontaktfrequenz bzw. Nutzungsfrequenz

Eine intensivere Nutzung einer bestimmten Nachrichtenquelle durch schon akquirierte Zielgruppen gehört ebenfalls zu den angestrebten Zielen, um z. B. höhere Werbeeinnahmen erzielen zu können. Rezipienten, die über einen Distributionskanal wie das Smartphone auf Nachrichten zugreifen können, der echte zeit-örtlich unbeschränkte Interaktion zwischen Inhaltsanbieter und Rezipient ermöglicht, haben die Möglichkeit, öfter ihren Nachrichtenstand zu aktualisieren. Wenn das Nachrichtenangebot dort präsent ist, wo der Rezipient sich ohnehin häufig bewegt, also im mobilen Web, in Social Networks oder bei Messenger-Diensten, liegt eine schnelle und häufigere Abfrage aktueller Informationen nahe.

> News organisations are following audiences to platforms they have already embraced (Anderson 2017, S. 26).
> If you want to reach young masses, Facebook is increasingly not the way, if we are talking about teens (Anderson 2017, S. 16).

Dort, wo es der Nachrichtenorganisation gelingt, durch Integration in den persönlichen Informationsfluss des Rezipienten (Timeline und Lockscreen-Benachrichtigungen auf dem Smartphone) hineinzukommen, ist für hinreichende Aufmerksamkeit auf die Informationsangebote gesorgt.

Schaffung einer intensiven, direkten Kundenbeziehung

> The news organisations are moving beyond (…) simply to achieve scale. The editorial priorities included trying to build a more direct relationship with their audience, trying to increase engagement or try to reach a specific audience (Anderson 2017, S. 5).

Durch eine echte oder wahrgenommene umfassende Anpassung des Nachrichtenmixes an die Zielgruppenbedürfnisse, z. B. bei der Wahl der Themen, dem Umfang und Format der Inhalte, dem Ton der Ansprache und in der Reaktion auf Interaktionsbemühungen des Rezipienten versucht man, eine möglichst starke Kundenbindung zu erzeugen, um den Rezipienten von der Nutzung anderer Kanäle abzuhalten und ihn dazu zu bewegen, seine Bedürfnisse möglichst umfassend beim eigenen Nachrichtenangebot zu befriedigen. Dafür wird ein Nullstufen-Distributionsmodell („direct relationship") präferiert.

> Publishers see the combination of news apps and mobile notifications as a key channel for rebuilding direct relationships with users on this critical device, unmediated by third parties. The amount of consumer usage of news notifications has tripled in many countries over the last three years while news organisations have been steadily increasing the volume of news alerts. Other evidence shows that alerts from news publishers can lead to more frequent usage of specific news apps building loyalty that may ultimately help deliver revenue (Newman 2016, S. 7).

News Alerts und Notifications sichern dauerhafte Aufmerksamkeit
Es ist also erkennbar, dass Nachrichtenorganisationen versuchen, mit einer Anpassung der klassischen Strategien an die durch Newsbots sich ergebenden technischen Möglichkeiten den grundsätzlichen ökonomischen Bezugsproblemen der Distribution zu begegnen. Dies tun sie, indem sie auf der Distributionsebene die Reibungsverluste und Nutzungshürden, die den Zugriff des Rezipienten auf die Nachrichteninhalte erschweren, zu minimieren suchen und zeitlich und örtlich unbeschränkt sowie über eine Vielzahl von Distributionskanälen den Zugang zu ihren Inhalten anbieten, ohne dass dadurch für sie höhere Zusatzkosten entstehen. Dies allein ist aber nicht genug, da selbst die prinzipielle Verfügbarkeit des Angebots, z. B. in einer News-App des Nachrichtenunternehmens, noch nicht die kontinuierliche Aufmerksamkeit des Users garantiert:

> People might install them. You might get a decent user base but then app usage tails off really quickly. They forget they have the app (…) notifications gave us a way to get into the people's lockscreen and remind them that we are there (…), they wanted the experience to feel as close as possible to a messaging app (…) feel like you were having a conversation with the quartz newsroom (Anderson 2017, S. 14).

Erst mit dem Einsatz von News Alerts (vgl. Abb. 6.14) erreichen die Anbieter hinreichende dauerhafte Aufmerksamkeit bei potenziellen Rezipienten.

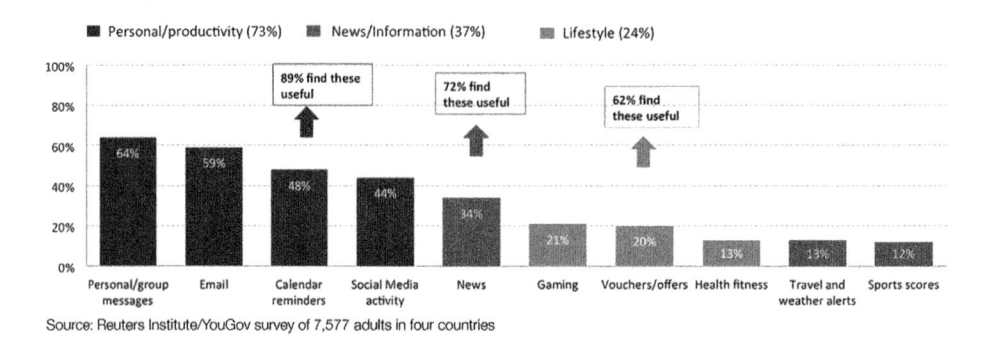

Abb. 6.14 News Alerts. (Quelle: Newman 2017, S. 14)

Maximierung der Publikumsattraktivität, größerer Produktmehrwert, größere Publika in einer höheren Kontaktfrequenz und einer engeren Kundenbindung sind also diejenigen Lösungswege, die im Bereich der Distribution augenblicklich verfolgt werden.

Die Refinanzierung des Nachrichtenangebots – Erlöstypen
Manche der gesichteten Angebote sind per se öffentlich-rechtlich und damit durch Gebühren finanziert. Bei den privaten, kommerziellen Anbietern wird auf die geplanten Erlösmodelle bzw. die Frage, wie das jeweilige Angebot finanziert wird, in der Öffentlichkeit unter Hinweis auf eine Probephase des Nachrichtenangebots meist noch kein Bezug genommen. So liest man beispielsweise zu Resi:

> Bislang ist die App kostenlos und werbefrei. Wie genau die Finanzierung aussehen wird, steht noch nicht fest. Im Raum stehen, In-App-Käufe, Abomodelle, Native Advertising und Kooperationen. Für Hoffmann sei erst einmal wichtig, dass die App wirklich angenommen wird (Gillen 2016).

In der Diskussion sind bislang in der gesichteten Literatur:

- Abonnements
- Sponsored Content
- Native Advertising
- Commercial Partnerships (z. B. Preisausschreiben/Contests und Coupons, vgl. Abb. 6.15)
- In-App-Käufe
- Verkauf zusätzlicher Services
- Display Advertising

Abb. 6.15 Beispiel Couponing bei Nyt/Helsingin Sanomat. (Quelle: Anderson 2017, S. 18)

Display Advertising spielt zurzeit als Instrument der Refinanzierung nur eine kleine Rolle (vgl. Anderson 2017, S. 5), dennoch wird es, z. B. bei Quartz genutzt:

> To monetise the App, Quartz has developed novel ad formats that fit into the infinite scroll. Similar to the in-stream ad format in their initial responsive site, visual ads flow into the update stream of the app. The ad units appear as the user opens the app (Anderson 2017, S. 16).

Diese Werbeformen sind aufwendiger als das Schalten von Bannern. Deswegen werden sie auf diesen Kanälen tendenziell im Package mit anderen Werbemöglichkeiten an diejenigen werbetreibenden Unternehmen verkauft werden, die ein spezifisches Interesse an jungen Zielgruppen haben (Anderson 2017, S. 18).

6.8 Fragen zu diesem Kapitel

1. Wie lässt sich der Begriff des Newsbots definieren?
2. Wie kann man diesen Begriff unter Bezug auf die Newsbots einschränken, die in der Distributionsphase von Nachrichten eingesetzt werden?
3. Welche wertschöpfenden Tätigkeiten umfasst die Distributionsstufe der Wertschöpfungskette der Medieninhalte?
4. Was sind die medienökonomischen Hauptprobleme der Distributionsstufe?
5. Wie versucht man traditionellerweise mit ihnen umzugehen?
6. Auf welche Weise differenzieren Lokot und Diakopoulos (2015) Typen von Newsbots?
7. Wie kann diese Klassifizierung im Hinblick auf die Gestaltungsoptionen von Medienunternehmen zur Lösung der ökonomischen Bezugsprobleme nutzbar gemacht werden?
8. Welche Eigenschaften haben aktuelle Conversational Newsbots?
9. Wie beurteilen Sie die Interaktivität dieser Conversational Newsbots?
10. Nennen und erklären Sie die Kernansätze von Nachrichtenunternehmen, den ökonomischen Bezugsproblemen auf der Distributionsstufe mit Conversational Newsbots zu begegnen.
11. Können Algorithmen alle Funktionen des gesamten journalistischen Prozesses erfüllen, so wie er von menschlichen Journalisten bislang übernommen wurde?

Literatur

Anderson, K. (2017) Beyond the article: Frontiers of editorial and commercial innovation, Digital News Project 2017, Reuters Institute.
ARD (2017) Novi – Nachrichten im Chatformat http://www.tagesschau.de/inland/novi-103.html, Abruf 12.9.2017.
Bessi, A. und Ferrara, E. (2016) Social bots distort the 2016 U.S. Presidential election, in: First Monday, Vol. 21, Number 11, 7.11.2016, doi: http://dx.doi.org/10.5210/fm.v21i11.7090.

BR (2017) Von guten und schlechten Bots, http://www.br.de/nachrichten/faktencheck/twitter-wahlkampf-einfluss-social-bots-100.html, Abruf 9.9.2017.

Bradshaw, P. (2016) The Online Journalism Handbook: Skills to survive and thrive in the digital age, Milton Park, Routledge.

Gläser, M. (2014) Medienmanagement, 3. Aufl., München: Vahlen Verlag.

Gillen, T. (2016) Ausprobiert: Chat-Bot Resi will Nachrichten im Whats-App-Stil aufs Smartphone bringen, https://www.basicthinking.de/blog/2016/07/29/resi-chat-bot/ Abruf 27.7.2017.

Guardian (2017) Introducing the Guardian Chatbot, https://www.theguardian.com/help/insideguardian/2016/nov/07/introducing-the-guardian-chatbot Abruf: 13.9.2017.

Hegelich, S. (2016) Invasion der Meinungsroboter, Analysen und Argumente, Berlin: Konrad Adenauer Stiftung.

Johri, A.; Han, E.-H. und Mehta, D. (2016) Domain Specific Newsbots. in: CJ2016 September 30–October 1, 2016, Stanford, CA, USA.

Kiefer, M.L. und Steininger, C. (2014). Medienökonomik: Einführung in eine ökonomische Theorie der Medien (3. Aufl.). München, Wien: Oldenbourg.

Kollanyi, B. (2016) Where do Bots come From? An Analysis of Bot Codes shared on GitHub in: International Journal of Communication, 10/2016, S. 4932–4951.

Moujahid, K.E. (2017) So what exactly is a bot? Techcrunch 29.3.2017, https://techcrunch.com/2017/03/29/so-what-exactly-is-a-bot/ Abruf 3.4.2017.

Newman, N. (2016) News alerts and the battle fort he lockscreen, Reuters institute, Oxford, http://www.digitalnewsreport.org/publications/2016/news-alerts-battle-lockscreen/#news-notifications-in-detail Abruf 12.9.2017.

Newman, N. (2017) Journalism, Media and Technology Trends and Predictions 2017, Reuters Institute, Oxford, https://reutersinstitute.politics.ox.ac.uk/our-research/journalism-media-and-technology-trends-and-predictions-2017, Abruf 12.9.2017.

Lokot, T. Diakopoulos, N. (2015) Newsbots – Automating news and information dissemination on Twitter. Digital Journlism. 2015 http://dx.doi.org/10.1080/21670811.2015.1081822.

Pew Research Center (2015) The evolving Role of News on Twitter and Facebook, July 2015, http://www.journalism.org/2015/07/14/the-evolving-role-of-news-on-twitter-and-facebook/ Abruf 13.9.2017.

Pew Research Center (2016) News Use Across Social Media Platforms 2016, May 2016, http://www.journalism.org/2016/05/26/news-use-across-social-media-platforms-2016/ Abruf 12.9.2017.

Pew Research Center (2017) News Use Across Social Media Platforms 2017, Sept. 2017, http://www.journalism.org/2017/09/07/news-use-across-social-media-platforms-2017/.

Quartey, E. (2016) Chatbots as a distribution strategy for media companies in chatbotmagazine.com 12.10.2016. https://chatbotsmagazine.com/lessons-about-chatbot-powered-distribution-for-media-companies-6cae9f9aeced Abruf: 20.3.2017.

Strout, N. J. (2015) How automated Twitter Bots try to spread the news. American Press Institute. https://www.americanpressinstitute.org/publications/research-review/twitter-bots-spread-news/, Abruf 29.3. 2017.

Swanner, N. (2016) Are Bots the Next Great Distribution Network? September 19, 2016, http://insights.dice.com/2016/09/19/bots-next-great-distribution-network/.

Woolley, S.C. (2016) Automating Power: Social bot interference in global politics in: First Monday, Vol 21, Number 4 – 4.4.2016.

Zydorek, C. (2017) Einführung in die Medienwirtschaftslehre, Wiesbaden: SpringerGabler.

Teil III
Ergebnisse der Diskussion

Algorithmen als Rationalisierungsinstrument in der Medienwirtschaft 7

> Die Rationalisierung immaterieller Arbeit, Rationalisierung im Sinne der Ersetzung menschlicher Arbeitskraft, ist (…) eine zentrale Wertschöpfungsquelle des postfordistischen Kapitalismus (Kiefer und Steininger 2014, S. 211).

Vor dem Hintergrund der Notwendigkeiten, die sich aus dem kommerziellen Charakter eines Großteils derjenigen Organisationen ergibt, die in unserer Gesellschaft Medieninhalte erstellen, bündeln und publizieren sowie aufgrund der in den voranstehenden Kapiteln skizzierten Phänomene und Rahmenbedingungen, ist es gut nachvollziehbar, warum die technologischen Fortschritte, die in den letzten Jahren im Bereich der algorithmischen Verarbeitung großer Datenmengen erzielt wurden, auch und gerade im Mediensektor zu großen und strukturellen Veränderungen führen.

1. Zunächst sind die technischen Eigenschaften des betroffenen Gutes dafür geeignet – Contents sind immateriell, sie haben Dienstleistungscharakter, sie lassen sich einfach speichern, transportieren, bündeln, entbündeln, verteilen, und man kann sie leicht mit Metadaten markieren. So ist es mit Blick auf den Gutscharakter der Medien einsichtig, dass von den bei Ricci et al. (2015, S. 18) genannten fünf Domänen, in denen heutzutage schon in hohem Maß Produktempfehlungsalgorithmen eingesetzt werden, vier unmittelbar im Medienbereich angesiedelt sind, Entertainment (z. B. Video, Audio, Games), Content (z. B. News, Learning), E-Commerce (z. B. Handel mit Mediengütern) und Social Media (z. B. Social Media Content), während die fünfte Domäne, die Services, ohnehin mit dem Mediensektor verbunden ist, da dort vielerlei Mehrwertdienste zu den Produkten angeboten werden.
2. Die technischen Bedingungen der massenmedialen Kommunikation haben sich geändert und dazu geführt, dass neue gesellschaftliche Nutzungsgewohnheiten (Kommunikationsrahmen) institutionalisiert wurden. Die einseitige massenmediale Kommunikation, bei der Information oder Unterhaltung vom Sender zum Empfänger

gesendet wird, wurde im Verlauf der 1990er- und 2000er-Jahre durch eine wechselseitige menschliche Kommunikationsmöglichkeit ergänzt, bei der zwischen privater (z. B. Chat), halböffentlicher (z. B. Foren, Gruppenkommunikation) und öffentlicher (z. B. Kommentarseiten von Nachrichtenangeboten, Videoplattformen) zweiseitiger Interaktion gewählt werden kann und bei der die Inhalte je nach Erfordernis als Massen-, Zielgruppen- oder individualisierte Angebote ausgeliefert werden können. Damit ist die bisherige eindeutige Trennung von privaten individualkommunikativen Angeboten und öffentlichen massenmedialen Anwendungen aufgehoben und die Rezipienten können bei der Mediennutzung nun wesentlich besser beobachtet werden.
3. Damit wird, wie in Abschn. 2.2 von Picard (2010) beschrieben, aus dem abstrakten und von Medienorganisationen undifferenziert wahrgenommenen Publikum, innerhalb dessen der einzelne Rezipient nur als relativ unbestimmter Akteur mit Durchschnittseigenschaften wahrgenommen wird, der User, „(…) actively employing media and technology to meet (…) [his] wants and needs. In this relational concept individuals choose the media and content they want, interacting with it and controlling it in the ways they prefer" (Picard 2010, S. 370). In der Folge steht nicht nur das Konzept einer gesellschaftlichen Öffentlichkeit aufgrund der Publikumsfragmentierung infrage, sondern ebenfalls die althergebrachten, aus der Tradition der Massenmedien stammenden Bündelungs-, Distributions- und Vermarktungsansätze von Medienorganisationen.
4. Eine Industrialisierung der Medienproduktion ist mit den Erfordernissen auf den einzelnen aktiven User zugeschnittener, massenpersonalisierter Güter zu vereinbaren. Dies zu vertretbaren Kosten zu realisieren, war in der Vergangenheit nicht in dem Ausmaß möglich wie in anderen Wirtschaftssektoren. Mit Big Data und Algorithmisierung ist es nun einfacher, im Bereich der Produktion, der Produktallokation sowie auch in der Distribution von Medieninhalten notwendige Effizienzsteigerungen herbeizuführen:
   – In der Produktion: Trotz des Einsatzes vieler technischer Instrumente zur Effizienzsteigerung hat das ökonomische Dilemma der Schwierigkeit umfassender Industrialisierung und Automatisierung wissensintensiver, komplexer und kreativer Arbeit nach wie vor in Teilen Geltung. In Kap. 4 war beispielhaft für den Bereich der Nachrichten beschrieben worden, dass z. B. konzipieren, recherchieren, Material sichten, Material ordnen, auswählen, texten, komponieren, gestalten/illustrieren, medienspezifisch aufbereiten, kürzen, redigieren, disponieren sowie koordinieren traditionell eher begrenzt zu rationalisieren sind. Die in den Fallbeispielen beschriebenen Algorithmen leisten dennoch heute genau das: Kreative Arbeit wird systematisiert und in festgelegte Prozesse gegossen, die je nach Intelligenz des

Systems (vgl. die Evolutionsstufen der Natural Language Generation in Kap. 4 und die vier Entwicklungsgenerationen der Empfehlungsalgorithmen in Kap. 5) Ergebnisse ermöglichen, deren Qualität (in den obigen Beispielen Nachrichtentexte und Medienproduktempfehlungen) nur noch schwer von durch menschliche Arbeit erzeugten Ergebnissen zu unterscheiden ist. Ich habe allerdings in Kap. 4 auch festgestellt, dass die Algorithmisierung der Inhaltproduktion bei Nachrichten heute nicht vollständig greift, sondern weiterhin seine Grenzen, z. B. im investigativen, inhaltlich komplexen, meinungsbildenden journalistischen Produktionsbereich findet.
- Bei der Allokation der Produkte: Stark wachsende Mengen von Medienangeboten sowie zunehmende Intransparenz bezüglich eines echten Nutzen-/Kosten-Verhältnisses für den Rezipienten machen es für den o. g. aktiven User zunehmend schwieriger, das geeignetste Produkt mit dem höchsten individuellen Nutzen für sich zu finden. Der User benötigt dafür Anwendungen, die sein Optionenproblem für ihn – in seinem Sinne – lösen. Diese Möglichkeiten haben sich mit Big Data und Algorithmen, wie am Beispiel Netflix gesehen, enorm vergrößert, algorithmische Selektion und Empfehlung löst offenkundig eine strukturelle Veränderung beim Angebot von Sortimenten und Programmen aus. Damit werden Effizienzsteigerungen beim userbezogenem Zuschnitt von (gebündelten) Produktkopien möglich, die nun auch im Mediensektor die in anderen Branchen längst gängige Individualisierung des Angebots massenpersonalisierter Güter ermöglicht, ohne dass dabei untragbare Kostensteigerungen entstehen.
- Distribution: Kurzfristige und starke Veränderungen derjenigen Wege, auf denen sich große Bevölkerungsteile mit Medieninhalten versorgen, haben den letzten Jahren dazu geführt, dass sich neue Bedingungen der Distribution ergeben haben, die von anderen Akteuren mit anderen Interessen bestimmt werden und traditionelle Medienakteure zum Umdenken über ihre Distributionsarchitekturen zwingen. Zugrunde liegen die Möglichkeiten ubiquitären Zugriffs zu jeder Zeit, in jeder Situation, über jeden Kanal. Dies macht neben der Überallverfügbarkeit gleichzeitig andere Präsentations- und Angebotsformen von Inhalten und Inhaltbündeln (z. B. in Messengerdiensten) erforderlich. Nicht nur in der Bündelung, sondern auch in der Distribution von Medieninhalten werden die Potenziale der automatisierten Aggregation und auf Interaktivität beruhender Differenzierung von Produktangeboten zunehmend ausgeschöpft.

Die in diesem Buch diskutierten Entwicklungen verweisen darauf, dass mit der massenhaften gesellschaftlichen Anwendung digitaler, mobiler und interaktiver Medien in der Medienwirtschaft augenblicklich enorme Rationalisierungspotenziale bei der Substitution kreativer menschlicher Arbeit freigesetzt werden. Dieser an Big Data und Algorithmisierung ansetzende Prozess der Rationalisierung erreicht eine hohe Qualität, weil diese Instrumente eben die gerade beschriebenen Entwicklungen – technische Eigenschaften des Produkts, Aktivierung und Individualisierung des Users und Rationalisierungsstau bei produktiver, allokativer und distributiver Effizienz aufgreifen und gezielt reflektieren, indem sie eine übergreifende Lösung dafür anbieten.

> The key function that algorithms are performing in the media sector is to enable decision outputs derived from the analysis of the enormous quantities of data that can now be gathered in a media environment of extreme interactivity, in which audiences' engagement with media leaves a growing array of capturable and quantifiable traces (Napoli 2014b, S. 340).

Entsprechend kann man Philip Napoli (2014a, b) zustimmen, wenn er die zunehmende Integration von Algorithmen in die Wertschöpfungskette der Medien als Hauptausgangspunkt für wesentliche dort erwartbare Veränderungen bewertet.

> (…) to respond effectively and adapt to the rapidly changing technological conditions under which contemporary media industries operate, a key point of focus should be on the role of algorithmically driven automation and how it is effecting the dynamics of media production and consumption (Napoli 2014a, S. 1).

Insofern sind Algorithmen in der Medienwirtschaft selbstverständlich nicht als neutrale, unparteiische und objektive Institutionen zu sehen, sondern sie sind Instrumente, anhand derer technische und inhaltliche Entwickler (oder technische Dienstleister wie Narrative Science und Automated Insights) im Auftrag der Medienorganisation oben genannte Herausforderungen zu meistern suchen, indem man die jeweilig möglichen und die tatsächlich realisierten Ausprägungen von technischen Mediensystemen (also tatsächliche und wahrgenommene Steuerungs- und Übertragungsmöglichkeiten, Situationsempfinden, Machtverteilung in der Anbieter-Kunden-Beziehung, Beobachtbarkeit und Aufzeichnung von Userdaten und Transaktionsdaten etc.) entsprechend konstruiert.

> Algorithms are human creations (…) the point here is that the human role in content creation is migrating from direct to an indirect role (Napoli 2014a, S. 3).
> (…) one could argue that content has become commodified with the real value residing in the systems that users can employ to navigate through and select from the wealth of available content (Napoli 2014b, S. 346).

Auf welche Weisen und mit welchen Aufträgen agieren technische und inhaltliche Entwickler in der Konzeption und Produktion dieser Systeme, z. B. der Empfehlungsalgorithmen von Netflix?

> Technische Entwickler (…) entwickeln die Regeln (Algorithmen), nach denen interaktive Systeme die vorhandenen Inhalte kombinieren und damit auf individuelle Nutzereingaben reagieren (Quiring und Schweiger 2006, S. 10).

Es ist an den Beispielen von Netflix und der Natural Language Generation sehr gut zu erkennen, welch hohe Komplexität ein solches System von Algorithmen im Verlauf seiner Entwicklung annehmen kann, wie aufwendig das jeweilige Ergebnis des Prozesses ist und wie diese Systeme als Kernressourcen ihrer Anbieter wettbewerbsentscheidende Eigenschaften annehmen können.

Inhaltliche Entwickler, z. B. Journalisten helfen dabei – wie in Kap. 4 als „Metawriter" beschrieben – die Templates und Regeln zu konzipieren und programmieren, welche dann in den Algorithmen als in Code geronnene Regelanweisungen vergegenständlicht werden.

> Ansonsten verhält sich der Algorithmus aber wie ein guter Volontär: Je mehr die erfahrenen Redakteure ihm beibringen, desto besser wird er. Und er hat einen Vorteil: Er macht jeden Fehler nur einmal (Schmidt 2016, S. 101).

Ich habe argumentiert, dass vor dem Hintergrund der jeweiligen ökonomischen Bezugsprobleme jedes in der Wertschöpfungskette tätigen Unternehmens in jeder seiner Wertschöpfungsstufen nach denjenigen Instrumenten sucht, die es für geeignet hält, die jeweiligen ökonomischen Herausforderungen bestmöglich zu meistern, orientiert an Effizienzsteigerungen, an Wettbewerbsstrategien, an nachhaltigen Geschäfts- und Erlösmodellen, und mit der Absicht Kernressourcen und Kernkompetenzen zu entwickeln, die helfen, den Medienselektionsprozess des Rezipienten bestmöglich zu beeinflussen.

> All of this is achieved through mechanisms that are technological in nature but that are developed and frequently refined and recalibrated within complex social processes that are impacted by organizational and supraorganizational environmental conditions (Napoli 2014b, S. 343).

Es kann von einem gegenseitigen Bedingungsgefüge von Algorithmen als Medientechnologien und ihrem Branchen- und Unternehmens-Kontext ausgegangen werden. Sie werden in diesem Einsatzkontext im Hinblick auf eine Leistungssteigerung hin integriert, angepasst und optimiert, „(…) constantly adjusted in efforts to improve their performance in accordance with specific criteria" (Napoli 2014b, S. 344).

Welche *spezifischen ökonomischen Kriterien* daran beteiligt sind, habe ich im zweiten Buchteil in Bezug auf *die verschiedenen Wertschöpfungsstufen* der Produktion und Distribution von Mediencontent genauer und jeweils an einem Fallbeispiel illustriert untersucht. Was konkret in ökonomischer Sicht die Hauptfaktoren der Entwicklung zur Integration von Algorithmen in diese Wertschöpfungsstufe ist, habe ich wiederum vor den Hintergrund einer Anzahl von Managementkonzepten gestellt, die in der Medienwirtschaftslehre diskutiert und angewendet werden.

Die Tab. 7.1 stellt noch einmal wichtige Ergebnisse dieser Diskussion in Teil 2 dar.

Tab. 7.1 Übersicht über Teil 2, Kap. 3–6

Wertschöpfungsstufe	Initiierung, Konzeption, Formatentwicklung	Contentproduktion	Bündelung	Distribution
Kernproblem	Großes Produktionsrisiko aufgrund hoher Erstkopiekosten vor der Vermarktung bei im Zuge der Individualisierung des Konsums sich verkleinernden Publika	Hohe Anteile teurer kreativer/künstlerischer Arbeit an den Produktionsfaktoren zur Erstellung der First Copy, werden als sunk costs relevant	Inflationäres Wachstum des Medienangebots, Fragmentierung des Publikums, Problem der Erzeugung von hinreichender Aufmerksamkeit von Rezipienten bzw. Reichweite	Aufmerksamkeitserzeugung bei Information Overload → wachsende Akquisitionskosten pro Rezipient bei Reichweitensteigerung für Nachrichteninhalte
Ökonom. Kernfragen	Bewältigung des Produktionsrisikos bei Mediengütern – Was kann/sollte aus ökonomischer Sicht produziert werden? Ist ein Return on Investment zu erwarten?	Welche Potenziale der Produktivitätssteigerung durch Senkung der First Copy Production Costs sind möglich? Wie können Inhalte möglichst kostentransparend produziert werden? Produktion Rezipientenindividuellen Contents – Kundenzufriedenheit	Erstellung eines individuell optimalen (subjektiven) Nutzenerlebnisses aus den verfügbaren Anbieterinhalten. Wie erzeugt man Publikumsattraktivität und Kundenbindung bei möglichst geringen Investitionskosten für ein Programm?	Wie sind möglicht geringe Dsitributionskosten bei großer Reichweite zu erreichen? Welche Möglichkeiten der Produktion von Aufmerksamkeit sind nutzbar?

(Fortsetzung)

Tab. 7.1 (Fortsetzung)

Wertschöpfungsstufe	Initiierung, Konzeption, Formatentwicklung	Contentproduktion	Bündelung	Distribution
Lösungsansatz	Genaue Ex-ante-Kalkulation des Return on Investment (Search Lifetime Value vs. Kosten der Produktion und Distribution) – Nur ökonomisch erfolgreiche Produkte werden hergestellt bzw. erfolgsversprechend gestaltet → Steigerung der allokativen Effizienz durch algorithmische Installation einer ökonomisch-kalkulatorischen Logik, Zusätzlich Steigerung der produktiven Effizienz durch Senkung der Produktions- und Transaktionskosten	Wissen/Informationen/Nachrichten automatisiert produzieren – Produktivitätsfortschritt durch Ersetzung menschlicher Arbeit durch Textroboter → Steigerung der produktiven Effizienz, Aktualitätsgewinne durch schnelle automatische Produktion, Differenzierung durch Personalisierung der Inhalte nach Tonalität, Blickwinkel, Vorlieben des Rezipienten, Verbundvorteile beim Einsatz der Textroboter über Anbieter und Branchen hinweg, Kombination mit UGC-Ansätzen	Informationen selektieren, suchen, aggregieren, filtern, empfehlen, bewerten (scoring) – Eigene Konfiguration eines Leistungsbündels durch Rezipienten („geführte Selbstselektion") → Steigerung der allokativen Effizienz, nach dem Kriterium Nutzen (utility) für den Rezipienten, Senkung der Transaktionskosten, Nutzung von Long-Tail-Effekten, Empfehlungsalgorithmus als Kernressource, Differenzierung des Anbieters über ein optimales individuelles Programm	Steigerung der Reichweite durch zeit-örtl. unbeschränktes, geräteunabhängiges, mobiles Angebot, Steigerung der Nutzungsfrequenz, Kundenbindung, Push-Nachrichten, Notifications → Steigerung der distributiven Effizienz von Medieninhalten
Instrument	Demand Driven Content Production, Predictive Analytics	Automated Content creation/ Algorithmic Journalism	Recommender Systems – Genauer Zuschnitt des Medienangebotes auf den jeweiligen Rezipienten	Conversational newsbots and News sharing
Unternehmensbeispiel	Demand Media/Leaf Group	Narrative Science (Quill)/Automated Insights (Wordsmith)	Netflix	CNN, BBC, Resi, Facebook Messenger, Novi

(Fortsetzung)

Tab. 7.1 (Fortsetzung)

Wertschöpfungsstufe	Initiierung, Konzeption, Formatentwicklung	Contentproduktion	Bündelung	Distribution
Algorithmenbezug	Kalkulatorische Verarbeitung von Web-Anfragen/Werbedaten, Generierung einer eindeutigen Investitionsentscheidung für/gegen einen Contentbeitrag	(genrespezifische) Echtzeit-Simulation natürlicher Sprachgenerierung bei der Erzeugung von Nachrichtentexten	Realtime-Verarbeitung von Inhalts-, Transaktions- und Nutzungsdaten für ein individualisiertes Leistungsangebot mit einem höheren Produktnutzen als andere, funktionale Alternativen	Automatisierung, interaktive Filterung und Personalisierung des Content und Nutzersteuerung bei der Auslieferung von Nachrichten
Bezug zur Interaktivität (Beispiele)	Prognostische Kalkulation von Nutzeranfragen nach Content auf der Basis von Vergangenheits-, Interaktions- und Wettbewerbsdaten	Zielgruppen- oder userbezogene Anpassung des Nachrichtencontents, Nutzung von Social-Media-Nachrichtenquellen	Nutzung von User- und Transaktionsdaten zum Echtzeitzuschnitt eines Programmangebots	Interaktive Nachrichtenauslieferung bei Newsbots, Anbieter- und Nutzerseitige Filterung von Content
Kapitel dieses Buchs	3	4	5	6

Literatur

Kiefer, M.L. und Steininger, C. (2014). Medienökonomik: Einführung in eine ökonomische Theorie der Medien (3. Aufl.). München, Wien: Oldenbourg.

Napoli, P. M. (2014a) On Automation in Media Industries: Integrating Algorithmic Media Production into Media Industries Scholarship, in: Media Industries, Vol 1 No. 1, ISN 2373-9037.

Napoli, P.M. (2014b) Automated Media: An Institutional Theory Perspective on Algorithmic Media Production and Consumption. In: Communication Theory 24 (2014) 340–360.

Quiring, O. und Schweiger, W. (2006): Interaktivität – ten years after, Medien und Kommunikationswissenschaft, 54Jg. 1/2006, Nomos Verlag.

Ricci, F., Rokach, L. und Shapira, B. (2015) Recommender Systems: Introduction and Challenges in: F. Ricci et al. (Hrsg.) (2015) Recommender Systems Handbook, 2. Aufl. New York: Springer Science.

Schmidt, H. (2016) Schreib das auf, Blechkiste. In: Focus 1/2016, S. 99–101.